新时代服务业发展战略研究

The Development Strategy of Service Industry in the New Era

雷尚君　刘　奕　夏杰长　等/著

图书在版编目（CIP）数据

新时代服务业发展战略研究/雷尚君，刘奕，夏杰长等著.—北京：经济管理出版社，2018.6
ISBN 978-7-5096-5753-9

Ⅰ.①新… Ⅱ.①雷… ②刘… ③夏… Ⅲ.①服务业—经济发展战略—研究—中国 Ⅳ.①F726.9

中国版本图书馆 CIP 数据核字（2018）第 082751 号

组稿编辑：申桂萍
责任编辑：侯春霞
责任印制：黄章平
责任校对：王淑卿

出版发行：经济管理出版社
　　　　　（北京市海淀区北蜂窝 8 号中雅大厦 A 座 11 层　100038）
网　　址：www.E-mp.com.cn
电　　话：（010）51915602
印　　刷：三河市延风印装有限公司
经　　销：新华书店
开　　本：720mm×1000mm/16
印　　张：16
字　　数：242 千字
版　　次：2018 年 6 月第 1 版　2018 年 6 月第 1 次印刷
书　　号：ISBN 978-7-5096-5753-9
定　　价：68.00 元

·版权所有　翻印必究·
凡购本社图书，如有印装错误，由本社读者服务部负责调换。
联系地址：北京阜外月坛北小街 2 号
电话：（010）68022974　　邮编：100836

前　言

党的十九大报告宣布:"中国特色社会主义进入新时代,我国社会主要矛盾已经转化为人民日益增长的美好生活需要和不平衡不充分的发展之间的矛盾。我国稳定解决了十几亿人的温饱问题,总体上实现小康,不久将全面建成小康社会,人民美好生活需要日益广泛,不仅对物质文化生活提出了更高要求,而且在民主、法治、公平、正义、安全、环境等方面的要求日益增长。同时,我国社会生产力水平总体上显著提高,社会生产能力在很多方面进入世界前列,更加突出的问题是发展不平衡不充分,这已经成为满足人民日益增长的美好生活需要的主要制约因素。"加快发展服务业、积极有序扩大服务业对外开放、增强服务经济发展新动能,是化解新时代社会主要矛盾、最大限度满足人民美好生活需要的重要战略选择。服务业已经占据国民经济的"半壁江山",是劳动就业的主力军,是新一轮对外开放的重头戏,也是改善民生福祉和推进制造业升级、促进农业现代化的主要抓手。离开了服务业的大发展和高质量发展,很难完成新时代的重要使命。

基于这样的考量,我们选择了"新时代服务业发展战略研究"这个主题,紧紧扣住中国特色社会主义新时代和社会主要矛盾转化这条主线,围绕服务业创新发展、绿色发展、集聚发展、对外开放和制度环境优化等议题,对新时代服务业发展战略的理论和实践问题进行深入探析,旨在回答中国特色社会主义新时代中国服务业的发展趋势、国际环境、发展机遇、发展思路、发展路径和政策措施等问题。具体包括如下主要内容:

第一,新时代服务业发展的机遇与战略思路。在迈向中国特色社会主义新时代的征程中，我国服务业发展面临着难得的发展机遇，发展潜力巨大，也充满着挑战。清晰的战略思路，是新时代服务业大发展的前提条件。服务业牵扯面广、异质性强，推动服务业大发展是一个系统工程，需要审时度势，抓准重点和难点，诸多方面有效配合，协同推进。推动服务业大发展、高质量发展，必须有清晰具体的实施路径。融合发展、集聚发展、创新发展、绿色发展和开放发展，既体现了现代服务业发展的重要特征，也是现代服务业发展的主要路径或主要工作抓手。

第二，世界服务业发展与开放的国际经验。综合比较世界主要经济体的服务贸易占 GDP 比重、世界银行服务贸易限制指数与 OECD 服务贸易限制指数，发现服务开放与人均 GNI 的关系的确存在着一种类似于 S 型螺旋上升的发展轨迹。全球经济服务化进程中积累了两条重要经验：一是立足服务于实体经济发展服务业，避免服务业自我循环；二是立足国家经济安全有序开放服务业，尽量利用好服务业开放的溢出效应。这些经验对我国新时代服务业发展和开放有着极为重要的借鉴意义。

第三，推动互联网、大数据、人工智能和实体经济深度融合。目前，我国互联网、大数据、人工智能在消费领域的应用非常广泛，但与实体经济融合发展的进展有待于进一步提升，亟须国家对现有政策进行整合，逐步扭转互联网、大数据、人工智能与实体经济"两张皮"的现象，扎扎实实地推进互联网、大数据、人工智能与实体经济的深度融合。

第四，中国制造和中国服务双融双赢发展战略。产业发展实践表明，制造业和服务业不是彼此孤立的，两者共生促进、融合互动。正是这种融合互动，既推动了制造业转型升级，又扩展了服务业发展的新空间和新动能。制造服务化和服务型制造是中国制造和中国服务双融双赢发展战略的基本形式。实施中国制造和中国服务双融双赢发展战略，最核心的问题是要解决服务业和制造业孤立发展的问题，要把它们有机结合起来，打破传统的产业界限，创新出一种鼓励产业融合的政策体系，在管理模式、行政监管、市场准入、税收政策、公共环境构建、服务业集聚区建设等方面突破传统束缚，尽快形成有利于创新和融合发展的政策环境与生态系统。

第五,以农业产业化服务体系助推农业现代化。国内外的实践经验表明,以服务业促进农业现代化是非常有效的途径。服务要素主要集中在城市,但在乡村振兴和推进农业农村现代化的过程中又离不开服务业的支持。为此,必须采取切实措施,明确具体策略,推动"服务下乡",把聚集在城市的服务要素与农村农业农民的现实需求有机结合起来。以服务业促进农业现代化可从以下几方面着手:推动龙头企业角色转换,变收购商为解决方案提供商;由扶持加工项目向补贴服务转型,拓宽农业产业化的资金渠道;以服务驱动链网、链群整合,抓住产业链"两端"和"两翼";重塑农产品流通产业组织模式,促进终端专业化;在服务业较为发达的地区,推广服务企业引领的农业产业链重塑。

第六,以生产性服务业集聚引导制造业升级。依托生产性服务业集聚区带动中国制造业在全球价值链治理体系中向中高端跃升,对于中国制造业由生产型制造向服务型制造转型具有重要意义。我们利用2005~2013年中国地级以上城市样本数据,对生产性服务业集聚与制造业耦合过程中外部因素的传导机制进行了实证检验。研究结果证实了生产性服务业集聚特别是支持性服务业集聚与制造业升级之间高度关联、融合促进的内在联系;社会创新体系、综合交易成本、需求规模通过生产性服务业集聚间接作用于制造业升级,要素禀赋与政策环境也会对制造业升级产生正向的直接影响。依托生产性服务业集聚推动制造业升级,应积极推动生产性服务业集聚,引导制造企业剥离生产性服务业;依托区域中心城市发展生产性服务业;促进生产性服务业集聚同制造企业的紧密联系以及同第一知识基的有效对接,减少行政管制,降低准入门槛。

第七,新时代服务业创新发展战略。服务创新是服务部门增长的引擎和催化剂。技术进步是服务创新的主要动力。现代服务业发展实践表明,服务创新与技术进步具有紧密的关联性,许多经济活动中服务创新与技术进步是并行发展的,技术进步是现代服务业发展和服务创新的引擎。我们以分享经济为例,提出创新治理方式、营造服务业创新发展制度环境的诸多建议,核心的思路就是不能以传统思维和旧手段来治理新经济、新服务。

第八，新时代服务业绿色发展战略。习近平新时代绿色发展思想是推动我国服务业绿色发展的行动指南。走可持续发展道路，推动服务业绿色转型有着重要的战略意义。我国服务业绿色发展有了突破性进展，但依然面临着许多瓶颈。推动服务业绿色发展是一项系统工程，需要综合施策，要从发展方式、资金支持、制度创新、金融政策、市场培育、贸易政策、企业主体等多方面着手，协同发力，共同铺就服务业绿色发展道路。

第九，新时代服务贸易发展战略。我国服务贸易亮点迭出，远高于同期货物贸易和GDP增长速度，正成为引领我国外贸增长的新引擎。服务贸易发展也面临着严峻的挑战，如逆差持续扩大、国际竞争力羸弱、对外开放程度不高、国际话语权缺失、对新兴领域重视不够等。新时代我国服务贸易发展战略的核心是构建起持续稳定发展的长效机制。服务贸易涉及的部门很多，构建持续稳定发展的长效机制是一个庞大的系统工程，需各方协同发力，具体来说：多管齐下扭转逆差扩大的趋势；提升服务业发展水平，夯实服务贸易发展的基石；确立"服务先行"的对外贸易战略；增强服务贸易国际规则的话语权；实施更加灵活多元的规制措施，提高服务贸易监管水平。

第十，新时代服务消费发展战略。服务消费占比提升是消费结构转型升级的主要特点和基本趋势。服务消费快速发展，既有利于满足新时代人民群众对美好生活的向往，也有助于经济增长和产业结构优化升级。我国正处于工业化后期阶段，也是消费结构由物质消费向服务消费转型升级的关键时期。人均可支配收入持续提高、中产阶层迅速崛起、人口结构深刻变化、"互联网+"商业模式创新和宏观政策积极引导等因素驱动了消费结构向服务消费升级。引导服务消费升级要从改善收入水平、有效扩大服务供给和完善服务环境等方面着手。

第十一，新时代生活性服务业发展战略。生活性服务业是提高民生福祉和满足人民群众美好生活需要的基础条件。在发展环境不断优化、供给日益丰富以及消费转型升级的背景下，我国生活性服务业依然存在部分行业服务供给缺口较大、服务质量偏低、经营成本过高、行业竞争激烈等问题。要结合新时代社会主要矛盾的变化，以满足人们日益增长的美好生活需要为出发点，充分运用市场力量，科学运用政府政策手段，推动生活性服务业高质量发展。具体而言，应以生活性服务业集聚示范区建设为抓手，构建城乡结合的特色生活服务业体系；鼓励生活性服务龙头企业连锁化经营，降低生活性服务业成本；以行业为主导，放开市场准入制度，实现生活性服务业开放式发展。

第十二，新时代服务业发展的制度环境。服务业具有制度密集型特征，它对制度高度敏感和依赖。基于2003~2016年世界银行公布的《全球营商环境报告》的实证研究表明，制度环境的确可以影响服务业占GDP的比重。全体样本国家的回归结果显示，一国营商环境排名提升1%，可以使该国服务业占GDP比重提升0.236个百分点。在营商环境的细分制度指标中，财产登记、获得信贷、投资者保护、缴纳税款、合同执行这几项指标对服务业占GDP比重的提高有显著的正向作用。全部样本国家的回归结果显示，服务业发展受投资者保护这个指标的影响最大，财产登记这个指标对OECD国家服务业发展的促进作用最大，合同执行则对金砖国家服务业发展的促进作用最为明显。优化服务业发展的制度环境，需要关注以下几方面：优化产权保护、投资者权益、法律保障、市场准入、社会诚信制度、市场主体培育、降低交易成本和治理方式创新。

服务业门类众多、发展日新月异，新领域、新业态和新模式层出不穷。中国特色社会主义新时代对服务业发展改革和开放提出了许多重大命题和重大战略部署，需要从理论和实践层面深入系统地探索，协同攻关，拿出与时代要求相匹配的研究成果。为此，我们组成了《新时代服务业发展战略研究》写作组，主要成员包括：湖南工程学院经济学院雷尚君；中国社会科学院财经战略研究院刘奕、夏杰长、李勇坚、张颖熙、陈军；南京大学经济学院江静；湖南科技大学商学院曾世宏、杨鹏；中国社会科学院研究生院肖宇、李垚。写作组由雷尚君、刘奕、夏杰长牵头，负责拟定写作大纲和统撰全书。具体写作分工如下：前言，雷尚君、刘奕、夏杰长；第一章，夏杰长、雷尚君；第二章，夏杰长、陈军；第三章，雷尚君、李勇坚；第四章，夏杰长、雷尚君；第五章，刘奕、夏杰长、李勇坚；第六章，刘奕、夏杰长、李垚；第七章，曾世宏、刘奕、杨鹏；第八章，雷尚君、夏杰长、张颖熙；第九章，夏杰长、肖宇；第十章，张颖熙、夏杰长；第十一章，雷尚君；第十二章，江静、夏杰长。

　　服务经济学的研究在国内起步比较晚，理论基础也比较薄弱，我们的研究也只是初步探索，书中可能存在疏漏，不少地方还亟待完善。欢迎各方专家学者和广大读者提出宝贵意见，以便我们在后续的研究中不断改进和提升。

雷尚君　刘　奕　夏杰长
2018 年 2 月

目　录

第一章　新时代服务业发展的机遇与战略思路 ……………………… 1

　一、中国特色社会主义进入新时代 ………………………………… 1

　二、中国服务业发展的基本格局 …………………………………… 5

　三、新时代服务业发展的机遇与挑战 ……………………………… 9

　四、新时代服务业发展的战略思路 ………………………………… 16

　五、新时代服务业发展的实施路径 ………………………………… 18

第二章　世界服务业发展与开放的国际经验 …………………………… 23

　一、问题的提出 ……………………………………………………… 23

　二、世界经济格局变迁与服务业发展 ……………………………… 24

　三、20世纪90年代以来世界经济中服务业的增长 ……………… 27

　四、世界主要国家的服务贸易开放度 ……………………………… 32

　五、结论与启示 ……………………………………………………… 40

第三章　推动互联网、大数据、人工智能和实体经济深度融合 …… 45

　一、建设现代化经济体系需要互联网、大数据、人工智能和实体经济深度融合 …………………………………………………………… 45

　二、互联网、大数据、人工智能和实体经济融合发展的政策现状 ……… 46

　三、推动互联网、大数据、人工智能和农业深度融合的基本思路 ……… 48

四、推动互联网、大数据、人工智能和制造业深度融合的基本思路 …… 53

　　五、推动互联网、大数据、人工智能和实体经济深度融合发展的
　　　　政策建议 …… 62

第四章　中国制造和中国服务双融双赢发展战略 …… 66

　　一、问题的提出 …… 66

　　二、生产性服务业是制造业转型升级的重要支撑 …… 67

　　三、服务业和制造业融合是全球产业发展的重要趋势 …… 68

　　四、产业互动融合增添了服务业发展的新动能 …… 71

　　五、制造服务化和服务型制造：制造业与服务业融合互动发展的
　　　　重要形式 …… 74

　　六、正视生产性服务业发展存在的问题 …… 77

　　七、推动中国制造和中国服务双融双赢的战略举措 …… 80

第五章　以农业产业化服务体系助推农业现代化 …… 85

　　一、我国农业现代化的发展历程及思想认识 …… 86

　　二、农业产业化服务体系：农业现代化的重要推动者 …… 87

　　三、"服务下乡"与农业产业化服务体系建设 …… 88

　　四、以服务业促进农业现代化的基本路径 …… 92

第六章　以生产性服务业集聚引导制造业升级 …… 98

　　一、问题的提出 …… 98

　　二、理论分析 …… 100

　　三、模型拟合与结果分析 …… 108

　　四、结论与启示 …… 122

第七章　新时代服务业创新发展战略 … 129

一、问题的提出 … 129

二、增长、创新与服务的学术思想演化 … 130

三、服务创新的概念、种类和特征 … 133

四、技术进步是服务创新的主要动力 … 135

五、基于互联网服务平台化的服务业创新：以分享经济为例 … 138

六、推动服务业创新发展的政策建议 … 144

第八章　新时代服务业绿色发展战略 … 149

一、习近平新时代绿色发展思想是服务业绿色发展的行动指南 … 149

二、服务业绿色发展的内涵与战略意义 … 152

三、中国服务业绿色发展的推动因素与制约条件 … 156

四、绿色服务业的重点领域选择 … 160

五、推进服务业绿色发展的战略举措 … 162

第九章　新时代服务贸易发展战略 … 169

一、提升服务贸易战略地位：新时代服务业开放的重要任务 … 169

二、中国服务贸易发展面临的问题与挑战 … 171

三、服务贸易发展新趋势 … 175

四、新时代服务贸易发展战略举措 … 179

第十章　新时代服务消费发展战略 … 187

一、问题的提出 … 187

二、服务消费比重提升是消费结构升级的重要趋势：基于发达国家的经验 … 188

三、中国服务消费发展趋势 … 191

四、中国服务消费增长的驱动因素 …………………………… 194
　　五、以扩大服务消费引领消费结构升级的政策建议 …………… 199

第十一章　新时代生活性服务业发展战略 ………………………… 205
　　一、问题的提出 ………………………………………………… 205
　　二、中国生活性服务业发展现状、问题与趋势 ………………… 207
　　三、加快生活性服务业发展的战略举措 ………………………… 220

第十二章　新时代服务业发展的制度环境 ………………………… 225
　　一、问题的提出 ………………………………………………… 225
　　二、制度环境优化是新时代服务业快速有序发展的重要保障 …… 227
　　三、我国营商制度环境及国际比较 ……………………………… 229
　　四、制度和营商环境对服务业发展影响的实证分析 …………… 231
　　五、结论与建议 ………………………………………………… 236

第一章　新时代服务业发展的机遇与战略思路

摘　要：中国特色社会主义进入新时代。这是党的十九大做出的重要政治判断，有着极为重要的理论价值和时代意义，是我们制定经济社会发展战略的重要依据和基本出发点。顺应新时代社会主要矛盾的变化，加快发展现代服务业意义重大。面对复杂多变的国内国际经济形势，我国坚持以供给侧结构性改革为主线推进服务业发展，取得了预期效果。在迈向中国特色社会主义新时代的征程中，我国服务业发展面临着难得的机遇，有着巨大的发展潜力，但也充满了挑战。清晰的战略思路，是新时代服务业大发展的前提条件。服务业牵扯面广、异质性强，推动服务业大发展是一个系统工程，需要审时度势，抓准重点和难点，诸多方面有效配合，协同推进。

一、中国特色社会主义进入新时代

习近平总书记在党的十九大报告中指出："经过长期努力，中国特色社会主义进入了新时代，这是我国发展新的历史方位。"对这个新时代，习近平总书记做出了如下判断：是承前启后、继往开来、在新的历史条件下继续夺取中国特色社会主义伟大胜利的时代，是决胜全面建成小康社会、进而全面建设社会主义现代化强国的时代，是全国各族人民团结奋斗、不断创造美好生活、逐步实现全体人民共同富裕的时代，是全体中华儿女勠力同心、奋力实现中华民族伟大复兴中国梦的时代,是我国日益走近世界舞台中央、不断为人类做出更大贡献的时代。党的十九大提出的"中国特色社会主义进入新时代",是我党的重大政治判断,有着极为重要的理论价值和时代意义,是我们制定经济社会发展战略的重要依据和基本出发点。

(一) 中国特色社会主义进入新时代的基本依据

一是基于中国改革开放以来,特别是党的十八大以来取得的重大发展成就,中国特色社会主义进入新的发展阶段。第一,改革开放40年以来,我国经济总量从世界第十一位跃居世界第二位,占世界的份额达到15%,对世界经济增长的贡献率超过30%,继续成为世界经济稳定复苏的重要引擎。人均GDP超过9000美元,已经达到中等偏上收入国家水平。预计到2020年,我国人均GDP将接近高收入国家水平,城乡居民收入也将保持与GDP同步增长。第二,经济结构不断优化,数字经济等新兴产业蓬勃发展,高铁、公路、桥梁、港口、机场等基础设施建设快速推进。第三,新型城镇化积极有序推进,城镇化率年均提高1.2个百分点,8000多万农业转移人口成为城镇居民。第四,创新驱动发展战略大力实施,创新型国家建设成果丰硕。我国政府对创新活动极为重视,取得了突出的成效,创新进入活跃期,为新时代转向高质量发展阶段提供了有力支撑。2016年,我国研发经费投入总量1.57万亿元,比2012年增加了52.5%,已超过日本,成为仅次于美国的第二大研发经费投入国家。研发占比也较快提升,2016年R&D(全社会研究与试验发展)经费支出占GDP的比重为2.08%,"独角兽"企业增长非常快,一些新的技术发展也非常快,这为提高产品、工程、服务等的质量创造了有利条件。创新能力正激发着中国经济潜能,有效地推动中国经济新旧动能转变,从主要依赖投资和劳动等要素驱动经济增长转向主要依赖技术创新和制度改革驱动经济增长。第五,生态环保力度加大,美丽中国建设迈出新步伐,环境质量持续改善。2017年,全国万元国内生产总值能耗比上年下降3.7%,完成全年目标任务,万元国内生产总值二氧化碳排放下降5.1%。资源利用效率提高,新增高效节水灌溉面积144万公顷,全国万元国内生产总值用水量比上年下降 5.6%，万元工业增加值用水量比上年下降 5.9%。清洁能源消费占比上升，在能源消费总量中，天然气、水电、核电、风电等清洁能源所占比重为 20.8%，比上年上升 1.3 个百分点。全年完成造林面积 736 万公顷，新增水土流失治理面积 5.6 万平方千米。①

二是社会主要矛盾发生了新的变化。中国特色社会主义进入新时代，我国社会主要矛盾已经转化为人民日益增长的美好生活需要和不平衡不充分的发展之间的矛盾。经过几十年的发展，我国稳定解决了十几亿人的温饱问题，我国社会生产力水平总体上显著提高，社会生产能力在很多方面进入世界前列，更加突出的问题是发展不平衡不充分，这已经成为满足人民日益增长的美好生活需要的主要制约因素。2020 年，我国将全面建成小康社会，人民的美好生活需要将超出物质的层次和范畴，转而追求物质与精神的双重提升。人民群众不仅需要更高水平的物质生活，也追求更加多样化、特色化、个性化的文化、旅游、体育等精神生活。这种变化将重塑社会整体消费结构，深刻改变每一个人的生活方式。在这种背景下，如何通过加快发展现代服务业、现代农业、先进制造业等现代产业体系，更大程度、更加平衡地满足人民的美好生活需要，提升民生福祉，是新时代的重要战略任务。

三是党的奋斗目标有了新的要求。从党的十九大到二十大，是"两个一百年"奋斗目标的历史交汇期。我们既要全面建成小康社会，实现第一个百年奋斗目标，又要乘势而上开启全面建设社会主义现代化国家新征程，向第二个百年奋斗目标进军。第二个百年奋斗目标分为两个阶段：第一个阶段（2020~2035 年），在全面建成小康社会的基础上，再奋斗 15 年，基本实现社会主义现代化。这意味着我国基本实现现代化的目标提前 15 年完成。第二个阶段（2035~2050 年），在基本实现现代化的基础上，再奋斗 15 年，把我国建成富强、民主、文明、和谐、美丽的社会主义现代化强国。这是中国特色社会主义进入新时代的立足点和出发点。

---

① 国家统计局：《中华人民共和国 2017 年国民经济和社会发展统计公报》，2018 年 2 月 28 日。

四是我国面临的国际环境发生了新的变化。中国仍然处于重要战略机遇期，但"树大招风"难以避免，外部环境和地缘政治更加复杂与变幻莫测，我们面临的国际环境不容乐观，需要积极谨慎面对。中国经济的全球化经历了三个不同阶段：从回到世界大家庭，到融入全球化，再到深度参与全球治理。经过几代人的奋斗努力，中国的国际地位日益提高，话语权更加凸显。在这个新的国际背景下，如何发挥在全球治理中的积极作用，攀升全球价值链，是新时代必须回答的重大问题。

（二）顺应新时代社会主要矛盾的变化，需要加快发展现代服务业

习近平总书记在党的十九大报告中首次提出并系统阐述了新时代中国特色社会主义思想和基本方略，这是中国共产党人在新时代、新形势下的重大理论探索和杰出创新成果。2012年党的十八届一中全会，习近平同志当选为中央委员会总书记，在首次记者见面会上就向世界庄严宣告"人民对美好生活的向往，就是我们的奋斗目标"。2017年，党的十九大报告又明确指出，"我国社会主要矛盾的变化已经转化为人民日益增长的美好生活需要和不平衡不充分的发展之间的矛盾""我国经济已由高速增长阶段转向高质量发展阶段"。精致便利的生活方式、丰富多彩的精神文化享受、身心愉悦的休闲旅游、精心的养老照料，都是人们对美好生活的向往之一。这些美好生活的追求和实现，离不开现代服务业的充分发展和平衡发展。

（三）现代服务业是建设现代化经济体系的重要组成部分

党的十九大报告首次提出"现代化经济体系"这个概念。这不是简单抛出一个新概念的问题，而是顺应新时代中国社会主要矛盾转化，决胜全面建成小康社会、开启全面建设社会主义现代化国家新征程的途径和战略部署，也是适应中国经济由高速增长阶段转向高质量发展阶段，转变经济发展方式、转换发展动能的客观需要，具有重大的理论和现实意义，是习近平新时代中国特色社会主义思想在中国经济建设实践的具体运用。

2018年1月30日，中共中央政治局就建设现代化经济体系进行了第三次集体学习。中共中央总书记习近平在主持学习时强调，国家强，经济体系必须强。只有形成现代化经济体系，才能更好地顺应现代化发展潮流和赢得国际竞争主动，也才能为其他领域现代化提供有力支撑。建设现代化经济体系是一个巨大的系统工程，需要诸多方面一起努力。国内外经济实践经验表明，现代产业是现代化经济体系的重要支撑，产业强则经济强，只有现代产业体系壮大了、协调了，现代化经济体系才有坚实的基础。农业、工业和服务业是现代产业体系的有机组成部分，对中国这样的发展中大国而言，三大产业如果存在明显的"短板"，就不可能建成现代产业体系，当然也就不可能有现代化经济体系。当前，我国经济总量已经跃居世界第二位，经济实力已经迈上了一个新台阶，但是产业结构不合理、产业层级较低、在全球价值链分工中处于较低环节，农业、工业和服务业总体上大而不强，现代服务业的"短板"更为凸显。为此，必须突出现代服务业的战略地位，把现代服务业发展放到优先的位置，并且要强调服务业对农业、工业的支撑和渗透功能，在三大产业融合互动发展中建设起强大的现代产业体系和现代化经济体系。

二、中国服务业发展的基本格局

近些年，面对复杂多变的国内国际经济形势，我国坚持以供给侧结构性改革为主线推进服务业发展，取得了预期效果，并继续保持稳中求进、健康向上的发展趋势，实现了"十三五"良好开局，为新时代服务业大发展奠定了基础。

（一）服务业对经济增长的贡献继续增强

全面建成小康社会的基本目标是2020年比2010年的人均GDP翻一番。在经济增长潜在速度下降、高端制造业向发达国家回流和中低端制造业向发展中国家转移的"双重挤压"背景下，服务业的大发展对稳增长尤为重要。一是服务业在GDP中的占比越来越突出，如2010年服务业的占比大概只有44.2%，2015年是50.5%，2016年、2017年均为51.6%，服务业成为名副其实的"半壁江山"，其占比稳步提升，地位非常巩固。二是从这几年各产业的增长速度看，服务业明显快于工业，服务业增速大约比工业增速高1.4个百分点。例如，2017年国内生产总值827122亿元，比上年增长6.9%。其中，第一产业增加值65468亿元，增长3.9%；第二产业增加值334623亿元，增长6.1%；第三产业增加值427032亿元，增长8.0%。第一产业增加值占国内生产总值的比重为7.9%，第二产业增加值比重为40.5%，第三产业增加值比重为51.6%。无论从哪个角度看，服务业已经是我国经济增长最主要的动力和贡献者。抓住经济增长的主要矛盾，实现服务业持续稳定健康发展，意义不言而喻。

（二）服务业对劳动就业的贡献更加巩固

以服务业劳动就业占比衡量一个国家或地区的服务业地位，是国际上最通行的做法，它能更客观地反映三大产业的演变情况。美国学者富克斯讲的服务经济时代，用的就是服务业劳动就业占比这个最核心的指标。因为劳动就业是一个很实在的指标，不像GDP要受到价格因素的影响，特别是三大产业结构变化更受到价格因素的影响。2010年，服务业劳动就业人数与农业劳动就业人数几乎是一样的，2011年是一个拐点，首次超过农业劳动就业人数，成为第一大就业部门。自此，服务业劳动就业占比不断提升，2012年、2013年、2014年、2015年、2016年分别为36.1%、38.5%、40.6%、42.4%、44%。其实，这个数字严格地讲是被低估了，因为现在农村经济是大农业的概念，最大的特点是农业与工业、服务业越来越紧密地融合，很多从事第一产业的农民，实际上在从事第三产业。例如，一些农村劳动者从事农村电商或乡村旅游，是典型的服务业，但由于服务业统计核算工作在农村很薄弱，可能把这些劳动者统计到农业就业里面。如果考虑这个因素，当前我国服务业就业占全部就业的比重很可能超过50%。也就是说，在劳动就业方面，服务业也很可能是"半壁江山"。

（三）固定资产投资依旧以服务业为主战场

一般认为，服务业是一个轻资产行业，固定资产投资的规模应该比第二产业的小很多，但实际上如果把交通运输全部统计到第三产业里面就会发现，第三产业全社会固定资产投资早在11年前就超过第二产业了。随着服务业市场潜力不断地被开发出来、服务业较高的盈利机会对市场主体的"诱导性"投资，以及国家产业政策对服务业的倾斜，固定资产投资对服务业将会越来越"青睐"。2011~2017年，服务业固定资产投资占比分别为54.66%、54.84%、55.38%、56.26%、55.72%、57.02%、59.4%。而且，服务业固定资产投资的增长速度远高于第一产业和第二产业。例如，2017年的固定资产投资（不含农户）中，第一产业投资20892亿元，比上年增长11.8%；第二产业投资235751亿元，增长3.2%；第三产业投资375040亿元，增长9.5%。由此可见，固定资产投资以服务业为主战场将是一种常态，其趋势可能更加凸显。

（四）外资对服务业的偏好越来越强烈

外资对市场有天生的嗅觉和敏锐，外资的走向既是国际资本偏好的一种客观选择，也是中国市场潜力和偏好的一个风向标。这个风向标的拐点也是2011年。2011年，我国服务业实际利用外资规模约583亿美元，第二产业实际利用外资规模是557亿美元，在利用外资上服务业首次超过第二产业。随后的几年里，服务业利用外资占比越来越高，第二产业利用外资的占比匀速下降。例如，服务业利用外资的占比在2012~2016年分别是51.2%、56.3%、62.0%、64.5%、67.7%。服务业利用外资占比提高如此之快，既有我国服务业市场潜力巨大、服务业发展基础比较薄弱、有很大发展空间的原因，也有高端制造业回流发达国家、中低端制造业流向其他发展中国家的原因。更值得关注的是，我国服务业利用外资的结构和层级在不断优化，2016年外商投资继续延续向高端产业聚集的态势，高技术服务业实际使用外资955.6亿元人民币，同比增长86.1%，占服务业利用外资金额的16.7%。可见，对外开放已经成为服务业提质升级的重要途径。

(五)服务贸易继续保持高速增长态势

服务贸易的快速崛起是我国外贸工作的亮点,也是扩大服务业对外开放的主要成就。2011~2015 年我国服务贸易保持稳步增长态势,其规模分别达到 4185 亿美元、4706 亿美元、5397 亿美元、6043 亿美元、7130 亿美元,连续多年保持着较高的增长速度。2015 年,我国服务进出口总额占对外贸易总额(货物和服务进出口之和)的比重为 16.88%,比 2010 年的 8.66% 提升 8.22 个百分点,变化甚为显著。服务贸易曾经是我们的"短板",在全球的地位与我国第二大经济体的地位不甚相称,但这一格局正在悄然变化。当前,服务贸易总额紧随美国之后,居世界第二位,我国服务进出口总额占全球的比重超过 6%。2016 年,我国服务贸易保持了较好的发展势头,全年服务进出口额达到 6575 亿美元,全年增速达到 14.2%,世界排名继续保持第二位,服务贸易占对外贸易的比重也达到了 20%,实现了服务贸易"十三五"的良好开局,服务贸易正成为对外贸易发展和对外开放深化的新引擎。特别值得关注的是,服务贸易政策在配合国家"一带一路"建设方面取得了初步成效。据商务部的官方统计,2016 年与"一带一路"沿线市场的服务进出口额合计 1222 亿美元,占比提高了 3.4 个百分点。

(六)以共享经济为代表的新兴服务蓬勃发展

服务业的生命力和活力都源自创新,包括技术创新、业态创新和模式创新。平台经济、体验经济和共享经济这些服务形态不断涌现,是近年来服务业发展与创新的重要特点和趋势。我们不妨以"分享经济"为例说明新服务的蓬勃发展态势。2018 年 2 月,国家信息中心分享经济研究中心、中国互联网协会分享经济工作委员会在北京联合发布《中国共享经济发展年度报告(2018)》。报告显示,我国共享经济继续保持高速增长,2017 年我国共享经济市场交易额约为 49205 亿元,比上年增长 47.2%,其中非金融共享领域交易额为 20941 亿元,比上年增长 66.8%。共享经济领域融资规模约 2160 亿元,比上年增长 25.7%。根据该报告提供的数据,2017 年我国提供共享经济服务的服务者人数约为 7000 万人,比上年增加1000万人；共享经济平台企业员工数约716万人，比上年增加131万人，占当年城镇新增就业人数的9.7%，意味着城镇每100个新增就业人员中，就有约10人是共享经济企业新雇佣员工。报告还提出，中国共享经济领域的创新创业取得了巨大成就，成为全球共享经济的创新者和引领者。截至2017年底，全球224家"独角兽"企业中有中国企业60家，其中具有典型共享经济属性的中国企业31家，占中国"独角兽"企业总数的51.7%。

三、新时代服务业发展的机遇与挑战

（一）发展机遇

1. 宏观政策环境有利于服务业发展

我国已经从传统的农业大国迈向了工业大国，工业在我国有着极为重要的地位，长期以来，重工业轻服务业的政策取向较为明显。但近些年来，这一格局正在改变：一是服务业比重在不断提升，对国民经济的渗透与影响日益显著；二是我国工业大而不强，在全球价值链分工中处于低端位置，是典型的国际代工模式，附加值很低，究其原因，是缺乏生产性服务业的支撑，要走新型工业化，攀升全球价值链的高端，就必须有现代服务业作为坚强后盾。思想理念是行动的指南，观念上的转变是极为重要的。现在，无论是中央政府还是地方政府，都很重视服务业的发展，正在改变传统的"重工业、轻服务"观念，出台了若干不同层次的文件措施，编制了各类服务业发展规划，为服务业发展争取到了相对公平的待遇，不断改善了其发展环境，降低了服务业发展门槛，增加了服务业领域的投资。

2. 国际环境有利于我国服务业发展

从服务业发展的国际环境来看，服务行业也面临比较有利的发展契机：一是国际社会目前正给予环境保护和应对气候变化前所未有的关注，在传统制造业增长前景相对不乐观的背景下,服务业的发展环境比较有利;二是近期国际经济企稳复苏的迹象比较明显,一旦经济回升,中国服务业的市场前景以及投资环境的改善将对外资产生明显的吸引力,外资投资将会逐步活跃,这对于服务业增长以及服务业竞争力的提高具有促进作用;三是国际经济的企稳复苏将给中国的服务贸易带来发展契机,近期我国针对服务外包产业出台了一系列鼓励政策,与其他国家相比,我国还拥有工资成本和资金实力的双重优势,服务贸易有望加速增长。

3. 城市化进程明显加快,拓展了服务业发展空间

2017年我国城镇化率已经超过了56%,2020年更有望提高到近60%,这意味着城市人口规模将由目前的7.8亿人增加到2020年的8.9亿人。国内外实践证明,城市化和服务业的发展高度相关。在现代工业社会,城市是服务业发展的主要平台,服务业的规模和结构在很大程度上取决于城市化水平和城市规模。随着人均收入水平的提高和制约城镇化进程的体制与政策因素的逐步消除,我国城镇化进程会继续加快,将对服务业的发展产生积极影响。总之,只有依托城市才能培育起现代服务业的土壤。服务的价值只有在交易中才能产生和实现,在城市,几乎所有的消费都是通过交易取得的,自给性服务消费明显减少。无论是商贸、餐饮这样的消费性服务业,还是金融保险、商务、法律这样的生产性服务业,抑或是教育、卫生、社区这样的公共服务业,都随着城市化进程的加快而逐步增长。

4. 城乡居民收入水平的提高带动了消费结构的升级和服务需求的增加

收入决定消费,收入的变化必然带来消费结构的变化。我国正处在决胜全面建成小康社会的关键时期,居民增收的渠道也越来越丰富,拥有金融、房地产等资产收益的局面将会越来越多,城乡居民收入有望保持较快增长。特别是随着社会保障制度的完善,我国居民将由过去的"预防性储蓄"逐渐转变为"适度消费"和部分人群的"超前消费"。随着城乡居民收入水平的提高和社会保障制度的逐渐完善,城乡居民的恩格尔系数明显下降,城乡居民的消费将逐步从温饱型、舒适型向发展型和享受型转变,将更加关注消费质的提高和品种的增加,居民消费将从过去的物质消费为主逐步转变为服务消费为主或者两者并重的格局。总之,城乡居民收入水平快速增长和消费结构升级是未来一个时期带动服务业快

速增长的重要支撑。

5. 基础设施的不断完善为服务业发展提供了坚实的基础

服务业以无形产品为主,但需要有形产品为依托。20世纪90年代以来,我国固定资产投资中用于第三产业的投资保持持续增长,包括公路和铁路建设,港口、码头、机场建设,以及科技、教育、文化、卫生等社会事业领域的基础设施建设等。第三产业投资占全社会固定资产投资的比重也从1991年的37%上升至2016年的57.02%。当前,我国正在实施积极的财政政策和稳健的货币政策,用于"公路和铁路建设,港口、码头、机场建设"等基础设施的投入仍然是投资的重头戏。这些投资有些直接转化为服务业的产出,有些为更多服务行业的发展提供了基础条件,将为今后促进服务业发展起到积极的支撑作用,有力地改善我国服务业发展的"硬环境"。

6. 制造业大国向制造业强国转变必然要依赖服务业支撑

我国是世界上最重要的制造业基地之一,但服务业发展水平与制造业的快速发展很不适应。国际经验表明,先进制造业"起飞的翅膀"必须要靠现代服务业"聪明的脑袋"来支撑。在我国产业发展过程中,最常见的问题就是制造业、服务业"一手硬、一手软",对产业内在规律缺乏认识。我国制造业之所以缺乏竞争力,大多只是"国际代工",一个重要的原因就是在全球价值链分工体系中只处在中间的"低端",而"微笑曲线"的两端是价值链的高端,但我们没有控制住产前的研发、设计,产后的营销这样的生产性服务业,从而失去了国际分工的主导权。我们要改变这样的格局,就要大力发展服务业特别是现代生产性服务业。只有这样,我国才能实现从制造业大国向制造业强国的转型。

7. 低碳经济发展模式拓宽了现代服务业发展空间

转变增长方式、走低碳经济道路是我国的必然选择。实现低碳发展的路径有许多,低排放是其最基本的要求之一。过去那种以重化工业为主的产业结构与低碳经济发展模式有着激烈的冲突。从趋势看,现代服务业是未来产业结构的主导,但一定比例的重化工业又不可避免。解决这一冲突的出路就是投入要素的"软化",更多地以生产性服务业作为制造业的中间投入。在生活中,也要尽可能消费清洁低能产品和服务。在消费支出中，逐步从物质产品消费为主转变为服务消费为主，改变消费方式，最终实现由高能耗时代向低碳时代跨越。

（二）面临的挑战

近些年来，我国服务业发展较快，服务业发展水平明显提高，但是与新时代社会主要矛盾转化的要求相比，与建设现代化经济体系的要求相对照，还存在一些突出的矛盾和问题，与国外主要发达国家甚至发展中国家的服务业发展水平差距较大。具体表现在：

1. 体制和机制障碍制约了服务业发展

制度是经济增长和效率提高的重要影响因素，我国有关产业的改革历程中，服务业体制改革最为落后，也是改革难度最大的领域之一。我国服务业发展面临着以下几个体制障碍：一是服务业部分细分行业垄断最为严重。行政垄断在我国许多经济领域都存在，但以生产性服务业领域为甚，如金融、电信、铁路、民航、教育、新闻出版传媒等就是典型的行政垄断行业。这些行业普遍产权不明晰，竞争力不强，效率低下。二是市场准入门槛还比较高，尤其是对民营企业的门槛比较高。除餐饮、商贸等传统服务业外，其他服务业的市场准入门槛比较高，如银行、保险的经营牌照基本上是政策分配的。很多新兴服务业不让民营企业介入，从而抑制了服务业的发展。三是管理体制比较落后，与市场经济的要求存在一些差距。与工业企业相比，服务业缺乏具有国际竞争力、符合现代企业制度要求的大型企业。四是缺乏真正落实和具有可操作性的服务业发展支持政策，过去一些财税、金融政策都是针对工业部门出台的，许多对于服务业并不适应。如银行贷款一般要求资产抵押，但服务业企业中以知识产权、品牌等无形资产为主导，造成许多服务业企业贷款困难。服务业的税率也相对较高，抑制了服务业的发展。

2. 生产性服务业产值规模小，发展水平较低

生产性服务业在众多发达国家和地区已经获得了长足的发展，在许多新兴经济体，现代生产性服务业正处在蓬勃发展时期。生产性服务业有利于促进一国产

业结构升级,促进就业和地区经济发展,其发展水平的高低体现了一国的经济发展程度。近年来,我国政府部门对生产性服务业发展高度重视,2014年8月,国务院出台了《关于加快发展生产性服务业促进产业结构调整升级的指导意见》,这是国务院首次对生产性服务业发展做出的全面部署,给生产性服务业发展带来了难得的发展机遇。

我国生产性服务业发展规模和水平严重滞后,一个重要表现就是生产性服务业作为中间投入的比例较低。从中间投入角度来看,我国作为中间投入的服务产品占GDP的比重显著低于西方主要发达国家,如2010年,美国作为中间投入的服务产品占GDP的比重为47.54%,法国为54.42%,韩国为45.47%,而我国作为中间投入的服务产品占GDP的比重为43.27%。值得注意的是,与巴西、印度、日本等国家和地区相比,中国作为中间投入的服务产品占GDP的比重与这些国家和地区相当,甚至好于这些国家和地区,且占比的增长速度快于这些国家和地区(见表1-1)。

表1-1 主要国家/地区作为中间投入的服务产品占GDP的比重

国家和地区	1995年	1997年	2000年	2002年	2005年	2007年	2010年
法国	0.5010	0.4957	0.5351	0.5500	0.5579	0.5686	0.5442
德国	0.4403	0.4608	0.5124	0.5019	0.5305	0.5330	0.5423
英国	0.4715	0.5198	0.5631	0.5761	0.6103	0.6066	0.6099
加拿大	0.4124	0.4390	0.4685	0.4802	0.4672	0.4807	0.4691
美国	0.4293	0.4443	0.4840	0.4675	0.4893	0.4918	0.4754
日本	0.3981	0.3974	0.4040	0.4159	0.4062	0.4167	0.4135
韩国	0.3667	0.3891	0.3949	0.4134	0.4145	0.4410	0.4547
中国台湾	0.4032	0.4163	0.4393	0.4322	0.4526	0.4637	0.4652
巴西	0.3459	0.3393	0.3724	0.3766	0.3787	0.3875	0.3848
俄罗斯	0.3304	0.3341	0.3386	0.3672	0.3638	0.3855	0.4080
印度	0.2911	0.2926	0.2782	0.2833	0.3056	0.3131	0.3121
印度尼西亚	0.2662	0.2929	0.2941	0.3045	0.3215	0.3197	0.3234
澳大利亚	0.6515	0.6328	0.6570	0.6297	0.5994	0.6069	0.5769
中国*	0.3501	0.3526	0.3692	0.3876	0.3852	0.4129	0.4327
中国**	0.2952	0.2921	0.3391	0.3782	0.3837	0.3579	0.3901

注:*表示数据根据全球投入产出表计算得到。**表示数据根据中国历年投入产出表计算得到。其他数据都是根据全球投入产出表计算得到。

我国生产性服务业发展落后，原因是多方面的，但最主要的一个原因是国际代工模式导致外资制造业与本地服务业的关联度比较低，产业链普遍偏短，抑制生产性服务业的发展空间。这些年来，我国外贸增长方式还是没有真正转变过来，基本上依赖初级产品出口和国际代工带动国际贸易增长。也就是说，在产业链的国际分工上，我们主要是在做附加值较低的加工制造，处在"微笑曲线"的底部，而对附加值较高的产品研发与设计、品牌营销等没有控制住。我国是制造业大国，有很好的生产性服务业发展基础和市场需求，但我们的制造业大而不强，在国内的产业链很短，对生产性服务业的需求大都在境外，从而使我国的生产性服务业找不到依托和市场，发展空间貌似很大实则很小。

3. 服务业发展水平与发达国家和新兴经济体相比有较大差距

衡量服务业发展水平的指标很多，包括规模、结构、竞争力等。服务业占GDP的比重作为衡量服务业发达程度的主要标志，综合反映了服务业发展的整体水平，该指标也容易获取，我们不妨用这个指标判断我国服务业的发展情况。我国服务业占GDP的比重是53%左右（2017年数据），而目前世界平均水平高达70%左右，高收入国家达73%，低收入国家也达到47%。即便我们与其他"金砖国家"相比，服务业比重也是偏低的。例如，印度、巴西、俄罗斯和南非分别达到了55%、67%、59%和66%（2014年数据）。用这个指标判断，无论是与发达国家还是新兴经济体（或者"金砖国家"）比较，我国服务业发展水平都有较大差距，服务业竞争力整体水平不高。我国服务业发展相对滞后还表现在：服务业国际竞争力较弱，服务贸易逆差高居世界第一；服务业内部结构低端化，传统服务业占比过高，现代服务业或知识密集型服务业占比较低；服务品牌和标准基本缺失，服务业话语权严重不足。由此可见，我国服务业发展任重而道远，亟待奋起直追。

4. 服务业发展的国际环境不容乐观

国际经济金融发展和走势有较大的不确定性，全球经济复苏步伐缓慢，需求不振进一步加剧，国际贸易保护主义倾向日益严重，甚至可能出现"逆全球化"倾向。高端服务业或知识密集型服务业主要被发达国家占领，他们处于服务业价值链的最高端，新兴经济体和发展中国家也在积极推进发展现代服务业和服务贸易。同时，我国现代服务业整体水平不高，服务贸易企业国际竞争力不强，国际市场开拓能力不足，国际营销渠道不畅，在品牌、标准、自主知识产权、人才等方面缺乏核心竞争力。所以，无论是自身内功，还是外部国际环境，都制约了我国服务业的快速高质发展。

5. 社会服务业发展不充分不平衡，满足不了人民群众的美好生活需要

人民群众对美好生活的需要正在由基本生存型为主向中高端发展享受型延伸，但教育、医疗、养老等诸多领域的社会服务供给数量不足，优质服务资源尤其短缺，供需结构性失衡矛盾凸显。我国每千人口护士仅为OECD国家平均水平的1/4，合格养老护理人员仅为市场需求的10%，78%的老人希望养老机构提供医疗服务，但即使在北京也仅有25%的养老机构内设医疗机构。据统计，2016年我国健康服务产业规模占GDP的比重仅为6%左右，远低于OECD国家9%~11%和美国15%的水平；体育产业增加值占GDP的比重仅为0.7%，低于与我国发展阶段相近国家的水平。不平衡的问题则更为突出，如2016年上海市普通初中生均公共预算教育事业费3万余元，而河南省仅为7800元左右。在医疗卫生方面，大中城市三级医院病床使用率常年超过100%，北京三甲医院门诊患者中外地患者超过60%。[1]

6. 人口结构老龄化持续加深，劳动力供应压力加大

人口惯性增长逐步减弱，2030年前后达到总量峰值，劳动年龄人口波动下降，老年人口快速增加。伴随着前所未有的人口老龄化，我国社会还出现了少子、长寿、家庭小型化的特点。国家发改委社会发展司课题组（2017）的一份研究报告提供的数据显示，预计到2030年，我国人口总和生育率将维持在1.8的水平，人均预期寿命将达到79岁。与此同时，世界人口不断增长，总量从2017年的75.5亿上升到2030年的85.5亿和2050年的近100亿。[2] 受此影响，民生领

---

[1] 张颖熙、夏杰长：《以服务消费引领消费结构升级：国际经验与中国选择》，《北京工商大学学报》（社会科学版）2017年第6期。

[2] 国家发改委社会发展司课题组：《新时代下适应人民对美好生活的需要课题研究报告》2017年12月。

域服务业面临劳动力减少、"未富先老"的双重挤压，家庭传统功能弱化对社会化服务供给提出了更高要求，社会活力和创新动力将受到影响，国际层面将面临先发和后发国家的双重竞争，代际矛盾可能加剧。

四、新时代服务业发展的战略思路

清晰的战略思路是新时代服务业大发展的前提条件。服务业的大发展是一个系统工程，需要审时度势，抓准重点和难点，诸多方面有效配合，协同推进。

（一）全面深化服务业体制改革，释放服务业发展活力

我国服务业制度建设相对滞后，具体表现在体制机制僵化、市场化程度不高、社会分工程度较低、部门服务业行政垄断严重、市场准入门槛高、定价机制不合理等。推进服务业改革，构筑有利于服务业发展的体制机制，可着重从以下三个方面着手：

第一，打破垄断和市场管制，放宽服务业市场准入，引进竞争机制。行政垄断和市场管制是当前制约服务业发展的突出难题。国有企业在教育、文化传媒、医疗卫生、金融、交通运输和公用事业等领域的投资占比超过2/3。要改变这些状况，就必须大胆地进行制度创新，参照国际通行的做法制定公开透明的准入条件和标准，除对少数垄断行业及关系到国家安全的重点服务业，制定"否定"或"限制"行业目录外，其他的一概实施"非禁即入"的准入制度，切实打破垄断经营，鼓励社会资本以多种方式发展服务业，形成公正公平、多种所有制竞向发展的格局。

第二，改革投资审批体制。我国现有的投资审批体制仍对服务业有着较多的限制。例如，对铁路、高速公路、快递、房地产等诸多服务行业的投资仍存在大量的政府审批现象。现有的投资审批体制是一种对市场投资决策的扭曲，因为投资审批者并不对投资结果负责任，而审批的标准、原则、程序等又不够透明。这

也是造成服务业投资效率低下和官员腐败的重要原因。要对现有的投资审批体制进行全面清理，尽量减少行政审批，简政放权，尽可能减少前置审批和资质认定项目，把"先证后照改为先照后证"落到实处，认真落实注册资本认缴登记制，营造有利于服务业发展的制度环境。

第三，加强信用制度建设。服务品无形的特点以及越来越多的服务网上交易，决定了服务交易更具"信息不对称"和"道德风险"的可能性。应采取切实有效的措施，完善企业、社会和个人信用环境体系建设，建立企业和个人信用档案，增强交易透明度，加大对"违信"的处罚力度，确保服务业发展的正常市场秩序。

（二）积极有序推进城镇化，推动城镇化和服务业互动发展

作为服务业生长的理想空间，城市既承载着人口集聚和各种要素集聚以及由此带来的巨大服务需求和规模效应，又通过人口与要素的集聚而有利于提高服务业效率和品质。因此，通过积极有序地推进城镇化，为服务业发展创造最佳的空间形态和载体，是极为重要的路径选择。特别要依托城市快捷的交通、通信和金融以及多种社会服务网络，推动服务业集聚发展，提高服务业的规模经济效应和辐射效应，并以此带动相邻地区制造业的发展，形成城镇化、工业化和服务业的多赢格局。

（三）增加服务领域的公共性基础性投入，实施有利于服务业发展的财税政策

服务业的发展需要市场这只看不见的手发挥决定性作用，也要积极发挥政府的作用。一般而言，竞争性服务业领域尽可能交给市场。政府投入对服务业发展非常重要，但要按照市场与政府的职能边界有效分工，政府的投入主要侧重于支持公共基础设施、市场诚信体系、标准体系以及公共服务平台等服务业发展薄弱环节建设。应完善服务业行业的营业税改征增值税工作，以鼓励制造业与服务业的高度专业分工，并从分工合作中寻求制造业和服务业的"双融双赢"。对研发

设计、检验检测认证、节能环保等科技型、创新型生产性服务业企业，应实施税收激励政策，允许其按照高新技术企业的待遇享受15%的企业所得税优惠税率。

（四）完善支撑服务业发展的金融政策体系

鼓励发展天使投资、创业投资，支持融资性担保机构发展。通过多层次资本市场体系建设，满足不同类型服务业的融资需求。拓宽机构对现代服务业企业贷款抵押、质押及担保的种类和范围，加大金融创新对生产性服务业的支持力度。借鉴一些发达国家的经验，设立"服务业特别基金"，为符合国家产业政策的小型微型服务企业发展提供资金支持，破解融资瓶颈。

（五）培养服务业创新团队，为服务业发展提供人才支持

人才特别是创新型人才是服务业发展的关键，服务业最主要的投入就是人力资本。培养、引进高素质的现代服务业人才是政府义不容辞的责任。应从资金投入和改革人才培养模式等方面着手，支持服务业创新团队培养，鼓励服务创新，包容创新失败。按照"不求所有，但求所用"的原则，积极推进技术入股、管理人员持股、股票期权激励等新型分配方式，建立创新型人才柔性流动机制，鼓励更多的高端人才向服务业领域聚集，为服务业发展提供强大的智力支撑。

五、新时代服务业发展的实施路径

服务业的大发展、高质量发展，不仅需要高瞻远瞩的发展战略，更需要切实可行的实施路径。有了具体的实施路径，才能确保新时代服务业发展战略落到实处，才能确保相关战略部署如期实现。综观国内外经验，实施融合发展、集聚发展、创新发展、绿色发展和开放发展，是最重要、最有效的实施路径。

（一）融合发展

产业间融合已成为现代产业发展的一个重要特征。当今世界，服务业与制造业、农业之间的关系越来越密切，三者在融合与互动中发展。服务业和制造业的关系正在变得越来越密切，主要表现为制造业的中间投入中服务的投入大量增加。多数 OECD 国家的产品生产中，服务投入增长速度明显快于实物投入增长速度。越来越多的制造商加入延期付款、培训、服务合同、咨询等服务，以新的服务领域来获取竞争优势。制造业与服务业的融合发展表现出两种趋势：一是"制造企业服务化"；二是"服务型制造"。在信息技术应用日益广泛和深入的背景下，全球制造业正在从"生产型制造"向"服务型制造"转变。服务型制造的一个重要特点是产品越来越"软化"和"个性化"。我国正在致力于走新型工业化道路，致力于摆脱价值链低端格局，出路就在于大力发展生产性服务业，并促进生产性服务业和制造业融合与互动发展，这是我们产业政策的一个新的着力点，是要长期坚持的一个战略选择。同样地，现代农业发展也离不开服务业的支撑，单纯的种植业是无法造就现代农业的，也不可能让农民较快地增加收入。事实证明，凡是农业发达、农民收入较高的地区，都是把传统农业与现代服务业有机结合起来的地区。我们要在农业与服务业的融合中带动现代农业发展，并拓宽服务业的发展领域与视野。

（二）集聚发展

大量服务业企业及相关机构集中于某个特定区域的集聚模式，反映了现代服务业发展的内在要求，在某种程度上决定了其所在城市经济的繁荣及其辐射力和竞争力的高低。目前，服务业发达的地区或城市，在服务业集聚区建设方面都很有特色和成效。走集聚发展的道路要避免"形聚而神不聚"，即从空间上将一系列看似关联的企业集中到一起，实现了企业集聚，但是各个企业之间并没有相互联系，没有产生协同效应，竞争力较弱。集聚发展应该是具有相互关联性的企业、专业化供应商、服务供应商、相关产业的厂商，以及相关的机构（如大学、制定标准的机构、产业协会等)构成的群体,它是在某一特定领域中大量产业联系密切的企业以及相关支撑机构在空间上集聚,并形成强劲、持续竞争优势的现象。走集聚发展道路,既要尊重企业依据市场原则的自主选择,也要充分发挥政府的作用,如加强服务业集聚区建设的规划引导、完善公共服务平台建设、建立集聚区标准与评价体系等。

(三) 创新发展

创新是服务业的生命力。服务业领域的创新主要包括制度创新与技术创新两个方面。发达国家虽然经济制度与市场制度较为成熟和稳定,但在服务业领域的制度变革一直没有停止过。主要是由于服务业规制和服务业自由化问题,一方面制定越来越严格的服务标准和监管措施,另一方面又不断放松对某些服务业领域的管制,如金融自由化趋势越发明显。我国的制度创新当然不仅局限于金融领域的创新与突破,更主要的是对既有服务业制度进行梳理,打破与现代市场经济发展要求不相适用的条条框框,引入新的理念、新的规范来赋予现代服务业活力。服务业中技术创新的作用更为突出,技术创新是现代服务业发展最主要的动力之一,而技术创新又源自研发投入。目前,全球大部分国家的服务业研发费用比重正逐步扩大,而制造业研发费用所占比重相对下降。特别是美国等发达国家,服务业研发费用比重上升的趋势更加明显,并直接导致了该领域的技术进步与技术创新,彻底改变了"服务业是劳动密集型产业和低劳动生产率产业"的传统看法。此外,信息技术特别是互联网技术的运用,创新了更多的服务领域、业态和模式,既使服务业越来越个性化,又增强了服务业的可及性。

(四) 绿色发展

正确处理经济发展同生态环境保护的关系,加快建设资源节约型、环境友好型社会,实现中华民族永续发展,是中国特色社会主义新时代必须面对的时代话题。为了顺应新时代社会主要矛盾的变化,我们必须把生态文明建设、绿色发展放到极为重要的地位。而要实现这一战略任务,又离不开产业结构的调整和优化,加快发展现代服务业就是一条重要的途径。但是这并不意味着只要大力发展服务业,生态环境问题、绿色发展问题就能迎刃而解、万事大吉。服务业性质迥异,千差万别,必须区别对待。总体来看,与重化工业、原材料工业、采掘工业等相比,服务业能耗低不少,大多数服务业是绿色环保的。但是在现实生活中,我们也注意到有些服务业行业或者服务业的某些环节是高能耗或非绿色的,即便是绿色的或者环保的服务业,由于使用或消费方式不科学、不合理,其行为和结果也可能是非绿色的。认清了这一事实,我们就要顺应新时代社会主要矛盾的变化,把服务业绿色转型和推动服务业绿色发展,既作为高质量发展服务业的重要切入点,又作为寻找服务业发展新动能、新领域的一次重要机遇。

(五)开放发展

目前,服务业已经成为产业转移的重点。这种转移通常通过三种形式来实现:一是项目外包,即企业把非核心辅助型业务委托给国外其他公司。二是跨国公司业务离岸化,即跨国公司将一部分服务业务转移到低成本国家。业务离岸化集中在电话客服、金融保险、人力资源管理、后勤保障等行业。三是服务业外商直接投资。有转移就有承接,包括中国在内的发展中国家是发达国家服务业转移的主要承接者,发展中国家大都采取优惠政策措施(甚至是过度、恶性竞争的优惠措施),竭力承接服务外包业务,把承接服务外包作为促进增长、创造就业、增加税收收入和引领产业结构调整与升级的重要途径。我国是人力资源丰富、劳动就业压力大的发展中国家,积极承接服务业外包是很现实的战略选择,因为大量的服务外包是"劳动—知识密集型"的,较适宜吸纳新毕业的大学生就业,有助于缓解我国大学生就业难的问题,也在一定程度上促进了我国产业升级,从而更加紧密地把国内外服务业市场联系起来,助推我国服务业的对外开放。从这个意义上讲,我国服务业开放战略的重点将在承接服务外包业务上。当然,完整意义上的开放还包括如何"走出去"以及对内开放的问题。服务企业"走出去"是我国服务业发展的"短板",既需要企业提高自身竞争力和对国际市场的适应力,又需要政府利用财政税收、信用担保、金融支持等手段助推服务企业"走出去"

参与国际竞争。加入世界贸易组织（WTO）后，我国服务业对外开放的领域不断扩大，到目前为止，已涵盖了《服务贸易总协定》12个服务大类中的10个，总共涉及160个小类中的100个。其中，银行、保险、证券、电信、分销等服务部门均已向外资开放。相对于对外开放而言，我国服务业的对内开放却明显不足。服务业对内开放明显不足的原因在于"所有制垄断"和"地区垄断"。所有制垄断的症结在于对民营资本的歧视政策，许多高利润服务企业不允许民营资本进入。而地区垄断主要是因为既有财政体制引发的保护主义，不让非本地服务要素或资源进入。所以，对内开放的核心就是要打破"垄断"，坚决贯彻"非禁即入"的政策，取消对非国有资本或者非本地要素的不平等做法。

参考文献

[1] 习近平：《决胜全面建成小康社会，夺取新时代中国特色社会主义伟大胜利——在中国共产党第十九次全国代表大会上的报告》，人民出版社2017年版。

[2] 上海市经济与信息化委员会、上海市科技情报研究所：《2016世界服务业重点行业发展动态》，上海科技文献出版社2016年版。

[3] 宁吉喆：《新常态下的服务业：理论与实践》，中国统计出版社2017年版。

[4] 江小涓：《服务经济——理论演进与产业分析》，人民出版社2013年版。

[5] 夏杰长等：《迎接服务经济时代来临》，经济管理出版社2010年版。

[6] 李勇坚、夏杰长等：《制度变革与服务业增长》，中国经济出版社2009年版。

[7] 夏杰长：《大力发展服务业是扩大内需的主要途径》，《经济学动态》2009年第2期。

[8] 夏杰长：《为服务业发展注入新动力》，《经济日报》2014年4月29日。

[9] 张颖熙、夏杰长：《以服务消费引领消费结构升级：国际经验和中国选择》，《北京工商大学学报》（社会科学版）2017年第6期。

第二章 世界服务业发展与开放的国际经验

摘　要：本章综合比较了服务贸易占 GDP 比重、世界银行服务贸易限制指数与 OECD 服务贸易限制指数，发现服务贸易开放与人均 GNI 的关系的确存在着一种类似于 S 型螺旋上升的发展轨迹。从服务业开放度水平来看，目前中国与美国、日本等国最为接近，尤其是 2008 年国际金融危机以来的日本，但在具体行业上有所差别。在服务业内部结构演变方面，日本更接近于英国，而不是美国，但日本的金融服务业发展明显落后于英美，这或许是在这一轮全球化中英美比日本面临更大挑战的原因之一。英美等发达国家正面临医疗和教育服务开支上升的压力，服务业结构仍需做出显著调整。全球经济服务化进程中积累了两条重要经验：一是立足服务于实体经济发展服务业，避免服务业自我循环；二是立足国家经济安全有序开放服务业，尽量利用好服务业开放的溢出效应。这些经验对我国新时代服务业发展和开放有着极为重要的借鉴意义。

一、问题的提出

2008 年国际金融危机以来，世界经济格局发生巨大转变，而服务业是推动这种转变的主要动力之一。在发达国家出现了制造业回归以及否定多边贸易的逆全球化潮流，如英国脱欧、特朗普当选美国总统后放弃 TPP 等。这一趋势变化涉及制造业和服务业的关联度、发达国家服务业的开放度，以及服务业发展与发达国家的经济竞争力和社会安全等问题。如果服务业占比不断升高不是经济发展的最终归宿，那么各国在考虑推进服务业时就要基于产业结构、经济发展阶段等界定合理目标。更重要的是，如果发达国家服务业发展本身存在着较大差异，那么也将促使我们重新思考服务业与其他问题的联系。一般而言，经济发展趋势是从农业到制造业再到服务业的这样一种发展路径，但是服务业占比过高以及门类过多等问题也迫使学术界重新思考现有分类是否恰当。特别是20世纪90年代以来，随着信息技术的广泛应用，传统制造业与服务业的区分不再像以往那样明显。包括生产性服务业在内的一大批新兴市场的兴起，推动了制造业技术和服务产业的融合，这个融合在信息技术领域更为明显。因此，要求更为深入地分析服务业内部的结构变动以及在对外开放进程中的部门差异。

20世纪70年代后期以来，英国、美国、日本的服务业得到非常迅猛的发展，但最近十多年其发展趋势趋缓，但是服务贸易却没有放缓。这是因为传统的服务业生产力较低，还是因为劳动力就业抑或产业结构问题呢？这就涉及国家安全考虑，在欧美社会讨论经济安全，主要有两种含义：一种是与中国等发展中国家等同地侧重于主权层面的国家安全，即服务出口在全球占有重要份额；另一种则侧重于社会经济安全，主要是就业问题，如果服务业的发展没有带动就业和收入提高，那么就很有可能被诟病。如何做到两全其美，这是许多国家在服务业发展和开放过程中都很关注的焦点问题。

二、世界经济格局变迁与服务业发展

2008年国际金融危机发生以来，一个引人注目的现象是，世界经济格局发生巨大变迁。以购买力平价（PPP）计算，从2008年开始，新兴市场与发展中经济体占全球GDP的比重首度超过发达国家，如图2-1所示。2016年，新兴市场与发展中经济体的占比达到58.1%，预计到2022年将上升至62.3%。服务业正是推动以购买力平价方法计算的全球经济格局变迁的重要组成部分。客观上讲，这种计算方法因为过于看重服务业作为非贸易品的特质，从而放大了新兴市场与发展中国家的经济总量。但是也可以说明服务业发展的重要性，它不仅对一国经济发展有重要影响，也因显著改变国际力量对比而成为国际战略领域的一个重要关注点。

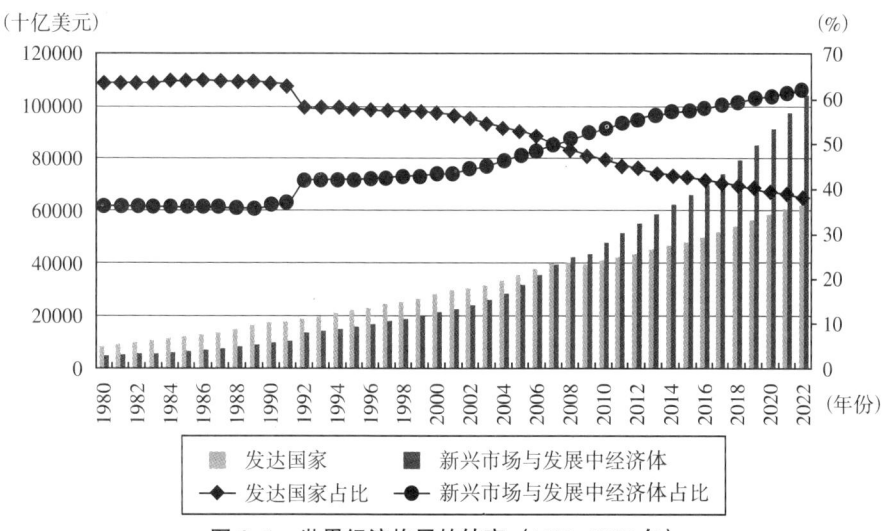

图 2-1 世界经济格局的转变（1980~2022 年）

资料来源：IMF World Economic Outlook，April 2017.

在这种格局变迁的背后，主要是几个较大的经济体发挥了核心作用。从发达国家这一侧来看，主要是美国、日本、德国、英国、法国和意大利。按照购买力平价计算，1980 年和 1990 年这六个国家合计占全球经济总量的 48.9%，但此后一直呈下降趋势，2010 年下降至 32.8%，2016 年不足 30%。而从新兴市场和发展中国家这一侧来看，主要是中国、印度、俄罗斯、巴西、印度尼西亚和墨西哥六个国家，1980 年占比只有 13.9%，1990 年增加至 15.9%，但到 2010 年已经上升至 30.8%，几乎与六个主要发达国家的占比持平，到 2016 年更是超过上述六个发达国家 5.5 个百分点，预计到 2022 年将超过 12.9 个百分点，如表 2-1 所示。因此，从这些代表性国家来看，发达国家和新兴市场开始出现趋势性变化始自 20 世纪 90 年代。1990~2000 年，六个发达国家的占比下滑了 6.8 个百分点，而新兴市场则上升了 6.4 个百分点。就此而言，几乎可以说转移的方向就是从六个发达国家转向六个新兴市场。当然，鉴于1980年和1990年俄罗斯的数据缺失，则这种转移的程度更为复杂一些。

表2-1 主要经济体在全球经济格局中的地位变迁

单位：%

		1980年	1990年	2000年	2010年	2016年	2022年
发达国家	美国	21.8	22	20.6	16.7	15.5	14.1
	日本	7.8	8.9	6.8	5	4.4	3.7
	德国	6.6	6	4.9	3.7	3.3	2.9
	英国	3.8	3.7	3.1	2.5	2.3	2.1
	法国	4.4	4.1	3.4	2.6	2.3	2
	意大利	4.5	4.2	3.3	2.3	1.9	1.6
	小计	48.9	48.9	42.1	32.8	29.7	26.4
新兴市场	中国	2.3	4.1	7.4	13.9	17.8	20.4
	印度	2.9	3.6	4.2	6	7.2	9.2
	俄罗斯	n/a	n/a	3.2	3.6	3.2	2.8
	巴西	4.3	3.7	3.2	3.1	2.6	2.3
	印度尼西亚	1.4	1.9	1.9	2.2	2.5	2.8
	墨西哥	3	2.6	2.4	2	1.9	1.8
	小计	13.9	15.9	22.3	30.8	35.2	39.3
	合计	62.8	64.8	64.4	63.6	64.9	65.7

资料来源：IMF World Economic Outlook，April 2017.

表2-1还显示出另一种比较稳定的趋势，1980~2022年，这12个国家占世界经济的比重基本不变，维持在65%左右。换言之，所谓的世界经济格局变迁主要是上述12个国家之间的调整。从表2-1可以看出，1980~2022年，除了中国、印度以及印度尼西亚之外，其他国家的占比都在下降。尤其值得注意的是，2000~2016年，中国占比上升了10.4个百分点，印度上升了3个百分点，印度尼西亚上升了0.6个百分点；美国下降了5.1个百分点，日本下滑了2.4个百分点，德国下滑了1.6个百分点，英国下滑了0.8个百分点，相对而言，美国和日本的下降速度较快。到2020年，从经济总量占比来看，中国为20.4%、美国为14.1%、印度为9.2%。也就是说，经济占比上升的变化趋势相对集中在亚洲发展

中经济体,其他区域的国家,既包括发达国家也包括发展中国家(典型如墨西哥)都在下降。传统的观点认为,发达国家制造业向外转移是造成这种趋势的一个重要原因。但正如下文所显示的,服务业的变化也是一种重要的驱动力。

自20世纪90年代初以来,服务贸易已经成为全球贸易中的重要组成部分,服务贸易占全球贸易额的20%,其规模从2005年的5.2万亿美元增加到2016年的9.7万亿美元,2014年曾一度突破10万亿美元。近年来有两个变化趋势值得关注:一是发达国家在全球服务贸易额中的占比从2006年的70.8%下降至2016年的64%;二是服务贸易出口增速反超货物贸易出口,2012~2016年,服务出口增速年均达到2.2%,而货物出口增速年均为-2.5%(见图2-2)。

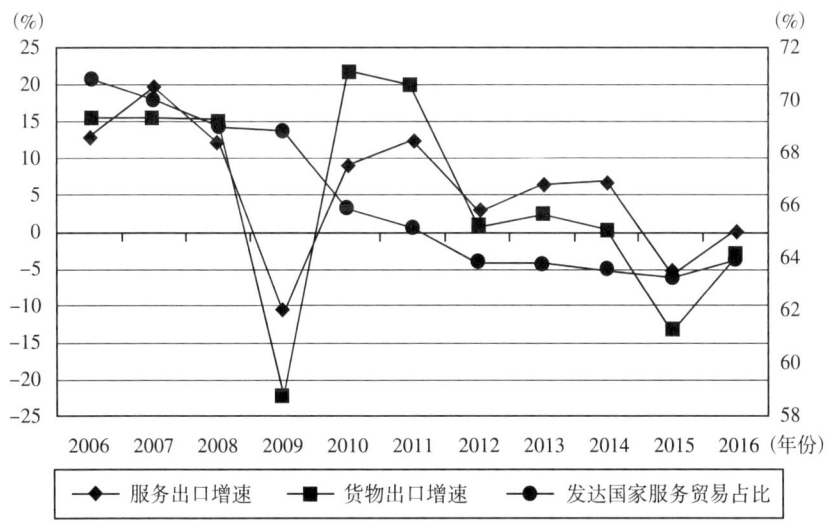

图2-2 全球服务贸易格局变化(2006~2016年)

资料来源:联合国贸发会议(UNCTAD)根据《国际收支和国际投资头寸手册》(第六版)统计得到。

三、20世纪90年代以来世界经济中服务业的增长

世界银行数据显示,就世界平均水平而言,服务业附加值占GDP的比重在1995年达到了58.4%,2000年为64.3%,2005年为65.7%,2014年进一步上升

为68.3%。①也就是说，按照这种平均式的统计方法，服务业的快速增长阶段主要发生在1995~2000年，增长了5.9个百分点，而2000~2014年只增加了4个百分点。一种原因可能是WTO成立之后改变了统计方式，大规模增加了服务业的分量。总体来看，服务业占比增速是比较缓慢的。

长期以来学术界都认为，服务业是在农业、工业之后逐步形成的一个主导性产业，尤其是发达国家的经济发展比较完整地经历了农业、工业和服务业各自主导的阶段。绝大部分发展中国家正处于工业化阶段，只有少部分发展中国家服务业的占比显著超过了工业，如印度、菲律宾等。国际舆论围绕印度的发展也试图推导出新的发展模式，但目前的主流观点似乎认为这种以服务业推动收入上升的发展模式并不成功。有学者甚至认为，印度所倡导的跨越制造业、依靠发展服务业取得高收入的发展路径已经走到了尽头。②以世界银行整理的数据来看，高收入国家的服务业增加值占比显著比较高，超过了70%，世界平均水平主要是由这部分力量带动，而其他收入等级的国家在服务业占GDP比重方面基本都低于60%。如图2-3所示，2014年，高收入国家平均达到了73.8%，而中高等收入国家平均为58.5%，低收入国家的占比平均达到47.6%。

图2-3还显示出另一种值得关注的现象，即20世纪90年代初以来，中高等收入国家服务业增加值占GDP的比重开始超过中低等收入国家水平。在1960~1990年，中低等收入国家服务业增加值占GDP的比重与中高等收入国家的差距呈现出倒U形发展态势，1960年前者与后者的差距是1.8个百分点，1980年甚至扩大到4.7个百分点，然后缓慢下降。1981~1988年，中低等收入国家甚至高于中高等收入国家。1991年，中高等收入国家首度超过中低等收入国家，2001年一度扩大至5.2个百分点，此后差距略有起伏，2009年甚至达到了7.2个百分点。2015年，中高等收入国家比中低等收入国家高出6.2个百分点，比低收入国家高出近11个百分点。

---

① 数据来自世界银行的世界发展指标数据库。
② Servaas Storm,"Structural Change", Development and Change, Vol.46, No.4, 2015, p.674.

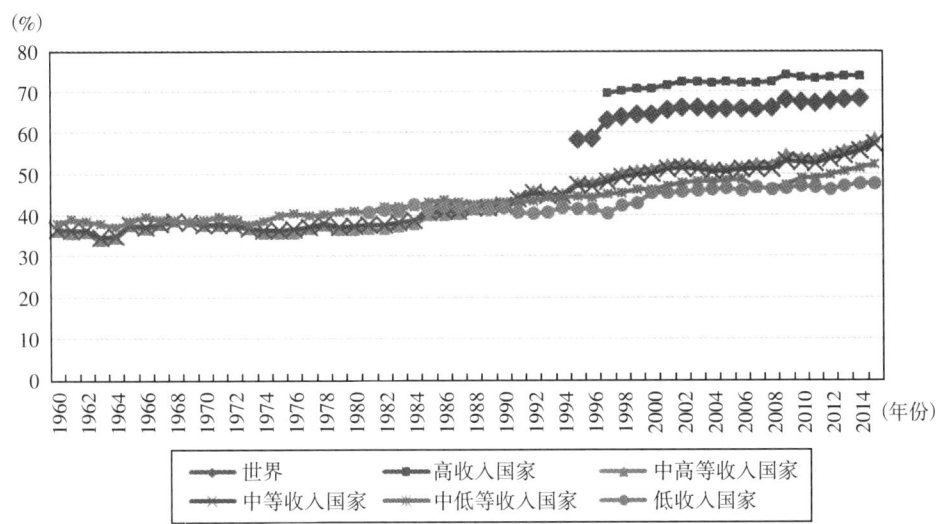

图 2-3 各收入类型国家的服务附加值占 GDP 的比重（1960~2015 年）
资料来源：世界银行。

因此，从现有数据看，1990 年以来，中高等收入国家服务业占比上升与新兴市场经济总量占比上升有比较一致的相关性。考虑到发达国家的服务业起步更早，那么可以说，20 世纪 90 年代以来，服务业在世界经济中的重要性的确是显著上升了，并成为推动世界经济格局转变的重要力量。图 2-4 显示出这种转变迹象，按照 2016 年经济总量占全球 2% 以上的 10 个经济体来计算，其服务业占 GDP 比重的均值在 20 世纪 90 年代初出现了明显的转折，1990 年首度突破 50%。不过，其服务业占比在 2002 年上升到 63%，此后的增幅并不大，只是略有增长，2013 年、2014 年达到过 65%。2015 年因为缺失美国和日本的数据，均值下降至 63.6%。

尽管发达国家总体上要比发展中国家具有更大比重的服务业，但是图 2-4 也透露出不一样的现象。20 世纪 90 年代初以来，巴西和俄罗斯两个新兴市场国家的服务业占比急剧上升。巴西从 1988 年的 46.2% 迅速提高到 2015 年的 72.1%，尤其是从 1990 年的 53.2% 提高到 1996 年的 68.8%，短短六年提高了约 15 个百分点，可以说在这几年中经历了革命性变化。俄罗斯同样有类似的经历，1989 年俄罗斯服务业占 GDP 的比重才只有 33%，但到了 2015 年已经发展到 62.8%，接近于十国平均值。尤其是在 1990~1995 年，提高了约 20 个百分点。一种可能的解释是，在此期间《关税及贸易总协定》(GATT) 转变为世界贸易组织，统计方法上的改变促使这两国服务业占比大幅度升高。但是，其他国家并没有发生类似的现象。俄罗斯的服务业占比上升最为急剧，似乎印证了俄罗斯经济发展的无奈和结构性脆弱。

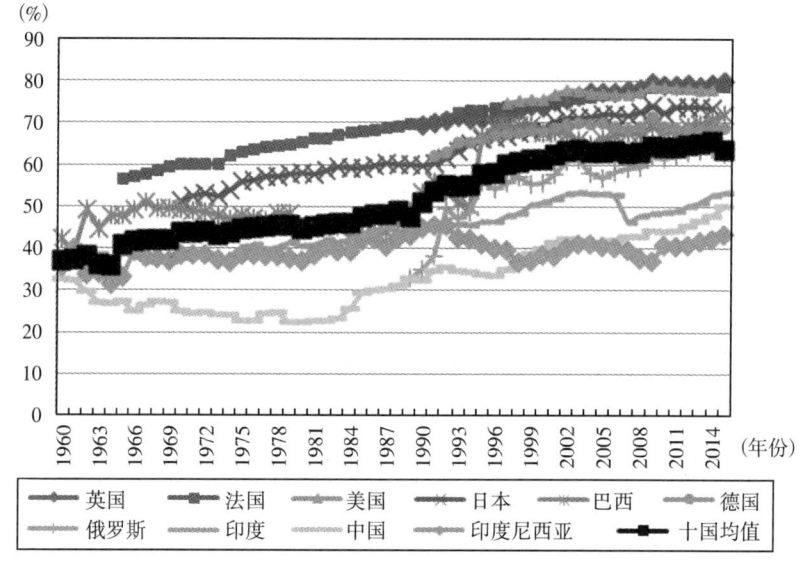

图 2-4 世界代表性国家服务业占 GDP 的比重（1960~2015 年）
资料来源：世界银行。

从发达国家的变化幅度来看，世界银行统计的法国数据最为完整，一定程度上可以代表发达国家的经济结构变化。1965 年法国服务业占 GDP 的比重达到 56.7%，此后基本上处于一个平稳的上升态势，1975 年为 62.9%，1985 年为 67.9%，1995 年为 72.7%，2005 年为 76.6%，2015 年为 78.8%。从年均增幅来看，1965~1975 年为 0.6 个百分点，1975~1995 年为 0.5 个百分点，1995~2015 年为 0.3 个百分点。按照 2014 年服务业占 GDP 的比重排序，发达国家依次是英国（79.2%）、法国（78.8%）、美国（78.0%）、日本（73.4%）和德国（68.7%）。而在 1990 年时，则为英国（69.4%）、法国（69.6%）、日本（59.8%），相比之下，20 世纪 90 年代以来英国和日本的服务业发展速度比法国更为快速。根据世界银行数据，1997年美国服务业占GDP的比重达到74.7%，是当时发达国家中服务业占比最高的国家，但这种地位在2004年被英国反超。从美国服务业发展进程来看，其占GDP的比重在2002年达到77.7%以后，迄今变化并不大。同样，日本在2001年达到70.3%以后，上升趋势也趋于缓慢。而1970~2001年，日本的服务业占GDP的比重增加了约20个百分点。按照发达国家的标准，似乎可以得出这样一个基本结论，即服务业占比在达到70%以后，增长幅度将十分缓慢，法国的经验大体上是年均增幅在0.3个百分点。从法国和日本的经验来看，服务业占比从60%提高到70%分别花费20年（1971~1991年）和13年（1987~2001年）。

如果中国今后按照发达国家服务业占比提高的进程推进服务业发展，那么仍然需要很多年才能达到目前发达国家的水平。例如，2015年中国服务业附加值占GDP的比重为50.2%，甚至都没有达到法国1965年的水平（56.7%），也不如日本1970年的水平（51.2%）。如果以新兴市场和发展中经济体为比较对象，那么2015年的中国相当于1999年的印度（50.3%），而2015年的印度尼西亚则相当于2008年的中国。从发展模式来看，中国与东亚的日本、韩国更为接近，而与印度相去甚远。前者基本都是以制造业为核心、出口导向为发展模式，印度则主要是靠推动服务业获得发展。韩国服务业占GDP的比重在1980年首次突破50%之后，又花费了26年才首次突破60%，目前仍然徘徊在60%左右。从这个意义上说，中国服务业占比提高的路径并不是只有英国、美国、日本等发达国家。在收入水平比中国高的国家中，韩国也是一种可以深入讨论的路径。从中国过去50多年的发展路径来看，服务业占GDP的比重呈现出U形特色。1960年曾达到过32.4%，但在此之后经历了重工业化发展战略，服务业占比大幅度下降，1980年跌落至历史最低点22.3%，此后开始恢复，并于1989年超过了1960年的水平。进入20世纪90年代以来，中国服务业迎来比较快速的发展。2001年首次突破40%，2015年首次突破50%，花费了14年。韩国的经验是1966年首次突破40%，1980年首次突破50%，也花费了14年。尽管中国和韩国在人口规模上差距甚大，但就服务业占比在这一阶段的发展而言，似乎中国更接近于韩国的发展路径。当然，鉴于经济规模的差距，将韩国经验运用于中国时也要慎重一些。

四、世界主要国家的服务贸易开放度

学术界在评估服务业开放时采用了多种维度和指标①，包括一国自主实施开放进程、完成双边和多边贸易协定的承诺，以及采用国际组织界定的开放发展的量化测度等。本章主要从三个方面测度和比较世界主要国家的服务贸易开放程度：第一，以服务贸易占GDP的比重衡量的服务贸易开放度。第二，世界银行开发的服务贸易限制指数（STRI）。第三，经合组织（OECD）开发的服务贸易限制指数。

1. 服务贸易占GDP的比重

在服务业占GDP的比重超过50%的主要国家中，以服务贸易占GDP的比重衡量的服务贸易开放度在20世纪90年代以后有较大的提升。从世界平均水平来看，20世纪90年代初期以来，服务贸易开放度有明显的上升，从1991年首次突破8%，到2004年突破10%，此后上升至2015年的13.1%。因此，近十多年来服务贸易开放度的提高速度更快一些（见图2-5）。

按照世界平均水平画线，可以分为以下四种发展路径：

第一，水平线以上的国家中，主要是欧洲的发达国家，包括开放度最高的欧盟，以及随后的英国、法国和德国。其中，英国的服务贸易开放度具有相当高的稳定性，从1991年的9.2%稳步提升至2013年的20.0%，翻了一番还多。随后两年略有下降，2015年为19.4%。

第二，水平线以下的发达国家中，美国和日本的服务贸易开放度并不高。2004年以前，美国、日本两国曾长期维持在5%以下，2015年美国、日本两国的

---

① 李钢、郝治军、聂平香：《对我国服务业开放的多维度评估》，《国际贸易》2015年第1期。

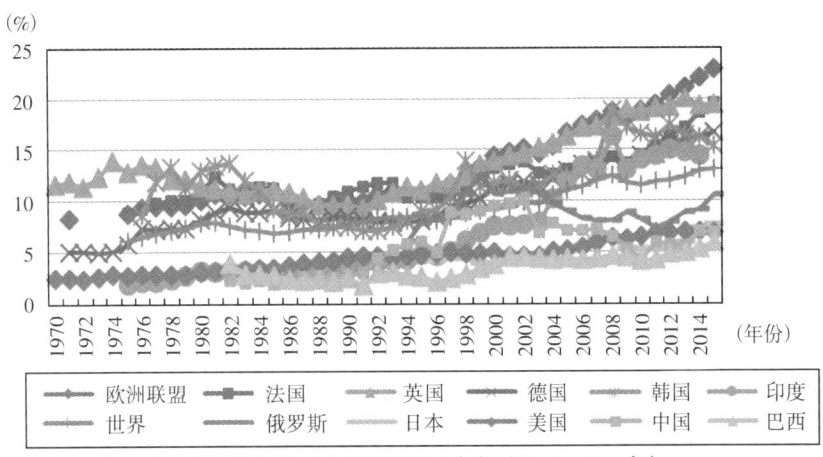

图 2-5　各主要国家的服务贸易开放度（1970~2015 年）

资料来源：世界银行。

服务贸易开放度分别只有 6.9% 和 7.7%，都没有达到英国 1991 年的水平，美国甚至只约占世界平均水平的一半。美国的特点在于，最近十年发展速度明显增快。2004 年突破 5% 之后，到 2014 年突破 7%，花费十年。而在此之前，美国花费了 20 年才将服务贸易开放度提升了 2 个百分点，即从 1970 年的 2.4% 提高到 1990 年的 4.4%。

第三，水平线以上的国家中，有两个特别的新兴经济体——韩国与印度。韩国的发展阶段比较靠前，长期以来都比世界平均水平高，但 20 世纪 80 年代曾有过一个下降阶段，从 1995 年起才又超过世界平均水平，而印度则是一直呈现出稳定的上升态势，并在 2006 年以后超过世界平均水平。2008 年，韩国和印度的服务贸易开放度达到历史高峰，分别为 18.9% 和 16.3%。此后也有较快的下降，2015 年韩国为 15.3%，2014 年印度为 14.4%。因此，这两个国家在 2008 年金融危机以后服务贸易开放度有较大幅度收窄的发展趋势，这与其他主要国家是不同的。

第四，俄罗斯与中国则呈现出倒 U 形特色发展。20 世纪 90 年代初，中俄两国的服务业开放度大体上只有 6% 左右，在世纪之交之际，中俄两国的服务业开放度一度达到高峰，俄罗斯 1999 年为 12.4%，中国 2002 年为 10.1%。2015 年，中俄两国的服务贸易开放度分别为 6.8% 和 10.5%。

在思考中国推进服务贸易开放度的参照对象时，上述几种类型都各具特色。仅从服务贸易开放度的发展历程而言，中国与俄罗斯的发展路径最为接近，甚至可以说，20世纪90年代以来两国的演变轨迹基本一样。而从开放度水平来看，目前中国又与美国、日本等国最为接近，尤其是2008年国际金融危机以来的日本。

从更长期的历史趋势来看，中国与韩国的轨迹似乎存在一个前后更替的"S"形。两国在收入较低阶段都曾有过一个比较高的服务贸易开放度，在收入水平提高时这种开放度又随之降低，然后又再度提升。按2010年不变价计算，韩国的服务贸易开放度在1978年达到首个历史高峰13.4%，此时韩国人均GNI为3500美元。1989年人均GNI首次超过8000美元，这一阶段也是韩国服务贸易开放度处于历史低点的时段，大约在7%，约为高峰时段的一半。韩国服务贸易开放度再度恢复到70年代水平是1998年，此时韩国人均GNI约为1.3万美元。此后，服务贸易开放度又下滑，但很快又在2008年达到新高峰18.9%，此时韩国人均GNI约为2.1万美元。2015年，韩国人均GNI为2.5万美元，但服务贸易开放度却下降至15.3%。中国服务贸易开放度的演变轨迹是，2002年时达到第一个历史高峰10.1%，此时人均GNI为2050美元。2010年人均GNI为4500美元，服务贸易开放度滑落到低谷4.2%。2015年人均GNI为6470美元，服务贸易开放度约为历史高峰期的70%。

从英国、美国、日本服务贸易开放度（服务贸易占GDP的比重）与人均GNI的关系来看，似乎服务贸易开放度与人均GNI存在一定的"S"形关联性，并在收入达到一个高阶段后稳步上升。例如，1974年英国服务贸易开放度达到第一个历史高峰时，人均GNI约为2万美元，此后开放度下降至1991年的历史低点9.2%，此时人均GNI约为2.8万美元，之后随着人均GNI的提高，英国的服务贸易开放度基本保持稳步上升态势。从美国的经验来看，1970年开放度达到2.4%时，人均GNI为2.3万美元，1990~2001年开放度稳定在4.5%左右，这一阶段美国的人均GNI从3.6万美元提高到4.5万美元。而此后一个阶段，开放度略有上升，到2014年突破7%，此时美国的人均GDI也突破5万美元。从日本的经验来看，2008年国际金融危机后开放度略有下降，而人均GNI也是略有下降，但基本趋势还是上升的，这一阶段日本的人均GNI维持在4.5万~4.9万美元。

结合上述对发达国家和发展中国家的分析，服务贸易开放度与人均GNI的关系的确存在着一种类似于"S"形的发展轨迹，或者更准确地说是"S"形螺旋上升。大体而言，每隔几年随着收入上升，服务贸易开放度就会经历调整。如果把中国、韩国、俄罗斯、英国、美国和日本的经验综合成一个，那么人均GNI在2000~3500美元时出现一个小高峰，4500~8000美元时下降到低谷，然后在1万~1.3万美元时会有一个高峰，之后下降，到2.1万美元时又会出现一个高峰，然后再次下降至低谷，直到人均GNI超过3万美元后，服务贸易开放度才基本呈稳步上升态势。鉴于2015年中国人均GNI不足6500美元，中国的服务贸易开放度很可能将继续呈现出"S"形状态。

2. 世界银行的服务贸易限制指数

2008~2010年，世界银行通过发放调查问卷，收集整理了103个国家，以及金融、通信、零售、交通运输和专业服务5个行业的服务贸易开放度信息。帮助完成该信息调查的主要是当地的律师事务所，这是因为其熟悉当地的情况。此后世界银行又与相关政府部门进行信息核对，大部分回应时间是2008年。从赋值来看，世界银行将开放度分为五个等级，以100分为限制等级最高值，0分为无限制，25分为基本开放，50分为存在较大限制，75分为基本限制，100分为完全限制等级。[①] 从世界银行整理的服务贸易限制指数与人均GDP的关系来看，绝大多数国家的服务贸易开放度都比较高。如图2-6所示，得分23.7的柬埔寨正好位于这103个国家的中位数水平，也就是说，至少有50个国家属于基本开放序列（25分以下）。

[①] 关于该数据库的详细情况可参考 Ingo Borchert, Batshur Gootiiz and Aaditya Mattoo, "Guide to the Services Trade Restrictions Databse", World Bank, Policy Research Working Paper, No. 6108, June 2012; Ingo Borchert, Batshur Gootiiz and Aaditya Mattoo, "Policy Barriers to International Trade in Services: Evidence from a New Databse", The World Bank Economic Review, Vol.28, No.1, 2014, pp.162-188. 笔者所用图2-5和图2-6参考了该文的相关论述。

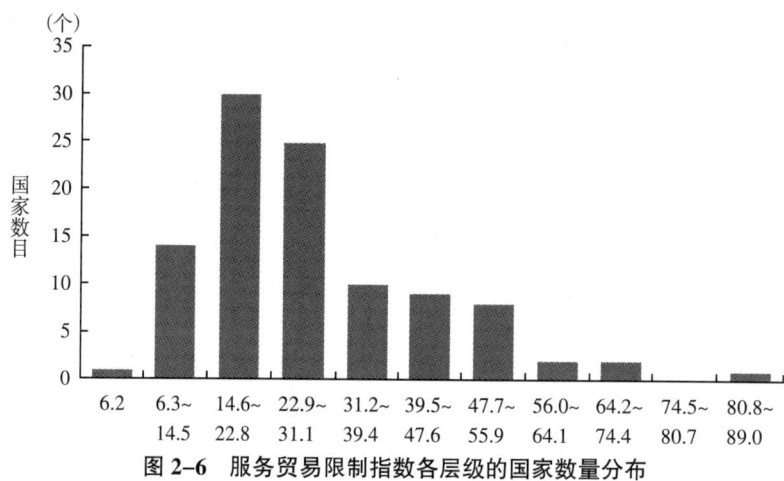

图 2-6 服务贸易限制指数各层级的国家数量分布

注：基于 103 个国家的排列，服务贸易限制指数的中位数为 23.7（柬埔寨）。
资料来源：World Bank Services Trade Restrictions Database。

如图 2-7 所示，就服务贸易开放度与人均 GDP 的关系而言，发达国家基本在 25 分以下，且全球各个地区间的差异较大。在发达国家中，法国得分为 26.4 分，日本为 23.4 分，美国为 17.7 分，德国为 17.5 分，英国为 14.3 分；在新兴市场中，印度得分为 65.7 分，印度尼西亚为 50 分，中国为 36.6 分，俄罗斯为 25.7 分，韩国为 23.1 分，巴西为 22.5 分。就发达国家而言，这一结果与世界银行以服务贸易占 GDP 比重衡量的开放度在趋势上是一致的。法国之所以在世界银行的调查中得分比较高，原因在于选择的时间段是 2008 年前后。图 2-5 表明，2008 年国际金融危机后，法国的服务贸易占 GDP 的比重从 15%提高到约 20%，开放度仅次于英国。但是，需要注意的是，世界银行调查却显著调低了新兴市场与发展中经济体的服务贸易开放度，特别是印度。图 2-7 还有一个值得关注的现象是，中东地区的国家尽管收入较高，但服务贸易开放度比较低，此外，在经济增速比较高的东亚地区，多数国家的服务贸易开放度也比较低。这很可能与下文陈述的经济结构密切相关。这也提醒我们，在跨国比较时注意不同区域的发展阶段有助于把准服务贸易开放的进度。

3. OECD 的服务贸易限制指数

OECD 早在 20 世纪 90 年代中期就着手研究服务贸易自由化问题，并提出要

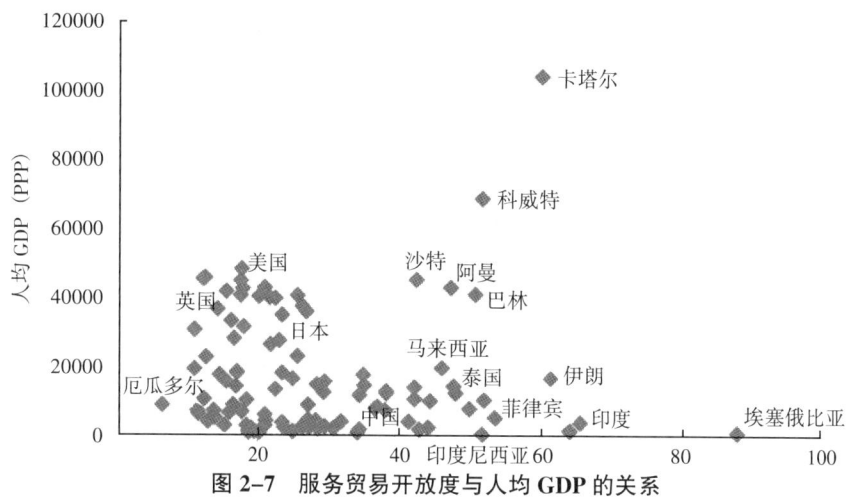

图 2-7 服务贸易开放度与人均 GDP 的关系

注：鉴于服务贸易限制指数调查信息反馈时间多数集中在 2008 年，图中人均 GDP 数据为 2008 年基于购买力平价计算所得。

资料来源：World Bank Services Trade Restsictions Database。

度量服务业贸易开放度。进入 21 世纪以后，WTO、UNCTAD 与 OECD 曾几度联手研究各行业的服务贸易问题。从 2007 年起，OECD 明确将研究服务贸易限制指数作为机构的一项重要任务。[①] OECD 之所以这么重视服务贸易，是因为发达国家的服务贸易额占当时全球服务贸易额的 80%。而且，OECD 认为，作为中间品的服务业投入占据制造业增加值的 30% 以上，全球价值链的强化离不开运输、物流、金融、通信以及其他商业和专业服务的改善。如果 20 国集团要在国际金融危机以后实现年均 2% 以上的经济增长率，那么改革服务业市场将是一项重要的战略，而服务贸易限制指数将为决策者提供决策参考。[②]

从 OECD 已经公布的 2014 年、2015 年和 2016 年三年的服务贸易限制指数数据来看，涵盖的范围有 35 个 OECD 成员国，巴西、中国、印度、印度尼西亚、俄罗斯和南非 6 个新兴经济体，以及哥伦比亚、哥斯达黎加和立陶宛 3 个国家，

---

① 相关历史背景梳理可参考 OECD, "Towards a Services Trade Restrictiveness Index: A Proposal for a Road Map for Future Trade Committee Work on Services", 27 June, 2007, OECD, Paris.
② OECD, Service Trade Restrictiveness Index: Policy Brief, May 2014.

一共44个国家。①OECD将一国的监管措施提炼成外资准入限制、竞争障碍、政策透明度、对自然人流动的限制及其他歧视性措施五大类。2014年5月发布2014年版时,考察了18个行业(包括几个细分行业),此后又增加了物流行业(四个细分行业)。需要注意的是,该指数并不涵盖一国在双边或者多边协定上的承诺,也不考察某种措施的实际执行效果。在各细分项的指数赋值上,OECD采取的措施是平均分配,取同等权重。而五个政策领域的权重则根据专家给分,采取不同的权重,最后将五个细分项加总得到STRI,0分表示完全开放,1分表示完全限制。从权重分配来看,在18个项目中有10个外贸将准入限制排在第一位,而将限制自然人流动排在第一位的是法律、工程、建筑设计以及电脑,将竞争障碍排在第一位的是录音、电信以及铁路运输,将歧视性措施列为首位的是建筑业,没有行业将政策透明度列为首位。

OECD并不像世界银行那样给出一个各行业汇总之后的服务贸易限制指数,而是基于各个细分行业各自的情况而定。之所以如此,是因为OECD认为各类限制措施对不同行业有着不同的影响。如图2-8所示,根据OECD发布的2016年版22个行业的服务贸易限制指数,新兴市场与发达国家差距甚大。按简单算术平均计算,德国、日本、英国、美国的分数分别为0.18、0.18、0.19与0.23,韩国各行业的加总平均分为0.26,而巴西、中国、俄罗斯、印度的分值分别为0.32、0.40、0.42与0.46。如图2-9所示,从44国以及上述9国各行业限制程度的算术平均值来看,除了航空运输业与法律之外,主要国家的服务贸易限制领域与中小国家存在一定差异。从9国平均水平看,前十大领域依次是铁路货物运输(0.473)、航空运输(0.46)、会计(0.42)、快递(0.41)、法律(0.37)、物流装卸(0.34)、广播(0.33)、物流仓储(0.31)、海运(0.30)和商业银行(0.29)。反过来看,限制程度从低到高的排名依次是录音(0.18)、流通(0.19)、道路货物运输(0.20)、建筑(0.22)、工程(0.22)、物流货代(0.22)、计算机(0.23)、

---

① 有关这一指数构建的基本方法和介绍可以参考 Massimo Geloso Grosso, et al., "Services Trade Restrictiveness Index: Socring and Weighting Methodology", OECD Trade Policy Papers, No.117, OECD Publishing, Paris, 2015.

物流报关（0.23）、电影（0.25）、建筑设计（0.27）、保险（0.29）和电信（0.29）。但是，就44国平均水平而言，在铁路货物运输、快递、会计、商业银行、保险、物流装卸与物流仓储领域却没有9国那么高的限制性。

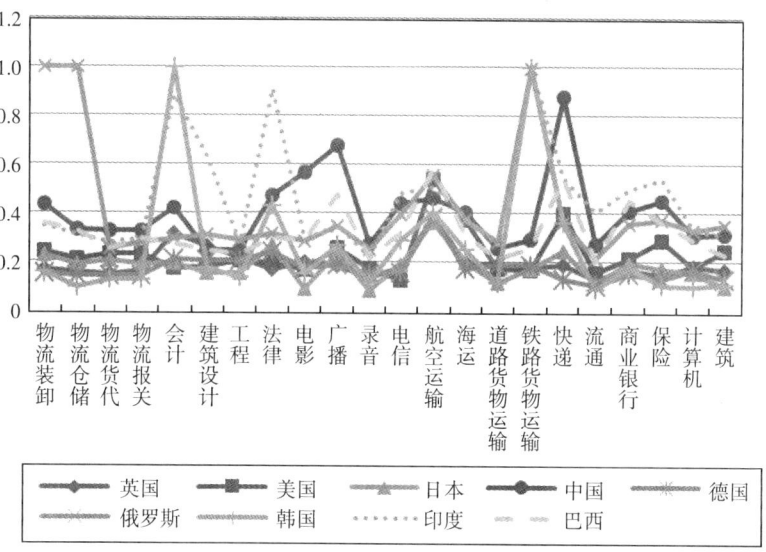

图 2-8 世界主要国家的服务贸易限制指数

资料来源：OECD。

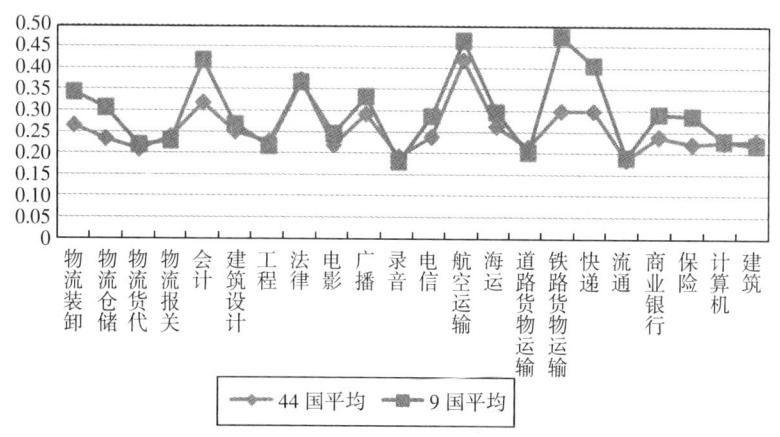

图 2-9 主要国家与世界平均的服务贸易开放度比较

资料来源：OECD。

图2-8还表明，新兴市场与发达国家的差距主要集中在会计、法律、铁路货物运输以及物流等领域。在OECD国家内部，航空运输业是所有22个行业中开

放程度最低的一个行业,而在这个行业中新兴市场只是比 OECD 略多一些限制。韩国在会计和铁路货物运输这两个行业的限制程度远远超出了 OECD 水平,几乎是完全限制的,也高于大多数新兴市场,在程度上只有印度能匹配。印度在会计、法律和铁路运输业是高度限制的,俄罗斯主要是物流装卸和物流仓储领域,其他行业领域实际上要比中国和印度限制程度低。中国限制程度最突出的三个行业分别是快递(0.88)、广播(0.68)和电影(0.57),在这三个行业中,中国也是世界主要国家中限制程度最高的。因此,新兴市场在服务贸易领域限制程度高的行业也是各不相同的。

英、美、日、德等国的服务贸易开放程度普遍较高,但是在航空运输业上的高度限制性也比较一致。美国对航空运输业的限制几乎是全球最高的,达到 0.54,另外三个比较突出的行业依次是快递(0.40)、海运(0.37)和保险(0.29)。除航空运输业(0.36)之外,日本限制程度较高的三个行业分别是法律(0.27)、广播(0.24)和物流装卸(0.23)。英国限制最高的也是航空运输业(0.38),此外限制程度排名前三位的分别是会计(0.32)、建筑(0.26)和工程(0.22)。

总体来看,发达国家的服务贸易开放度远远高于发展中经济体,但发达国家自身也面临着收入放缓和医疗、教育支出增加的考验,在服务业结构合理化方面仍需做出较大的调整。

五、结论与启示

(一) 基本结论

以美国为代表的西方发达国家早在 20 世纪五六十年代即已进入服务业主导的阶段,而中国 2016 年服务业增加值占 GDP 的比重才只有 51.6%,2017 年有可能达到53%。① 与美国相比,仅从比例高低来看,中国仅相当于美国20世纪50年代初期的水平。当经济安全概念自20世纪70年代后期在美国学界引起重视,并迫使美国决策层改变对安全问题的看法,重视经济带来的安全问题时,美国已经是一个服务经济崛起之后的霸权国家。从历史发展序列上讲,发达国家对经济安全认识的深化也是在越过制造业阶段进入服务业阶段的产物。而上文的论述也表明,在人均收入1万~2万国际元时,服务业的发展会比较快速。因此,对中国而言,现在处于服务业快速发展阶段。缩小与美国在服务业方面的差距应该是中国的一项长期任务,认识并深入理解美国在各个阶段如何从国家经济安全的角度考虑服务业发展,也是一项很重要的任务。

从前文的相关分析论述来看,至少有以下几点结论性意见:

第一,服务贸易开放与人均GNI的关系的确存在着一种类似于"S"形的发展轨迹,或者更准确地说是S形螺旋上升。大体而言,每隔几年随着收入上升,服务贸易开放度就会经历调整,或者进一步扩大,或者微调为短期下降。人均GNI在2000~3500美元时出现一个小高峰,4500~8000美元时下降到低谷,然后在1万~1.3万美元时会有一个高峰,之后下降,到2.1万美元时又会出现一个高峰,然后再次下降至低谷,直到人均GNI超过3万美元后,服务贸易开放度才基本呈稳步上升态势。鉴于2015年中国人均GNI不足6500美元,中国的服务贸易开放度很可能将继续呈现出S形状态。因此,中国在借鉴发达国家的经验推进服务贸易开放水平时,必须认识到这并不是一种简单的线性关系,而是存在若干个转折点,准确研判转折点是推进服务业开放的一个重要内容。

第二,就全球范围而言,服务贸易开放在不同地区间的水平也不同,中国应更加重视东亚经济体的经验。中东地区的国家尽管收入较高,但服务贸易开放度比较低。此外,在经济增速比较高的东亚地区,多数国家的服务贸易开放度也比较低,这很可能与下文陈述的经济结构密切相关。这也提醒我们,在跨国比较时注意不同区域的发展阶段有助于把准服务贸易开放的进度。从发展模式上讲,中

---

① 刘涛:"第十二章 服务业",载刘世锦主编:《中国经济十年展望(2017~2026):老经济与新动能》,中信出版社2017年版,第205、211页。

国与东亚国家最为接近,因而在推进服务贸易开放方面也应该更加重视东亚经济体的相关经验。

第三,新兴市场与发达国家的差距主要集中在会计、法律、铁路货物运输以及物流等领域,无论是发达国家还是新兴经济体,在航空运输、快递、广播等行业都是高度限制性的。在OECD国家内部,航空运输业是所有22个行业中开放程度最低的一个行业,而在这个行业中新兴市场只是比OECD略多一些限制。例如,东亚的韩国在会计和铁路货物运输这两个行业的限制程度远远超出了OECD水平,几乎是完全限制的,也高于大多数新兴市场,在程度上只有印度能匹配。而印度在会计、法律和铁路运输业是高度限制的,俄罗斯主要是物流装卸和物流仓储领域,其他行业领域实际上要比中国和印度限制程度低。中国限制程度最突出的三个行业分别是快递、广播和电影,在这三个行业中,中国也是世界主要国家中限制程度最高的。因此,新兴市场在服务贸易领域限制程度高的行业也是各不相同。英、美、日、德等国的服务贸易开放程度普遍较高,但是在航空运输业上的高度限制性也比较一致。美国对航空运输业的限制几乎是全球最高的,另外三个比较突出的行业依次是快递、海运和保险。除航空运输业之外,日本限制程度较高的三个行业分别是法律、广播和物流装卸。英国限制最高的也是航空运输业,此外限制程度排名前三位的分别是会计、建筑和工程。

(二)政策启示

1. 避免服务业自我循环,立足服务于实体经济发展服务业

中国服务业经历了多年中高速发展,服务业占比也迅速提升,正处在迈向服务经济时代的"窗口期"。总体来看,根据国际经验,在工业化中后期向后工业社会转变阶段,单兵突进地发展工业或者服务业都不可取。一些国家和地区因为制造业过度转移而选择了单一的服务业发展道路,动摇了国内实体经济基础,也削弱了其国际竞争力。我们必须吸取这方面的教训,既要继续筑牢制造业和农业基础,也要保持现代服务业良好的发展势头,采取适合我国国情、务实的产业发展战略,坚持服务业与实体经济的深度融合,立足服务于实体经济来发展服

业。实体经济的主力军是制造业和农业。当然,大多数服务业也是实体经济。要建设制造业强国,实现农业现代化,需要服务要素特别是知识服务要素对制造业、农业的深度渗透与融合。这样做既为服务业本身发展赢得了更大的市场空间,也为制造业升级、农业现代化提供了强有力的支撑。

2. 营造有利于服务业发展的制度环境

服务业是制度密集型行业,也是典型的风险不对称行业,其生产和交易的过程中大多涉及契约安排,而良好的制度环境会减少契约执行过程中的机会主义倾向和不可预期风险,促进服务交易的达成。在税收政策方面,继续推进"营改增"结构性减税政策在服务业的全面试点,对知识密集型服务业企业尝试员工教育培训费用税前抵减政策,研究制定适合生产性服务业的专业性强、产业融合度高的税收优惠细则。在社会诚信制度建设和知识产权保护方面,在执法层面加大对失信、侵权行为的打击力度和惩罚强度。在金融服务方面,针对服务要素和服务品质押融资难题,可建立服务要素知识产权评估和交易平台,利用市场交易对知识产权进行自发定价,从而为质押前的价值评估提供合理依据。顺应新经济新服务的要求,改革监管思维,创新政府治理和市场监管方式,建立开放包容、多方参与、协同制衡的服务业监管体系。

3. 扩大服务业的对内对外开放

服务业开放一定是双向开放,包括对外开放和对内开放。要通过对内开放,实现服务要素在全国范围内的无障碍流动和服务资源的最优配置,从而使各地把自己的服务业优势充分发挥出来,并吸引其他地区的服务要素进入,弥补自己的"短板"。服务业对外开放已经是我国开放型经济体制建设的重头戏,也是提升我国服务业素质和国际竞争力的必由之路。国际经验表明,发展中国家在全球技术革新和产业大变革中面临新的机遇,通过学习、模仿和国际合作可以大大加快发展与升级的进程,在一定程度上倒逼服务业体制机制创新和改革。服务业全球化与外包的巨大外溢效应,可使我国服务业的发展"站在巨人的肩膀上"。我们要按照准入前国民待遇加负面清单的管理模式,积极有序推进金融、教育、医疗、文化、体育等领域的对外开放。在维护国家安全的前提下,进一步减少服务业的审批事项，简化审批程序。自贸区是服务要素对接全球市场的重要平台，要创造条件，积极扩大自贸园试点工作。在维护国家安全的前提下，扩大金融服务、医疗健康服务、教育服务、专业服务等领域的开放范围与力度。

参考文献

［1］李钢、郝治军、聂平香：《对我国服务业开放的多维度评估》，《国际贸易》2015年第1期。

［2］Andres Maroto-Sanchez, "Productivity in the Services Sector: Conventional and Current Explanations", The Service Industrial Journal, Vol.32, No.5, 2012.

［3］Bureau of Labor Statistics, Productivity and Costs of Industry: Selected Service-providing Industries, 2016.

［4］Dale W. Jorgenson and Marcel P. Timmer, "Structural Change in Advanced Nations: A New Set of Stylised Facts", Scandinavian Journal of Economics, Vol.113, No.1, 2011.

［5］Jens J. Kruger, "Productivity and Structural Change: A Review of the Literature", Journal of Economic Surveys, Vol.2, No.2, 2008.

［6］Ingo Borchert, Batshur Gootiiz and Aaditya Mattoo, Guide to the Services Trade Restrictions Databse, World Bank, Policy Research Working Paper, No. 6108, June 2012.

［7］Ingo Borchert, Batshur Gootiiz and Aaditya Mattoo, "Policy Barriers to International Trade in Services: Evidence from a New Databse", The World Bank Economic Review, Vol.28, No.1, 2014.

［8］Ingo Borchert, "Services Trade in the UK: What is at Stake?" UK Trade Policy Observatory, Briefing Paper 6, University of Sussex, Novermber 2016.

［9］OECD, "Towards a Services Trade Restrictiveness Index: A Proposal for a Road Map for Future Trade Committee Work on Services", 27 June, 2007, OECD, Paris.

［10］OECD, Service Trade Restrictiveness Index: Policy Brief, May 2014.

［11］Massimo Geloso Grosso, et al., Services Trade Restrictiveness Index: Socring and Weighting Methodology, OECD Trade Policy Papers, No.117, OECD Publishing, Paris, 2015.

［12］Servaas Storm, "Structural Change", Development and Change, Vol.46, No.4, 2015, p.674.

［13］U.S. Bureau of Labor Statistics, "The U.S. Economy to 2024", Monthly Labor Review, December 2015.

第三章　推动互联网、大数据、人工智能和实体经济深度融合

摘　要："推动互联网、大数据、人工智能和实体经济深度融合"既是党的十九大对我国数字经济发展提出的新战略方向,也是振兴实体经济的重要途径。从政策上看,我国已初步建立了互联网、大数据、人工智能和实体经济融合发展的框架。从发展重点看,通过渗入农产品营销、农业生产过程,打造农业发展新商业模式和农业生产服务体系;通过与制造业的融合,挖掘消费者的需求,创新制造业的发展模式,提升研发效率,使生产过程更为智能化。目前,我国互联网、大数据、人工智能在消费领域的应用较为广泛,推进速度也较快,但与实体经济融合发展还比较薄弱,亟须国家对现有政策进行整合,逐步扭转互联网、大数据、人工智能与实体经济"两张皮"的现象,切实促进互联网、大数据、人工智能和实体经济的深度融合。

一、建设现代化经济体系需要互联网、大数据、人工智能和实体经济深度融合

党的十九大报告就互联网经济、数字经济等相关内容进行了深刻的阐述,指明了未来发展的战略方向,在报告第五部分"贯彻新发展理念,建设现代化经济体系"中,明确提出我国未来数字经济发展的战略方向是"推动互联网、大数据、人工智能和实体经济深度融合"。近些年,我国互联网经济、数字经济取得

了斐然的成就。在党的十九大报告的第一部分"过去五年的工作和历史性变革"中，习近平总书记明确提出，"数字经济等新兴产业蓬勃发展"，这是对过去五年数字经济发展成就的充分肯定。但是，从过去的发展经验看，我国互联网企业的发展战略基点是"拼规模"，即主要是依托快速增长的用户数量，以互联网营销思维、流量思维、平台思维推动数字经济规模持续扩张。这种思维或策略把我国在互联网经济领域的用户流量红利用到了极致，推动了我国互联网经济的快速崛起，这在本质上是基于对消费互联网的理解与应用，在这个初始阶段也的确是一个可行的战略选择。

但是，如何把互联网、大数据、人工智能和实体经济有机结合，并推动它们深度融合，目前尚有许多"短板"或瓶颈，也是我们现代化经济体系建设中的薄弱环节。实体经济是国民经济的基石，党和政府非常关注。习近平总书记在党的十九大报告中指出，"建设现代化经济体系，必须把发展经济的着力点放在实体经济上，把提高供给体系质量作为主攻方向，显著增强我国经济质量优势"。这是党中央立足全局、面向未来做出的重大战略抉择，对于我国抓住新一轮科技革命和产业变革机遇、打造国际竞争新优势，对于适应经济发展新常态、加快新旧动能接续转换，对于决胜全面建成小康社会、实现"两个一百年"奋斗目标，具有十分重大的意义。实体经济发展虽然面临着不少困难，但现在正在采取有力措施，寻找新的发展路径，迎难而上。推动互联网、大数据、人工智能和实体经济深度融合既是新时代建设现代化经济体系的重要使命、迈向社会主义现代化强国的必由之路，也是用新理念、新思维发展和壮大实体经济的重要战略选择。

二、互联网、大数据、人工智能和实体经济融合发展的政策现状

推动互联网、大数据、人工智能和实体经济深度融合，要使其与农业、工业和服务业深度融合，提升实体经济的发展效率。实际上，在这方面，党和政府一

直高度重视互联网、大数据、人工智能在实体经济中的应用。在《国务院关于积极推进"互联网+"行动的指导意见》（国发〔2015〕40号）中，明确提出了互联网与实体经济融合发展的目标与路径，并指出，"互联网在促进制造业、农业、能源、环保等产业转型升级方面取得积极成效，劳动生产率进一步提高。基于互联网的新兴业态不断涌现，电子商务、互联网金融快速发展，对经济提质增效的促进作用更加凸显"。国务院在《促进大数据发展行动纲要》（国发〔2015〕50号）中，对大数据与实体经济融合发展的意义及方向做出了明确要求，指出大数据要"推动产业创新发展，培育新兴业态，助力经济转型"，并提出了"工业大数据""新兴产业大数据""农村农业大数据"等具体融合路径。国务院《关于印发新一代人工智能发展规划的通知》（国发〔2017〕35号）也要求人工智能与各类实体经济深度融合发展。规划提出，"加快培育具有重大引领带动作用的人工智能产业，促进人工智能与各产业领域深度融合，形成数据驱动、人机协同、跨界融合、共创分享的智能经济形态"。规划还就"人工智能新兴产业""加快推进产业智能化升级"等方面提出了具体实现路径与重点发展方向。

在国家发改委印发的《服务业创新发展大纲（2017~2025)》中，也提出要"大力推动服务经济信息化。树立互联网、大数据思维，推动信息技术在服务领域深度应用，促进服务经济数字化智能化发展。积极推进服务经济数字化。鼓励利用新一代信息技术改造提升服务经济，推动要素配置方式创新和服务产品数字化、个性化、多样化。加强数据资源在服务领域的开发利用，推进政府信息、公共信息等数据资源开放共享，发展大数据交易市场。大力提升服务经济智能化水平。支持在教育、环境、海洋、交通、商业、健康医疗等领域开展人工智能应用示范，促进人工智能技术和设备在服务领域的广泛应用。支持物联网、人工智能核心技术研发，丰富移动智能终端、可穿戴设备等服务内容及形态"。

从上述一系列文件中可以看出，在推动互联网、大数据、人工智能发展的过程中，党和国家一直高度重视其对实体经济的影响和作用，并强调它们的融合互动发展，特别是对实体经济的有力支持。

三、推动互联网、大数据、人工智能和农业深度融合的基本思路

农业是国民经济的基础。中国作为世界上最大的发展中国家,牢牢掌握农业安全特别是粮食安全,尤为重要。随着农业生产专业化、社会化和商品化程度的提高,"小生产"与"大市场"的矛盾日益突出,极大地影响了我国的农业发展和农民增收。目前,我国农业已经从分散经营日益走向合作发展、规模经营的新阶段,这就需要对传统农业服务体系进行彻底的改革和调整,以适应这种阶段性变化。在这个过程中,互联网、大数据、人工智能对增强农业的竞争力,确保农产品质量安全,解决农业发展的深层问题,实现农业增产、农民增收具有重要意义,因此,应在多方面推进互联网、大数据、人工智能与农业深度融合发展。具体而言,这种融合体现在以下几个方面:

(一)利用互联网、大数据、人工智能更好地解决农产品需求预测等方面的问题,避免农业生产的产量与价格波动

农业生产具有天然的周期性,农业生产主体非常分散,分散的生产主体面对纷繁的市场信息和不完整的信息做出的生产决策很难客观准确。分散的农户一般是根据当期农产品的价格盲目跟风生产,这导致了农产品产量与价格的波动。例如,我国长期以来存在的猪肉价格周期,就是这种情况的典型说明。如果科学地利用互联网、大数据、人工智能,就能够汇聚农业生产、消费等方面的大数据,对农业生产形势进行动态跟踪分析,准确地把握特定农产品的播种面积、产量等,避免农民盲目跟风生产,从而更好地指导农业生产。例如,山东沃农资公司根据大葱生产相关的农资(包括种子、专用肥料、农药等)销售情况,并结合卫星遥感、大葱种植知识、天气搜索等诸多方面的数据,形成大葱农产品生产大数据,对大葱生产户及时做出反馈,以指导葱农进行生产,避免了葱农盲目生产而

导致的价格大幅度波动。

(二) 利用互联网、大数据、人工智能促进农业商业模式的创新

现有的农业生产模式主要是分散的农户独立决策进行农产品生产,再通过"批发商—零售商"的体系将农产品销售到消费者手中。这种模式曾经发挥过重要作用,但现在越来越不适应市场发展了:第一,生产者与消费者处于产业链的两端,互相之间难以沟通信息。生产者无法根据消费者的反馈及时对生产进行修正,而是根据经验决定生产过程,这就导致了生产的盲目与无序。第二,生产过程信息不透明,消费者无法获得关于农产品质量安全的准确信息。由于生产过程不透明,大量优质农产品生产商无法获得相应的回报,因而放弃生产成本较高的优质农产品,导致农产品市场的质量普遍下降。这是因为农业生产数据化、信息化、互联网化程度较低,优质农产品的信息难以传达给消费者,导致优质无法实现优价,农业"劣币驱逐良币"现象凸显。第三,流通过程过长,流通成本高,产品浪费严重。

利用互联网、大数据、人工智能技术能够对现有的农业生产销售模式进行创新,从而以规避现有的模式所存在的问题。例如,社区支持农业(Community Support Agriculture,CSA)模式通过互联网使城市社区居民可直接找到农民,向他们订购遵循生态原则生产的农产品。[①] 这些订单往往是长期合约,预先付款,价格较普通市场价优厚,并且与农民共担生产风险。这样,农民和消费者组成了一种利益共同体,互惠互利。这种模式的前提是生产者与消费者信息相通、相互信任,而人工智能与大数据等相结合,恰好帮助他们构建了信用机制,从而解决了模式创新需要解决的关键难题。又如,通过引入互联网等技术,能够创新出农业与第一、二、三产业融合的新模式。通过网络预订,能够将农业相关的旅游、餐饮等产品营销出去,使第一产业和第三产业很好地融合起来。目前,农产品的网络营销已不单纯是电子商务的事情,而是包括农业生产、投入品、农村信息化

---

① 范子文:《社区支持农业(CSA)城市居民参与农业的新模式》,《北京农业》2013年第23期。

建设、乡村旅游等在内的一系列过程，例如，2011 年，北京市农委、北京市城乡经济信息中心开展现代农业物联网应用试点示范建设，搭建了"北京 221 物联网监控平台"，实现了对农业生产的全程数据化与联网化，有利于农产品开展网络营销。

（三）互联网、大数据、人工智能提高农业生产效能和安全

从整体上看，我国农业生产的数据化、网络化、智能化水平较低，导致我国农业生产整体效率较低，农产品质量安全问题难以控制。国家对此也曾提出过很多指导意见，例如，《国务院关于印发新一代人工智能发展规划的通知》（国发〔2017〕35 号）对人工智能在农业生产领域的应用做出了非常具体的安排，主要包括：研制农业智能传感与控制系统、智能化农业装备、农机田间作业自主系统等；建立完善天空地一体化的智能农业信息遥感监测网络；建立典型农业大数据智能决策分析系统，开展智能农场、智能化植物工厂、智能牧场、智能渔场、智能果园、农产品加工智能车间、农产品绿色智能供应链等集成应用示范；等等。

互联网、大数据、人工智能有利于推进农业生产智慧化。在农业生产过程中，存在着生产过程监管难、种植技术落后、生产成本日益上升等问题。通过引入新一代信息技术，打造智慧农业生产系统，有利于实现农业生产的透明化、种植技术的科学化，从而实现农业生产的数据化、精准化、可视化，不仅能够提升农业产量，而且能够提高农产品质量安全水平，降低农药化肥的使用量，减小农业所产生的面源污染。

物联网技术在农业领域的应用，实质上是将互联网、大数据、人工智能技术集成运用的一个典型场景，已成为推动农业生产经营模式创新的重要途径，有利于提高农业环境监测水平、提高农业环境监测数据的时效性，便于生产者及时掌握农作物、园艺作物、蔬菜、果树生长动态与灾害发生发展情况，并进行快速的监测、诊断和预警。例如，通过在农田种植现场安装传感器等物联网设备，可以精确记录作物生长过程中积温、湿度等相关数据，并通过手机实时查看生产现场整体状况和作物生长情况。利用大数据可以开发出病虫害发生环境模型，推测该

品种未来病虫害的发生概率,准确施放各种农药,避免滥用农药。通过准确测度土地肥力,能够实现化肥的精准投入,也有利于减小农业的面源污染。①

(四)互联网、大数据、人工智能打造新型农业产业化服务体系

现代农业不仅仅是种植业,而是一个现代的农业体系,是全产业链的农业。生产性服务业对农业现代化有着重要的支撑作用。随着我国农业生产的持续发展,各种农业生产主体对农业产业化服务体系的需求越来越强烈。例如,农户对农资供应(化肥、农药、良种、农机具)、病虫防治、新(品种)技术应用、农产品收获(割)、产品销售等方面的传统服务具有迫切需求。而且,农户对农业服务的需求越来越多地从某一个领域单一的服务向内容全面、形式多样、层次拓展的综合性服务转变,即包括资金融通、农资租赁、灾情预报、农业保险、农业经纪、农产品加工、农业休闲、检验检测、销售网络建立及产品品牌宣传等内容在内的综合服务。

党的十九大报告提出的"健全农业社会化服务体系",就是根据农业生产的新方向与新现象做出的战略安排。但是,由于农业生产的特征,大量的农业社会化服务内容需要通过创新模式才能使供需契合。而互联网、大数据、人工智能可以对农业产业化服务体系的建设提供更多选择,将有利于建设更为高效的农业产业化服务体系。例如,利用互联网平台,可以将与农业产业化相关的全部生产服务整合到同一平台之上,方便用户在一个平台上实现所有的服务需求。同时,互联网平台还可以在更大范围内整合资源,解决各类生产服务资源供求不匹配问题。最典型的是农机作业的供需不匹配的问题,又如,通过打造互联网平台,能够有效地降低各类农业产业化服务企业的运营成本,促进各种服务资源下乡。在我国,服务资源配置不平衡的现象十分严重,农民急需的公共服务、科技、信息、中介、文化、教育、医疗卫生等资源都集中在城市,农民对服务资源、服务要素的需求很旺盛,但很难获得这些服务资源。为此,要借助市场和政府的双重

---

① 刘志洋等:《物联网技术在现代农业生产中的研究与应用》,《黑龙江农业科学》2016年第6期。

作用，把城市部门的服务职能、服务资源向农村延伸，充分发挥服务业在推进城乡服务一体化方面的积极作用，以服务业助推农业现代化。① 要引导城市工商资本参与农村基础设施建设，进而带动技术、人才、管理等要素跟进，从而较快地弥补农村资源"短板"，增强自我发展能力，对农村进行全面、深刻的改造。在这些服务企业下乡的过程中，互联网、大数据、人工智能能够起到非常重要的作用。

互联网、大数据、人工智能技术还能够更大范围地整合农业生产资源，提供更为高效的农业生产服务。以农机作业为例，每年春耕、"三夏""双抢""三秋"等重要农时季节，全国有数十万台各类农业机械跨区作业。对于政府部门来说，及时全面准确地掌握农机作业进度和作业供需的海量信息，引导跨区农机的有序流动，是加强农机化发展宏观调控、促进农机跨区作业市场有效运行的重要前提，对保障我国农业生产有序进行有着重要意义。这种情况对于受到洪涝灾害影响的年景更显迫切。对于跨区作业机手来说，由于供需双方的信息不对称，如何快速方便地获取作业市场信息，帮助提高农机的利用率和农机投资收益，是他们的一道难题。而对于急需农机作业的农民来说，在短暂的农忙季节，如果能够便捷及时地获得农机来进行作物收割和其他农田作业，则可以大大提高其农业生产效率。曾经有媒体报道过，经常会有农民在道路上拦截联合收割机到自己所在村庄收割，有的甚至引发纠纷。这显然是互联网、大数据在农业领域运用缺失的结果。在这种背景下，以互联网、大数据、人工智能实现农机作业的信息化、网络化、智慧化，就显得非常必要和紧迫。在这方面，已有一些较好的应用案例。例如，农业部农业机械试验鉴定总站创建的"农机直通车·全国农机化生产信息服务平台"，致力于推进农机服务信息化，实现农机作业信息的全国统一、开放、共享。2014年平台建成后，连续两年在河北、山东、河南、安徽、江苏、湖北、新疆七省（区）试点应用，2016年在全国推开。② 目前，"农机直通车"各项功能

---

① 夏杰长等：《关于农业产业化服务体系建设的政策建议——以哈尔滨经验为例》，《中国经贸导刊》2011年第6期。
② 农业部市场与经济信息司：《"互联网+"优秀案例：全国农机化生产信息服务平台——农业部农业机械试验鉴定总站（农机直通车）》，农业部官网，2016年9月5日。

日渐完善,包括政务管理、农户服务、合作社应用三大系统。依托互联网和移动终端开发技术,搭建了 Web 端的"全国农机化生产信息服务平台"网站和"农机直通车"手机客户端及微信服务号,实现了电脑端和手机端农机化生产进度信息报送和统计查询、农机作业供需信息发布与智能匹配(农业版"滴滴打车")、农机合作社信息化管理等功能,使用户以最便捷的方式获取信息服务。同时,基于手机与车载系统的位置信息,实现了作业机具的查找和农机调度等功能。

四、推动互联网、大数据、人工智能和制造业深度融合的基本思路

自 2012 年开始,中国制造业增加值已经超过美国,成为世界第一的制造大国。但是,中国制造业大而不强,附加值低、核心技术受制于人等问题并没有解决。而互联网、大数据、人工智能等新一代信息技术的兴起,将是我国制造业实现弯道超车的一个重要机遇。党的十九大报告明确提出,"加快建设制造强国,加快发展先进制造业""促进我国产业迈向全球价值链中高端,培育若干世界级先进制造业集群"。基于这一考虑,我国提出了《中国制造 2025》战略。除了提升制造业的核心技术(如材料科学、加工精度等)之外,推动互联网、大数据、人工智能和制造业深度融合,也将是我国未来制造业转型升级的重要突破口。[1] 从整体上看,这些技术可以在三个维度提升制造业的效能:第一,市场销售层面:利用这些技术可以更好地了解客户的需求,制造出更加符合客户需求的产品,为客户创造更大的价值,尤其是通过与客户建立联系,实现大规模定制化生产。第二,生产研发制造层面:新技术有利于大幅度提升研发效率,例如,利用大数据技术能够提升各类新材料、新药的研发效率;新技术也有利于大幅度提升生产管理效率,例如,利用人工智能技术可以研发出各种制造业使用的工业机器人,有

---

[1] 杜传忠等:《互联网推动我国制造业转型升级的路径分析》,《地方财政研究》2016 年第 6 期。

利于提升生产效率；新技术在生产制造过程中的节能降耗、管理绩效等方面将大有可为；新技术也将对企业的生产流程进行再造，打造适应定制化的生产流程，提高生产线的灵活度与适应能力。第三，物流层面：通过新技术可以加快产品的流通速度，让产品更快地传递到客户手上。

（一）精准识别及挖掘消费者的需求，提升消费者价值

现有的制造业模式具有典型的工业化大规模生产的特点。这种生产模式的核心是如何低成本地生产出高质量的产品。但是，这些产品是否真的符合消费者的需求，却不是生产商所关心的。为了吸引消费者购买这些产品，整个经济体系会形成一个巨大的广告系统，将这些产品直接推送给消费者。而利用互联网、大数据、人工智能等新技术，能够从消费者的各类行为数据中挖掘出消费者的真实需求，从而制造出更符合消费者需求的产品。消费者需求的冰山模型显示，消费者的需求如同冰山，一部分是显露在水面之上，但是，更多的部分是隐藏在水面之下。[①]对于冰山下的消费者需求而言，需要生产厂商通过对消费者的大数据进行研究，将需求解析出来。例如，通过京东的搜索功能，了解到顾客对于"静音鼠标""无声鼠标"等关键词的搜索量排名品类搜索前五，但是市场上此类产品却非常少。为此，鼠标厂商（罗技）推出了新款静音鼠标，京东为总代理，上市一周销量突破一万只，并利用京东的大数据进行产品规划开发，很快就赢得了市场。

（二）创新制造业发展模式

在新技术的推动下，制造业正在发生全面的变化，按照著名的工业大数据专家李杰（2016）的观点，制造业哲学的进步体现在以下方面：沿着"标准化—合理化、规范化—自动化、集成化—网络化、信息化—智能化、客制化"的路径进行演化，目前正处于从"自动化、集成化"向"网络化、信息化"以及"智能化、客制化"演进的阶段。在互联网、大数据、人工智能技术的推动下，制造业

---

① 尚娥、雷蕾：《冰山理论在个性化护理服务中的应用》，《中国老年保健医学》2010年第8期。

的生产方式、组织形态、商业模式正在深刻变化,产业链、价值链不断深度重组。① 这拓宽了制造业的广度、深度和内涵,使制造业的商业模式正在发生革命性的变化。

1. C2B 等新型生产经营模式正在全面兴起

C2B 是一种通过大规模定制满足消费者个性化需求的新商业模式,其核心是由消费者提出具体需求,商家通过汇聚消费者需求,为消费者提供适合其需求的产品或服务系统。在工业化时代,以低成本、高效率为追求的大规模标准化生产,建立了一个大规模的分销系统,在这个系统中,生产者与消费者的距离遥远,产品主要是满足一般性的需求,个性化的需求很难满足。C2B 则利用互联网庞大的数据基础,利用大数据分析技术,完全立足于用户需求,满足用户的个性化需要。这种模式大大缩小了生产者与消费者的距离,实现了个性化消费和柔性化生产的有效对接,尽可能地释放市场消费能力。C2B 模式一般被理解为"定制化生产方式",但它更是一种利用电子商务形式,将现代柔性生产技术、信息化管理手段、高效供应链、敏捷设计、3D 打印等多种经营模式进行深度整合的新型商业模式,这种模式把工业化时代的大规模标准化生产推向了信息化时代的个性化、柔性化、多样化生产,有着颠覆性的意义。

以消费者为中心、消费者参与设计与生产、消费者主导等属于 C2B 的特征,但这些特征不是 C2B 区别于其他模式的关键因素。C2B 的真正核心含义就是其名称所提示的,即从消费者(Consumer)开始,再到商家(Business)。具体而言,C2B 模式的最大优点就是利用了互联网庞大的信息汇聚能力,集合消费者的需求,为消费者量身定制产品和价格,并让消费者主动参与产品设计、定价,甚至营销,实现了"生产者主权"向"消费者主权"的转型。在制造业 C2B 兴起的背后,是整个制造业生产模式的变革。例如,根据《青岛日报》2016 年 9 月 6 日的专题新闻报道,海尔已建成七大互联工厂,能够为行业生产制造环节提供先进样本支持。同时,海尔牵头成立了行业第一家工业智能研究院,以及全球家电

---

① 李杰等:《从大数据到智能制造》,上海交通大学出版社 2016 年版。

业首个智能制造创新联盟,向整个行业输出制造的标准和模式。此外,根据凤凰科技讯 2016 年 3 月 10 日发布的消息,海尔发布了众创汇和海达源两大模块升级版,众创汇用户通过手机端即可与来自全球的设计师、优秀资源进行交互,满足定制需求;海达源则打破了传统的采购模式,建立起一个以用户为中心的生态圈,帮助更多第三方资源复制智能制造体系,实现生态圈的共创共赢。对于消费者来说,通过海尔智能制造解决方案 COSMO 平台,用户的个性化定制需求得以满足,平台这种无缝对接也完成了虚拟设计和实体制造的全面融合。又如,山东菏泽天华电商园内大量的电商销售团队,一方面,通过各店铺旺旺群,由其客服收集客户需求,园区供应链管理部门客户对产品样式、尺寸、材料等的诉求,统一归纳分析后,组织设计师按需设计产品,甚至与客户一起设计;另一方面,通过大数据分析,将竞争店铺和竞品的销售数据、产品功能等数据整合,按照比例计算生产周期和生产量,将生产订单下到企业。这种模式降低了生产成本,减少了库存,提高了企业的生产效益。

2. 发展制造业服务化 2.0

制造业服务化是一种新趋势,是指企业以顾客为中心,提供更加完整的"包"(Bundles),包括物品、服务、支持、自我服务和知识等,即制造业服务化是制造企业的角色由物品提供者向服务提供者转变。[①]我国的有关政策长期鼓励制造企业积极发展精准化的定制服务、全生命周期的运维和在线支持服务,提供整体解决方案、个性化设计、多元化的融资服务、便捷化的电子商务等服务形式。制造业服务化是一种商业模式创新,制造业服务化模式大致可以划分为产品延伸服务模式、产品功能服务模式、整合解决方案服务模式以及去制造化模式等。[②]在产品延伸服务模式中,客户拥有有形产品的所有权,而制造企业以产品全生命周期为重点,在产品的购买前、购买时以及购买后提供全面服务。制造企业坚持产品全生命周期管理的理念,向顾客提供全面价值增值服务,有助于强化制造企

---

① 夏杰长:《推动中国制造与中国服务双融双赢》,《经济参考报》2017 年 9 月 4 日。
② 简兆权、伍卓:《制造业服务化的路径选择研究:基于微笑曲线理论的观点》,《科学学与科学技术管理》2011 年第 12 期。

业与顾客之间的关系，提升顾客满意度和忠诚度。在产品功能服务模式中，产品的所有权为制造企业所有，制造企业提供的是产品和服务或功能的组合，顾客购买的是产品的功能而非有形产品本身，因而顾客只对产品提供的功能付费而不需要对有形产品本身付费。在整合解决方案服务模式中，制造企业向顾客或消费者提供的是一整套解决方案，其包含三大元素：服务、产品和系统，即制造企业将产品涉及的多种服务或产品功能整合起来，最终向顾客提供科技、产品和服务三方面创新的有机组合，以满足顾客的高价值产品的需求。在去制造化模式中，制造业企业退出低附加值的制造领域，而从事附加值相对高的上下游产业链服务环节。

制造业服务在1.0阶段的关键是服务型制造。服务型制造有别于传统的生产型制造，是制造与服务深度融合的一种先进制造模式，是面向制造的服务和面向服务的制造协同发展的新型产业形态。发展服务型制造，推动制造业服务化进程，实现从以产品为中心向以服务为中心的转型，有两方面含义：一是投入服务化，即服务要素在制造业的全部投入中占据越来越重要的地位；二是业务服务化（即产出服务化），即服务产品在制造的全部产出中占据越来越重要的地位。在互联网、大数据、人工智能等技术推动下，制造业服务化正在向2.0版升级迈进。其核心是依托工业大数据、智能技术与互联网技术，实现智能制造，并以智能制造为基石，打造适应消费者或用户多变需求的产品系统。制造业服务化2.0已成为国家战略。在国家产业战略上，德国提出了"工业4.0"战略，美国提出了"工业互联网"战略，中国提出了《中国制造2025》战略。这些战略也许侧重点不尽相同，但是都期望在智能制造方面走得更远。从最新发展看，智能制造在企业层面已得到了大量应用，如博世的"慧连制造"解决方案、西门子的数字工厂解决方案、美国GE的工业互联网等。[①]

3. 建设更为柔性化的生产平台，在更大的范围内共享生产能力

在原有的工业化生产模式下，企业之间的生产合作主要是基于产业链的分工

---

① 祝守宇：《开启智慧云制造时代》，航天云网，2017年1月16日。

合作，这种合作模式的核心是将生产过程进行模块化。而利用互联网、大数据、人工智能等新技术，建立更加柔性的生产线，将使生产能力实现平台化。[①] 首先，企业的生产过程将实现数据化，这样企业内部的生产能力将变成一个平台，企业内部的各个部分均可实现对生产能力的利用，企业将变成一个内部创业平台。海尔的转型就是一个典型的案例。其次，企业可以利用互联网、大数据等，外部企业共享生产能力，实现企业的快速转型。最后，基于互联网、大数据的生产平台能够实现生产的智能化，并与企业的研发、设计、营销、售后服务等部门实现一体化，从而实现更快的响应速度。

（三）加快制成品更新迭代速度，提升竞争力

党的十九大报告指出，"创新是引领发展的第一动力，是建设现代化经济体系的战略支撑"。以互联网、大数据、人工智能为代表的新兴信息技术，对创新发展具有明显的推动作用。在企业端，在新技术的推动下，制造业的产成品将面临着更快的迭代速度。快速的产品迭代将是企业未来的核心竞争能力，而这种能力需要互联网、大数据、人工智能等技术的支撑。李杰（2016）曾指出，制造系统的核心要素可以用五个 M 来表述，即材料（Material）、装备（Machine）、工艺（Methods）、测量（Measurement）、维护（Maintenance）。人是驾驭这五个要素的核心。智能制造系统区别于传统制造系统的核心在于第六个 M，即建模（modeling），并通过第六个 M 来驱动其他五个要素，从而解决和避免制造系统的问题。通过模型化，企业的产品迭代能力将快速提升。[②] 在研发设计方面，利用互联网平台整合全球设计能力，能够使企业在不扩大现有研发设计队伍的情况下，实现设计能力的无限放大。而利用各类与研发设计相关的大数据，也将使设计能力获得快速提高。在制造能力方面，为了适应产品快速迭代的需要，生产平台将进一步提升柔性化、网络化、智能化水平。生产平台能力的进化，也将为产品迭代提

---

① 宋艳等：《人工智能大数据平台研究及应用》，《信息与电脑》（理论版）2017 年第 21 期。
② 李杰等：《从大数据到智能制造》，上海交通大学出版社 2016 年版。

供良好的基础条件。而依托互联网的各类生产后勤保障体系，也为企业响应能力的提升提供了良好的条件。

（四）推进制造过程智能化，提升制造业效率

以互联网和大数据为手段，以知识为核心的智能制造，能够有效地提升制造业的效率。以人工智能为例，依托大规模应用工业机器人，大量的生产车间将实现无人化，从而大幅度地提升了企业的运营效率。在医药、化工等行业，互联网、大数据、人工智能的运用能够大幅度提高精确度、质量和产量。在机械制造业，能够更大幅度地提升产品质量稳定性、优良率和产量。例如，麦肯锡咨询公司发布的《如何利用大数据改进制造业》曾指出，在生物制药行业，利用大数据与人工智能技术，能够对更多的影响产量与质量的因素进行追踪，使产量更高、质量更为可靠。

在生产过程中，设备因素对最终产品的质量影响较大。通过对生产车间的所有设备都安装上传感器，可以实时了解到每台设备的状况。在产品质量出现偏差时，可以追溯到具体设备以及操作员工，这对提高产品质量将有巨大的帮助。例如，生产控制中心能够控制的是整个过程的单个参数，但是单个参数在正常范围为什么还会出现一些质量问题呢？可能每个参数均处于临界状态，综合后会产生一些质量问题，所以在这个过程中，传统模式就是数据的筛选、参数分析，这个过程介入了人工分析来进行质量的预测，数据筛选过程淘汰了许多有效的数据资源，参数分析过程经常存在人工经验判断，使预测模型对整个产品加工过程信息的描述残缺不全，不能发现产品质量问题的深层次原因（如误差累积）。而在大数据模式下，根据产品的加工工艺过程，可以对产品质量相关数据按层次进行组织，利用多隐藏层的神经网络深度学习加工过程中产品质量数据的相互作用机理，从而对产品质量问题进行全面、深层次描述。

在大量收集数据的基础上，还能够对整个生产线的状况进行预测，准确地感知到生产线具体部分的状况，并对其维护、保养等提出更为具体的、可预测的建议。以生产异常发现为例，传统的基于降维手段的异常发现方法容易破坏信息完

整性，不利于设备异常的发现。在大数据模式下，基于制造数据的分析对关键参数进行提取，然后通过聚类分析手段发现设备异常，从而对设备控制优化。[①] 在制造业的生产流程中引入人工智能技术，利用人工智能对产品缺陷检测与识别，可以极大地提升产品的质量。在 2017 年 12 月 3 日举行的第四届乌镇世界互联网大会上，百度 CEO 李彦宏讲到的一个案例就可以很好地佐证这个判断。根据李彦宏的介绍，百度云开发的天工智能物联网首先通过对传统钢包进行智能化改造，实现对运转温度、压力的动态采集，同时辅以热成像视觉监测技术，形成钢包状态信息"黑匣子"；随后将钢包状态信息传送到天工大数据平台，利用百度云平台的运算能力和人工智能技术，对数据进行全方位分析、诊断、预测，使钢包由感知状态突破到认知境界，进而实现对精细化生产、设备安全、节能降耗和供应链优化的决策支持。这个鲜活的例子告诉我们，推进制造过程智能化，对提升制造业效率无比重要。

（五）推进生产服务体系智能化

党的十九大报告将生产服务体系的部分内容作为经济增长的新动能，报告明确指出，要在"现代供应链、人力资本服务"等生产服务领域"培育新增长点、形成新动能"。这说明了生产服务具有双重意义：一方面，生产服务体系是我国建设制造强国的有力支撑；另一方面，生产服务体系本身将成为我国经济增长的新领域。目前，即使生产智能化水平较高的企业，其互联网化水平也主要体现在其生产线内部，在与外界协同方面，仍有较大的差距。大部分时候，企业强调内部数据与资源整合较多，在对外部的数据与资源进行整合方面做得仍然不够。而借助互联网、大数据、人工智能更好地实现生产服务智能化，是生产服务体系升级的一个重要方向。例如，亚马逊公司就很好地利用这些新技术实现了供应链优化，主要是通过获取仓储、配送、销售环节的各类数据，甚至将客户数据、企业内部数据、供应商数据汇总到供应链体系中，通过供应链上的数据采集和分析来

---

① 张洁：《制造业正迈入大数据时代》，《中国工业评论》2015 年第 12 期。

优化供应链,做到对客户的快速响应,以及降低成本。[1] 又如,深圳思贝克集团立足当前传统制造业加快向网络智能化发展、互联网产业加速向实体领域拓展的历史性交汇机遇,针对工业企业普遍面临的产业结构分散、成本高企、流动性不足等痛点,设计了"工业品+互联网+金融科技"的生态闭环模式,将整个工业产业价值链进行系统化提升。思贝克的业务发展由以大数据、云计算为底层结构的三大业务模块组成,分别是:服务于产业市场交易的工业品平台——思贝克工业品平台(类似于消费市场上的淘宝、天猫),服务于工业企业与产业的金融信息服务平台——普提金服平台(类似于消费金融领域的蚂蚁金服),以及为工业产业提供物流仓储和独立第三方金融监管的平台——万企汇云仓平台(类似于消费市场中的阿里菜鸟网络)。这三个模块对制造业的供应链管理优化有很大的价值。

后期的产品运维服务也是大数据等新技术应用的一个重点。在产品的运行和维护过程中,大数据模式一改传统方法被动的运维模式,通过采集和分析智能设备的传感器数据,进行大数据分析,主动进行产品的安全监测、故障诊断,优化产品的运行过程。这里的一个典型案例就是GE。在产品流通层面,大量传感器所采集的流通数据不仅可以提高企业的物流效率,便于企业做出更为精准的库存决策,也可以让企业的生产决策、市场计划实现自动化、智能化。例如,三一重工利用大数据技术对地理位置数据的关联分析发现,泵车主油缸故障与沿海地区杭深高铁建设具有强相关性,确定了沿海地区的盐雾环境和水质是导致油缸密封体腐蚀的主要原因。[2]

---

[1] 叶纯青:《亚马逊启用"无人驾驶"智能供应链系统》,《金融科技时代》2017年第9期。
[2] 李培根:《智能制造要从基础做起》,《中国电子报》2016年7月4日。

五、推动互联网、大数据、人工智能和实体经济深度融合发展的政策建议

整体来看,我国互联网、大数据、人工智能在消费领域的应用较为广泛,推进速度也较快,但与实体经济融合发展的进展仍有待于进一步提升,亟须国家对现有政策进行整合,逐步扭转互联网、大数据、人工智能与实体经济"两张皮"的现象,切实促进互联网、大数据、人工智能和实体经济的深度融合。

1. 加大宣传力度

从调查数据看,我国有近半数企业在互联网采购、营销等方面仍没有动作,而且对于互联网的认知主要局限在营销领域,对于大数据、人工智能在生产领域的应用仍缺乏足够的认知。从企业的基础设施看,大部分企业缺乏足够的数据收集设备,也没有相应的互联网人才,对于互联网、大数据、人工智能的应用缺乏信心。因此,应该加大宣传推广力度,让企业认识到互联网、大数据、人工智能更大的应用空间在企业的研发设计、制造、物流等领域,使其有应用这些新技术的认知与动力。

2. 在国家层面设立整合推进机构

互联网、大数据、人工智能的应用非常广泛,其技术研发、实际应用等诸多方面涉及多个政府主管部门。从政府主管部门看,涉及工信部、商务部、发改委、科技部等诸多部门,这些部门对数字经济的某个部门或者某个环节进行管理。但是,从现有的政府架构看,缺乏一个统筹推进互联网、大数据、人工智能和实体经济融合发展的机构或部门,容易使这些新技术在应用过程中形成碎片化,各个行业或环节之间的数据缺乏共享机制。因此,应设立一个整合推进机构,统管互联网、大数据、人工智能和实体经济的深度融合,为这些技术发挥更大的作用创造良好的条件。

3. 鼓励各种商业模式创新

互联网、大数据、人工智能融入实体经济之后，不仅会带来各种各样的技术创新，而且也会带来各种业态创新与商业模式创新。这些业态创新与商业模式创新会给传统的监管模式与机构带来新的挑战，因此，在国家层面应对这些商业模式创新出台激励政策，监管的原则应该是包容创新，先发展后监管。例如，产品众筹是适应互联网与制造业（农业）融合发展而兴起的一种新的商业模式，这种模式应如何监管，现在缺乏明确的框架。又如，对用户数据的挖掘将产生大量的个性化定制，但是，对个体数据使用方面的规范仍未能出台。

4. 鼓励利用互联网打造技术共享平台

技术共享是互联网、大数据、人工智能应用到实体经济过程中产生的一个重要内容。在这方面，国家有一些原则性的政策规定，例如，国务院《关于强化实施创新驱动发展战略进一步推进大众创业万众创新深入发展的意见》就曾提出了"科研设备共享""科研院所创新创业共享"等诸多指导性意见，但是这些政策原则性过强，在实施过程中成效并不突出。从未来发展看，应发挥互联网的优势，鼓励设备共享、创新创业基础条件共享、人力资源共享，形成以互联网平台为基础的技术共享平台，加快技术进步的步伐。

5. 打造国家大数据中心

互联网、大数据、人工智能在我国各个方面的广泛应用已产生了大量的数据，当前，国家在这些数据的所有权归属、使用规范、责任追究等诸多方面，仍缺乏符合当下技术发展态势的政策，企业之间也缺乏良好的数据分享机制，这导致了大数据行业的很多乱象。因此，在大数据方面要加强顶层设计，有必要在国家层面建立一个大数据中心，实现数据的共享，以及加快对数据的研发利用。

参考文献

[1] 习近平：《决胜全面建成小康社会，夺取新时代中国特色社会主义伟大胜利——在中国共产党第十九次全国代表大会上的报告》，人民出版社2017年版。

[2] 农业部市场与经济信息司：《"互联网+"优秀案例：全国农机化生产信息服务平台——

农业部农业机械试验鉴定总站（农机直通车）》，农业部官网，2016年9月5日。

[3] 苗圩：《把发展经济的着力点放到实体经济上》，《人民日报》2017年12月6日。

[4] 范子文：《社区支持农业（CSA）城市居民参与农业的新模式》，《北京农业》2013年第23期。

[5] 刘志洋等：《物联网技术在现代农业生产中的研究与应用》，《黑龙江农业科学》2016年第6期。

[6] 夏杰长等：《关于农业产业化服务体系建设的政策建议——以哈尔滨经验为例》，《中国经贸导刊》2011年第6期。

[7] 夏杰长：《推动中国制造与中国服务双融双赢》，《经济参考报》2017年9月4日。

[8] 杜传忠等：《互联网推动我国制造业转型升级的路径分析》，《地方财政研究》2016年第6期。

[9] 尚娥、雷蕾：《冰山理论在个性化护理服务中的应用》，《中国老年保健医学》2010年第8期。

[10] 李杰等：《从大数据到智能制造》，上海交通大学出版社2016年版。

[11] 简兆权、伍卓：《制造业服务化的路径选择研究：基于微笑曲线理论的观点》，《科学学与科学技术管理》2011年第12期。

[12] 祝守宇：《开启智慧云制造时代》，航天云网，2017年1月16日。

[13] 宋艳等：《人工智能大数据平台研究及应用》，《信息与电脑》（理论版）2017年第21期。

[14] 张洁：《制造业正迈入大数据时代》，《中国工业评论》2015年第12期。

[15] 叶纯青：《亚马逊启用"无人驾驶"智能供应链系统》，《金融科技时代》2017年第9期。

[16] 李培根：《智能制造要从基础做起》，《中国电子报》2016年7月4日。

[17] 赵晓萌、寇尚伟：《农业互联网：产业互联网的最后一片蓝海》，机械工业出版社2016年版。

[18] 吴军：《智能时代：大数据与智能革命重新定义未来》，中信出版集团2016年版。

[19] 马化腾等：《互联网+国家战略行动路线图》，中信出版社2015年版。

[20] 马化腾等：《数字经济：中国创新增长新动能》，中信出版社2017年版。

[21] 周振华：《信息化与产业融合》，上海三联书店、上海人民出版社2003年版。

[22] 李勇坚：《把握数字经济提质升级大方向》，《经济日报》2017年9月8日。

[23] 李勇坚:《后高速增长时代:中国数字经济发展战略的转型》,《中国发展观察》2017年第14期。

[24] 黄志明:《关于协调互联网与实体经济的建议》,《中国科技产业》2017年第3期。

[25] 王广宇:《人工智能将成为新实体经济发展的最大动力》,《企业观察家》2017年第5期。

第四章 中国制造和中国服务双融双赢发展战略

摘　要：制造业和服务业是现代产业体系的重要组成部分。我国要构建强大的现代产业体系，必须有先进制造业和现代服务业来支撑。产业发展实践表明，制造业和服务业不是彼此孤立的，两者共生促进、融合互动。这种融合互动既推动了制造业转型升级，又扩展了服务业发展的新空间和新动能。制造服务化和服务型制造是中国制造和中国服务双融双赢发展战略的基本形式。实施中国制造和中国服务双融双赢发展战略，最核心的问题是要解决服务业和制造业孤立发展的问题，要把它们有机结合起来，打破传统的产业界限，创新出一种鼓励产业融合的政策体系，在管理模式、行政监管、市场准入、税收政策、公共环境构建、服务业集聚区建设等方面突破传统束缚，尽快形成有利于创新和融合发展的政策环境与生态系统。

一、问题的提出

2015 年，国务院印发了《中国制造 2025》的通知，这个文件明确了迈向制造业强国的目标、时序和路径，是我们打造现代制造业强国的行动指南。经国务院同意，发改委印发了《服务业创新发展大纲（2017~2025）》。该文件对指导服务业创新发展、扩大服务业对外开放和深化服务业改革有着重要意义。这个文件提出的"推动中国服务与中国制造互促共进"，既为服务业发展特别是生产性服务业发展指明了方向，也为现代制造业发展找到了新思路、新路径，更是抓住了推进产业融合和产业升级的"牛鼻子"。

制造业和服务业是现代产业体系的重要组成部分。我国要构建强大的现代产业体系，必须有先进制造业和现代服务业来支撑。产业发展实践表明，制造业和服务业不是彼此孤立的，两者共生促进、融合互动。全面建成小康社会、迈向现代化强国，必须有坚实的产业基础。既要努力建设现代制造业强国，也要打造"中国服务"品牌，做大做强做优"中国服务"，实现中国制造和中国服务的双融双赢。我们平常讲双融双赢，一定是通过某个共同的结合点或契合点实现两者收益最大化，寻找中国制造和中国服务的双融双赢也是一样的道理。

综观制造业和服务业发展历程，以及制造业企业和服务业企业成功发展的诸多案例，可以得出这样的认知：生产性服务业是助推制造业转型升级的重要力量，制造服务化和服务型制造是中国制造和中国服务双融双赢战略的重要路径。

二、生产性服务业是制造业转型升级的重要支撑

在当今全球生产网络体系中，生产过程日益碎片化和专业化。过去的30多年，我国凭借劳动力成本优势迅速渗透到全球价值链体系的组装和制造环节，成为名副其实的"世界制造工厂"，稳居世界制造业第一大国的地位，但规模大、附加值低、品牌缺失的基本格局没有实质性改变，长期处于价值链的低端环节，而西方发达国家控制着价值链上游（如研发、设计）和下游（如市场营销、品牌）的高端环节。这种格局如果继续下去，我们可能在全球价值链上被"低端锁定"。

我国已经进入了工业化中后期的加速发展阶段，对这个阶段制造业转型升级方向的选择，学术界存在着较大的争议。有些学者认为，制造业转型升级必须依靠大力发展生产性服务业来推动，要通过知识密集型服务要素对制造业的嵌入而提高制造业的附加值含量，实现"智能制造、柔性制造、协同制造"，攀升价值

链的中高端;有些则认为,制造业升级的方向依然要以重化工业为主,发展重化工业和对传统制造业的改造升级仍然是当前和未来一段时期面临的主要任务。对于上述争论,站在不同的角度也许都有其道理。但从工业化进程和产业演变的客观规律,以及我国产业发展现状来看,以生产性服务业推动制造业转型升级的观点更可取、更现实。

中国制造业正处于转型升级的关键时期,随着我国产业向价值链高端不断攀升,必然催生对服务产品投入的大量需求,加之制造业剥离生产性服务业及服务业市场化程度的不断提高,制造服务化进程将明显提速。从生产型制造转变为服务型制造,既是这一时期重要而华丽的一跃,也是化解我国经济发展方式转变过程中诸多矛盾的重要出路。例如,服务业就业弹性明显高于制造业,服务业单位投资所创造的劳动就业岗位数约是重化工业的2.5倍,有助于化解我国多年来经济增长和劳动就业增长不一致的矛盾。这几年,在经济新常态下,经济增长速度已经回落到6.8%左右,但就业问题总体解决不错,在很大程度上要归功于服务业的发展,特别是新服务、新业态的不断涌现。此外,服务业对能源的消耗也远低于制造业,更加符合可持续发展的要求,例如,每创造1万元的GDP,服务业的能耗只是制造业的25%。因此,我们要鼓励以产业转型升级需求为导向,进一步加快生产性服务业发展,引导企业进一步打破"大而全""小而全"的格局,分离和外包非核心业务,向价值链高端延伸,促进我国产业逐步由生产制造型向生产服务型转变,提高制造业竞争力。

总之,这种发展道路的选择是一种双融双赢战略,既为制造业转型升级、建设现代制造业强国找到了新动能,也为现代服务业特别是生产性服务业开拓了新空间、新出路。

三、服务业和制造业融合是全球产业发展的重要趋势

新一代信息、人工智能等技术的不断突破、融合渗透和广泛应用,正引发服

务业创新升级，使产业边界日渐模糊、融合发展态势更加明显，并对服务业和制造业互促共进提出了新的要求和新的挑战。

（一）服务业和制造业的本质特征正在发生变化

随着全球价值链的深入发展，全球服务业和制造业已经表现出与以前明显不同的本质特征。一方面，制造业产品的生产融入越来越多的服务作为中间投入要素，并且在产品的消费过程中还要消费大量的互补性服务，制造业将逐渐向服务化发展；另一方面，服务业的制造化现象日渐显著，服务业将摆脱过去的小生产方式而融入更多的工业化生产方式，从而提高服务业的规模经济和生产率，在一定程度上克服服务业领域长期以来被业界诟病的"低效率"问题。例如，服务产业链逐步向制造业延伸，形成全产业链。一些在全球价值链上处于领导地位的服务企业，凭借其研发、设计、管理、销售渠道等优势，通过贴牌生产、连锁经营等方式嵌入制造企业，共同为消费者提供服务。又如，研发企业拥有自己的发明专利、设计机构拥有自主创新设计、物流公司拥有自己的网络等，这些企业为了寻求全产业价值链的增值，利用自身在产业链高端的控制力，建立起自己的制造工厂。总之，企业的内部结构都在变化，制造业企业不只是进行纯制造活动，服务业企业也不只是进行服务活动，制造业服务化和服务制造化的趋势日益凸显，在很大程度上颠覆了传统制造和传统服务的概念。

（二）制造业与服务业之间的界限日趋模糊，两者实现融合发展日渐凸显

在信息技术革命的背景下，制造业发展模式正在发生深刻的变革：一方面，智能制造、柔性制造、虚拟制造和绿色制造等新型制造方式不断涌现并加速普及；另一方面，制造业和服务业之间的传统边界正在迅速消失，制造和服务融合发展日渐凸显。传统上，制造意味着有型产品的生产，但当下的消费者最想要的是将有形物和无形服务捆绑在一起的产品，要找到一件不含服务或者没有嵌入服务元素的制成品已非常困难。换句话说，今天的制造业企业不再只销售物质产

品，而是出售包含设计、营销服务和售后服务在内的产品，消费者产品很难明确区分购买的是货物还是服务。许多大型跨国制造企业逐步转型为服务公司，制造企业中从事生产的工人数比例逐渐减少，而与服务有关的职员（管理、设计、财务、会计和法律）比例上升的趋势越发明显。生产性服务业对制造业的渗透日益强烈，主要体现在制造业服务化、服务业制造化、服务外包等模式创新驱动的全产业链制造创新的快速发展上。此外，服务企业的制造化过程也在加速，服务产业链逐步向制造业延伸，形成全产业链。总体上看，未来中国的企业内部结构将发生较大变化，制造业企业不只是进行纯制造活动，服务业企业也不只是进行服务活动，产业边界被逐渐打破。既然服务业与制造业的界限日益模糊，是你中有我、我中有你的关系，那就需要彼此支撑、互助共赢，推进制造和服务互促共进、双赢发展，坚持走"双轮驱动"战略。

从单纯生产物质产品，到产业链延伸、向服务综合方案商转型，或者走服务型制造道路，对中国传统制造企业是一个巨大的挑战，但也是必须跨越的"坎"。如今，人类正从工业社会向服务社会过渡，服务经济事实上已经成为大多数国家国民经济的主力军，许多发达经济体的经济重心正从制造业向服务业转变，通过发展服务业增强制造业竞争力已经是大势所趋。需要指出的是，我们强调这种趋势，强调走制造服务化和服务型制造道路，绝不是要放弃制造业或者进行所谓的"去制造化"，而是打造中国制造的升级版。即便是现代服务业最为发达的美国，既强调要抓住新一轮科技革命和产业变革的契机，进一步推动制造业服务化转型，也非常重视制造业的再崛起，前些年提出了"再工业化"战略，力求通过实施再工业化战略来抢占全球战略性新兴产业和先进制造业的制高点。未来较长的时间，实体经济的主体依然是制造业，振兴实体经济的核心落脚点也只能是制造业，制造服务化和服务型制造战略是换一种思路发展制造业、振兴制造业，同时也是为服务业特别是生产性服务业创造更大的发展空间和更高的发展平台。

四、产业互动融合增添了服务业发展的新动能

在当前经济全球化和高新技术快速发展的背景下,产业融合不仅是一种发展趋势,更是未来产业发展的必然选择。随着产业边界逐渐模糊和消融,传统产业与新兴产业之间,农业、制造业与服务业之间,服务业内部产业部门之间加速融合发展,催生了新的技术、产品和服务,带来市场供给和需求的变化,改变了服务业传统的发展方式。以创新为主线,以新一代信息技术为依托,产业的跨领域、跨行业深度融合在未来将成为价值的主要增长点和经济增长最具活力的源泉与动力。

以第一、第二、第三产业融合为例,随着服务业分工深化与服务创新,一方面服务业领域不断拓宽,另一方面服务业与制造业之间的界限日趋模糊,两者实现融合发展日渐重要。促进生产性服务业和新兴服务业对制造业生产与价值链组织方式的渗透,未来主要体现在制造业服务化、服务业制造化、服务外包等模式创新驱动的全产业链制造创新的快速发展上。一方面,制造业企业不再只销售物质产品,而是出售包含设计、营销服务和售后服务在内的产品,消费者购买的产品很难明确区分是货物还是服务;另一方面,许多大型跨国制造企业逐步转型为服务公司,制造企业中从事生产的工人数比例逐渐减少,而与服务有关的职员(管理、设计、财务、会计和法律)比例上升的趋势越发明显。此外,服务业企业的制造化过程也在加速,服务产业链逐步向制造业延伸,形成全产业链。总体上看,未来中国的企业内部结构将发生较大变化,制造业企业不只是进行纯制造活动,服务业企业也不只是进行服务活动,在产业边界被逐渐打破的同时,产业间在细化分工基础上的融合将成为产业发展的主旋律。

为系统考察服务业与其他产业融合在未来经济增长中释放的潜力,这里从中间投入的角度入手,使用全球投入产出表数据,分析作为中间投入使用的服务占GDP的比例提升对经济增长的拉动作用,该比例越大说明各个产业生产过程中服

务的投入越多，与服务业融合的程度也就越深。总体上看（见表4-1），中国的中间服务投入占GDP的比例（2010年为43.27%）低于全球投入产出表中39个国家的平均水平（2010年为54.48%）。从时间变化趋势来看，中间服务投入占GDP的比例在全球范围内呈上升趋势，39个国家的平均水平从1995年的42.86%上升到2010年的54.48%，增加了11.62个百分点（见表4-2）。每个国家的中间服务投入占GDP的比例也基本呈上升趋势，中国的中间服务投入占GDP的比例从1995年的35.01%上升到2010年的43.27%。其中，第一产业的中间服务投入占GDP的比例从1995年的1.98%下降到2010年的1.21%，下降了0.77个百分点；第二产业的中间服务投入占GDP的比例从1995年的20.29%上升到2010年的26.30%，上升了6.01个百分点，制造业服务化程度明显加深；第三产业的中间服务投入占GDP的比例从1995年的12.74%上升到2010年的15.75%，上升了3.01个百分点，第三产业自身服务化程度加强。

表4-1 主要国家和地区的中间服务投入占GDP的比例

单位：%

国家和地区	1995年	1997年	2000年	2002年	2005年	2007年	2010年
法国	50.10	49.57	53.51	55	55.79	56.86	54.42
德国	44.03	46.08	51.24	50.19	53.05	53.30	54.23
英国	47.15	51.98	56.31	57.61	61.03	60.66	60.99
加拿大	41.24	43.90	46.85	48.02	46.72	48.07	46.91
美国	42.93	44.43	48.40	46.75	48.93	49.18	47.54
日本	39.81	39.74	40.40	41.59	40.62	41.67	41.35
韩国	36.67	38.91	39.49	41.34	41.45	44.10	45.47
中国台湾	40.32	41.63	43.93	43.22	45.26	46.37	46.52
巴西	34.59	33.93	37.24	37.66	37.87	38.75	38.48
俄罗斯	33.04	33.41	33.86	36.72	36.38	38.55	40.80
印度	29.11	29.26	27.82	28.33	30.56	31.31	31.21
印度尼西亚	26.62	29.29	29.41	30.45	32.15	31.97	32.34
澳大利亚	65.15	63.28	65.70	62.97	59.94	60.69	57.69
中国*	35.01	35.26	36.92	38.76	38.52	41.29	43.27
中国**	29.52	29.21	33.91	37.82	38.37	35.79	39.01

注：*表示数据根据全球投入产出表计算得到。**表示数据根据中国历年投入产出表计算得到。其他数据都是根据全球投入产出表计算得到。

表 4-2　39 个国家和地区中间服务投入占 GDP 比例的统计描述

	1995 年	1997 年	2000 年	2002 年	2005 年	2007 年	2010 年
欧盟欧元区平均值	46.29	49.99	56.11	56.50	58.85	62.2	62.46
欧盟非欧元区平均值	43.92	45.20	49.42	49.55	53.26	55.01	56.33
北美自由贸易区平均值	37.64	39.04	40.33	40.24	40.73	41.16	40.64
东亚平均值	38.93	40.09	41.27	42.05	42.44	44.04	44.45
BRIIAT 平均值	35.95	36.41	38.49	39.88	39.82	40.81	40.70
平均值（39 个国家和地区）	42.86	45.07	49.33	49.80	51.83	54.05	54.48
最大值（39 个国家和地区）	66.06	88.65	133.61	124.38	144.40	172.31	162.80
最小值（39 个国家和地区）	25.74	28.38	25.73	25.94	26.55	26.23	27.45
标准差（39 个国家和地区）	10.70	12.96	18.69	16.97	19.40	22.90	21.61
中位数（39 个国家和地区）	42.19	44.43	47.49	48.02	51.00	53.30	53.65

因此，基于国际比较可以发现，虽然近年来中国产业融合持续推进，各行业的服务化程度逐年提高，但整个经济生产对中间服务的需求水平相对较低。随着中国产业向价值链高端不断攀升，必然催生对中间服务投入的大量需求，加之制造业剥离生产性服务业及服务业市场化程度的不断提高，预计中国未来的产业服务化进程将会快速发展，中间服务投入占 GDP 的比例也将逐步提升。由此，假设中间服务投入占 GDP 的比例从 2010 年的 39.01%（依据 2010 年中国投入产出表计算）上升到 2030 年的 62.46%（即达到 2010 年欧盟欧元区的平均值），则对服务业增长及经济增长的贡献率将分别为 48.53% 和 40.17%。也就是说，从现在到 2030 年，中国服务业产出的增长中近 48.53% 是由中间服务产品贡献的，中国 GDP 的增长中近 40.17% 是由中间服务产品贡献的。

五、制造服务化和服务型制造：制造业与服务业融合互动发展的重要形式

（一）制造服务化

制造业是工业的主体，制造业也是国民经济的物质基础和产业主体，是支撑一个国家从农业文明走向工业文明的主要力量。当前，工业化进程中面临着许多新问题、新博弈，最凸显的问题就是我国工业化进程中要素成本的持续攀高和全球产业价值链不断升级提出的新挑战。那种拼资源消耗、依托低劳动力成本的粗放型工业化发展模式已无法适应新型工业化的要求，也跟不上全球产业演变的步伐。可以说，全球制造业发展至今已经发生了翻天覆地的变化，面对新的环境、新的形势，许多制造企业倍感压力，正在寻找新思路、新突破。制造服务化转型就是其中重要的选择。那么，什么是制造服务化呢？我们的理解是，制造服务化就是随着经济发展，制造企业为满足客户需求、实现价值增值以及获取竞争优势，将价值链由以制造为中心向以服务为中心转变的一种动态过程，这个转变的实质就是向客户提供更加完整的"包"（Bundles），包括物品、服务、支持系统、综合方案等。

从国际上看，制造服务化已成为引领制造业转型升级和保持可持续发展的重要力量，不少大型跨国制造业集团已经成功实现了主营业务收入由制造业向服务业的转型升级。尽管目前我国制造业服务化水平总体偏低，但近年来出现了加速发展态势，已成为经济新常态下我国传统制造业未来发展的重要出路，它是制造业结构优化、产业转型升级的必然结果，也是推动制造业节能减排、实现绿色发展的重要出路，还是更好地满足顾客需求、创造竞争优势、拓展延伸产业链、发现新优势和提升制造业劳动生产率的有效途径。

随着产业迈向中高端水平，制造业的价值分布从制造环节向服务环节转移，

产品开发、改进、销售、维护、回收等服务性活动所占的比重越来越大。发达国家普遍存在"两个70%"的现象,即服务业产值占国内生产总值的70%、制造服务业产值占整个服务业产值的70%。在世界500强企业中,56%的企业从事服务业。在制造服务化程度最高的美国,制造与服务融合型企业占制造企业总数的58%。美国通用电气"技术+管理+服务"模式创造的产值已经占到企业总产值的2/3以上,而美国国际商用机器公司(IBM)则已完全转型为全球信息系统解决方案提供商。

推进制造服务化,当前要着力解决以下两个问题:

第一,鼓励制造业分离发展服务业。按照做强做专制造业的要求,推动生产性服务环节专业化、社会化发展,使生产性服务业成为落实《中国制造2025》战略和实施服务业创新发展战略的重要推力。鼓励制造业企业分离发展现代服务业,培育一批生产性服务业专业企业,要找准以下重点:①分离发展科技研发服务。鼓励生产制造企业将研发中心、技术中心、重大产业技术平台等,组建成专业化的具有科技研发、技术推广、工业设计和节能环保功能的服务型企业,形成为企业技术创新提供社会化有偿服务的体系,打造一批竞争能力较强、技术水平较高的科技研发企业,促进科技研发服务业加快发展。②分离发展现代物流服务。鼓励制造企业利用现有的仓储能力和库房、运输车辆以及原材料等资产,投资组建独立的物流配送公司,对企业生产资料和产品实行统一配送。③分离发展贸易营销服务。鼓励有条件的生产制造企业成立独立核算的贸易和营销企业,利用生产企业的品牌优势,开展第三方贸易。④分离发展融资租赁服务。依托知名制造企业的品牌优势、渠道优势、资金优势,借助客户资源和营销网络,联合金融服务机构,共同为客户提供专业化的融资租赁等服务。⑤分离发展设计策划服务。鼓励生产制造企业将设计、咨询、策划、广告、工业创意等环节分离,打造一批高附加值、高层次的设计策划企业。重点对象是设计策划等功能完备、具有较强对外服务能力的大企业集团。⑥分离发展专业配套服务。鼓励生产制造企业将售后服务、安装维护、物业管理、后勤保障和教育培训等内部配套服务剥离,整合资源,组建独立经营并能兼顾社会化服务的配套服务企业。

第二，推动制造业延伸产业链。要在最终产品中增加更多的服务元素，实现产业链服务化。还要不断强化研发设计、工程设计、运营管理、客户服务、维护维修、检验检测、售后服务、金融租赁等高端服务环节，提升产品附加值。制造企业在服务化转型过程中，要善于提供整体解决方案。以装备制造业为例，除了为客户提供自产主体设备外，还要提供设备成套（包括系统设计、系统设备提供、系统安装调试）和工程承包（包括基础、厂房、外围设施建设）等，同时向客户提供专业化维修改造服务。

（二）服务型制造

在新技术的推动下，服务型制造能力成为决定制造企业竞争力的关键以及利润的主要来源，许多传统的制造企业将业务重心从生产型制造向服务型制造转移，全球制造业发展正呈现出制造业服务化，即以生产过程为主向服务型制造转型的趋势。《中国制造2025》指出，要"加快制造与服务的协同发展，推动商业模式创新和业态创新，促进生产型制造向服务型制造转变"，将发展服务型制造业作为制造业发展的一项任务。国家发改委颁布的《服务业创新发展大纲（2016~2025）》再次强调"发展服务型制造""有序推动双向融合，促进有条件的制造企业由生产型向生产服务型转变"。可见，制造与服务双向融合问题、服务型制造问题，已经引起国家和有关部委的高度重视。

服务型制造具有绿色、柔性、协同、智能等特点，是制造与服务融合发展的新型产业形态，是制造业转型升级的重要方向，是顺应新一轮科技革命和产业变革的主动选择，是服务业领域供给侧结构性改革的题中之意。通过发展服务型制造，有助于实现中国制造业从劳动密集型向资本和技术密集型转变、从高能耗向低能耗转变、从低效率向高效率转变、从制造大国向制造强国转变，不断攀升全球价值链，也可以更好地满足客户个性化的需求，更有效地实现供需对接。

推进服务型制造，当前要着力解决以下两个问题：

第一，加快形成"互联网+生产服务体系"。在信息技术的推动下，制造服务化与服务型制造主要表现为与互联网高度融合的趋势，并成为"工业4.0"的重要表现形式。在商业模式上,不断呈现出创新趋势,如大规模个性化定制、C2B、云制造等。因此,我们要牢牢把握"互联网+"背景下由数字化时代进入智能化时代的趋势,注重"互联网+"在生产性服务领域的渗透,把互联网全面融入研发设计、生产、流通、管理、人力资源开发、售后服务等各个环节,开展数字化设计、网络协同研发、现代化供应链管理、个性化定制、在线检测、远程诊断和维护等基于互联网和信息技术的服务功能创新,加快形成"互联网+"生产服务体系,促进生产模式和组织方式变革,形成网络化、智能化、服务化、协同化的产业发展新形态。

第二,加快打造一批高端服务型制造基地。要依托制造业发达地区及周边区域高端制造业的产业基础,着重拓展制造服务业领域,围绕高端制造业的产业特征,吸引相关产业链的企业集聚,提升制造业价值链。以装备制造业为例,围绕装备制造业集群发展起来的服务型制造基地(园区)要重点发展设备翻新再制造技术,建立回收服务体系,降低制造成本和消耗;同时着力吸引从事高端装备制造业研发设计和系统集成、设备成套与工程总包、安装调试、维修保养的企业入驻,辅以仓储物流、信息管理等服务。园区将着重吸引从事装备制造业的跨国公司和省内外大型企业的再制造中心、信息中心、维修保养中心、销售中心、物流中心等入驻。

六、正视生产性服务业发展存在的问题

(一)服务创新能力不足,对制造业等其他行业的支撑不够

从总体来看,虽然我国生产性服务业在近年来发展较快,但是服务业创新能力仍有待进一步加强。在研发设计方面,众多企业核心技术"空化"问题十分严重,研发设计服务的创新能力不足。在生产性服务业的影响力方面,中国没有在全球范围内配置资源的能力,主要产品生产环节处于全球价值链的低端。一些与

生产直接相关的战略性资源（尤其是软性战略性资源，如品牌、文化、科技、金融），中国仍不能通过生产性服务业的发展而快速提升。

这些方面生产性服务业的创新能力不足，其影响不亚于核心技术领域。以商务咨询服务为例，在审计、资信评级等与金融相关的核心服务方面，普华永道中天、德勤华永、安永华明、毕马威华振四家合作会计师事务所在中国境内共设有分所或办事处数十家，基本垄断了我国高端核心审计服务。在资信评级方面，美国信用评级机构已控制我国2/3信用评级市场。外资控制的评级机构还参与到中国重大债务融资活动中，进入我国经济腹地和敏感性行业，并可以方便地获取我国的政务信息，国有骨干企业、国防工业和特种行业乃至国家全面的经济和技术信息，从而掌握我国技术发展动态和重大商业机密。由于这些服务能力的不足，中国企业仅能局限于产业内的某一个环节，在全球并购与资源配置方面处于劣势。例如，近几年来，并不差钱的中国优质企业都热衷于全球并购，但从实际效果看，这些并购的结果都不甚理想。这使人想起外国资本在中国市场上攻城略地，如入无人之境，频频得手。这种状况出现的根本原因在于，中国企业在"走出去"时，以产业资本进行单兵突进，缺乏技术研发、市场研究、管理咨询、财务顾问、法律顾问、融资安排、风险分散等诸多生产性服务业协同作战的体系。

（二）附加值率（或增加值率）较低

附加值率（或增加值率）指在一定时期内单位产值的增加值。附加值率（增加值率）越高，说明该产业创造价值的比重越高，相应地，生产中的中间消耗越低，属于高附加值产业。由于我国服务业以劳动密集型行业为主，且劳动报酬水平低，因而我国服务业整体增加值率相对较低。据统计，美国、法国、德国、日本等发达国家的服务业增加值率基本上处于60%以上，"金砖国家"中巴西、印度、俄罗斯的服务业增加值率也在60%左右，而我国服务业增加值率的最高水平（2010年）只有55%。由于生产模块化是跨国公司在全球配置资源的一个重要战略，其核心是让中国等发展中国家主要从事惯例化的、低附加值的、几乎没有进入壁垒的和劳动密集型的非核心部件的加工、制造和组装环节，而跨国公司控制了整个产业价值链的高端。这导致我国生产性服务业难以进入高附加值环节。

（三）现有的产业发展模式制约了生产性服务业发展

生产性服务业发展滞后已经困扰我国产业结构升级多年，虽然这些年采取了许多措施和政策支持，但总体看还是适应不了现代产业发展的需求。生产性服务业发展不足的一个重要原因在于我国现有发展模式的某些弊病。我国现有产业发展模式的核心是抓住全球经济模块化制造的机遇，积极参与全球产业链分工，充分发挥我国的劳动力资源优势与低成本优势，通过加工贸易的形式加入全球产业价值链。由于模块化生产具有核心功能集成化和整体功能模块化的特点，因此，跨国公司把高创新率、高附加值和高进入壁垒的核心部件的生产保留在发达国家内部，而将惯例化的、低附加值的、几乎没有进入壁垒的和劳动密集型的非核心部件的加工、制造和组装环节转移到中国，将中国打造为全球制造基地。为了压制中国产业的崛起，跨国公司还通过对制造业产品的研发、设计等生产性服务活动以及整个产业价值链的生产性服务活动进行控制，把中国全面压制在报酬递减的低附加值活动中，诸如加工组装等简单环节。跨国公司不仅将高知识密集型活动和高研发投入的研发、设计等生产性服务业都留在了发达国家，而且掌握了原料采购、物流运输、金融保险、终端零售等诸多环节，只将加工、组装、制造等中间环节转移到中国，这使中国长期处于产业链低端。因此，生产性服务业难以获得快速成长的良好外部环境。

以对我国产业安全影响最大的知识产权问题为例，我国产业之所以缺乏自主知识产权，与独立的研发服务业发展不足有着直接联系，也与我国知识产权服务业落后有着直接联系。众所周知，由于研发服务业发展不足，许多在国民经济中发挥重要作用的产业以及主导产品的设计、生产，往往不是建立在自主知识产权的基础上，而是依靠外国技术和装备进行生产。一些已经形成一定国际竞争力的产业和产品，如电视机、手机等，对国外技术仍然具有很强的依赖性，特别是产业的核心技术和领先技术一般仍由国外公司控制。而不为人所知的是，对我国产业技术升级、自主研发核心技术、掌握自主知识产权造成更大障碍的是国外企业所实施的"垃圾专利战略"。从已有数据看，大量国外企业利用中国知识产权服务落后的现实，通过把公开发表的科学发现编造为工业发明，以及将大量并不具有创新性的发明或创新注册为专利，形成"专利丛林"，严重阻滞了我国企业技术进步的步伐，也阻碍了我国研发设计服务业的快速成长。

（四）生产性服务业与其他产业联动不够

生产性服务业发展受产品市场范围的影响，当最终制成品的市场范围扩大时，产品生产环节的分工程度会进一步细化，整个生产链或生产迂回程度会延长，需要更多的各类中间产品和服务投入。从我国现有的生产模式看，一方面生产性服务业本身发展不够壮大，另一方面产业之间的联系还不够紧密，生产性服务业并没有完全切入生产的各个环节之中。例如，我国现有的科技研发服务、计服务等，与产业联系的紧密性均不够。以工业设计为例，很多设计企业都是以自身的美学观点为出发点设计产品，而不是立足于企业的需求。很多研发机构都是从科学原理出发进行研发，而不是从企业所面临的技术问题出发。第三方物流方面，真正能够切入企业供应链提供无缝服务的企业还不多。在信息技术方面，能够为企业量身打造工业互联网以及工业大数据体系的服务企业不多，现有的服务企业系统并没有把企业的潜力完全挖掘出来，有的产业发展模式也不利于这种整合。由于技术水平和管理理念的一致性，外商投资的加工贸易出口企业与外资服务供应商之间形成了一个符合彼此标准的封闭供需循环圈。

七、推动中国制造和中国服务双融双赢的战略举措

中国制造和中国服务双融双赢战略的核心要义是生产性服务业和制造业互促共进，其理论基础是产业融合。既然是双融双赢、互促共进，就要努力解决生产性服务业和制造业"两张皮"的问题，要把它们有机结合起来，打破传统的产业

界限，创新出一种鼓励产业融合的政策体系。产业融合必然要集成新技术和产业链，要实现产业链创新协同，还要搭建相关平台，要在管理模式、行政监管、市场准入、税收政策、公共环境构建、服务业集聚区建设等方面推陈出新，为生产性服务业和制造业互促共进提供比较宽松的政策环境。

（一）树立制造业和服务业"双轮驱动"、融合发展的战略思路

鉴于服务业和制造业的融合发展趋势，要突破传统的产品定义和统计分类，不要过度纠结于服务业和制造业的差异，而是深刻认识到服务业和制造业日益增强的相似性与互补性，树立服务业和制造业融合发展的理念，坚持"双轮驱动"的战略思路。

（二）明确产业融合所衍生的交叉行业的市场准入规则

产业融合所产生的一些交叉行业，如电子商务、网络文化产业、物联网等，往往涉及多个监管部门，因此，需要协调监管部门，对市场准入、监管模式等各方面进行明确，尽量遵循底线思维，减少行政管制，降低准入门槛，避免政府过度干预，鼓励产业融合可能产生的新业态、新服务自然成长。

（三）扎实推进生产性服务业供给侧结构性改革

生产性服务业领域的供给侧结构性改革主要是补"短板"问题，核心是积极支持和培育新经济、新服务。新经济是由知识经济、信息技术和制度创新催生的新型经济形态，包括对传统产业进行颠覆性改造而升级的经济形态。培育新经济、新服务，对生产性服务业供给侧结构性改革具有重要意义。在新经济发展过程中，出现了大量的新政策问题，例如，分享经济发展带来了劳动就业关系、社会保障、社会安全、税收、政府规制等诸多新的政策问题，这需要有关方面出台相应的政策措施。

(四) 制定有利于产业融合发展的税收政策

产业融合涉及不同行业,这些行业又可能涉及不同的税收政策,因此,需要根据产业融合的发展趋势,积极制定并实施适用于生产性服务业的专业性强、产业融合度高的税收政策和税收优惠细则等,如电子商务的税收政策、网络支付的税收政策等。

(五) 构建有利于产业融合的公共环境

因产业融合而产生的新兴服务业的发展需要良好的公共环境,如智能交通产业需要政府开放实时交通数据与地理信息数据;电子病历需要卫生、医院等多个部门的配合;知识产权运营服务需要开放知识产权数据库;电信增值服务需要对大运营商的垄断地位进行管制等。因此,可以出台相关政策,为产业融合构建一个良好的公共环境。

(六) 推动产业集聚,打造一批生产性服务业集聚区,以服务业集聚带动制造业升级

21世纪的竞争不是单个企业之间的竞争,而是供应链之间和产业集群之间的竞争。集聚发展是生产性服务业的重要特点和趋势。综观国内外制造业发展历程,凡是生产性服务业发达、集群程度高的地区,其制造业也相对比较发达,竞争力比较强。真正的集聚发展是在地理上集中且有相互关联性的企业、专业化供应商、服务供应商、相关产业的厂商、相关研发机构和相关产业协会等构成的群体,它是在某一特定领域中大量产业联系密切的企业以及相关支撑机构在空间上集聚,通过产生协同效应来获取竞争优势。走集聚发展道路,要尊重企业的自主选择,不要"拉郎配",政府意志不能代替市场行为;也要发挥政府的引领和导向作用,加强对服务业集聚区建设的规划引导,建立集聚区标准与考核评价体系;等等。

（七）加快复合型人才培养和引进

随着制造和服务的边界日益模糊与突破，新经济、新领域、新业态、新模式不断出现，现有人才不适应性的问题越发凸显。人力资本具有专用性、适应性、多样性等特征，在人才培养模式上，我们走的是"专业化""专门化"这个传统路数，强调的是人才的"专用性"，忽略了人才的"多样性、适应性"。产业融合对这种传统人才培养模式提出了全新的挑战，要逐渐完善人才培养和激励机制，如创新校企联合培养人才模式，修改高校高职等人才培养机构的课程与教材，增强交叉学科课程的比例，鼓励学生跨学科、跨专业选修课程，鼓励应用型、技能型、复合型人才脱颖而出。积极吸引海外高层次复合型人才和创新科研团队，为此，有关职能部门要协同配合，不断完善引进人才在居留和出入境、落户、税收、医疗、保险等方面的政策，加快高层次复合型人才集聚，打造复合型人才新高地。

参考文献

[1]［美］通用电气公司：《工业互联网：打破智慧与机器的边界》，机械工业出版社 2015 年版。

[2]上海市经济与信息化委员会、上海市科学技术情报研究所：《2016 年世界服务业重点行业发展动态》，上海科学技术出版社 2016 年版。

[3]阿里巴巴集团：《大势：中国信息经济发展趋势与策略选择》，中国计划出版社 2015 年版。

[4]何哲、孙林岩：《中国制造服务化：理论、路径及其社会影响》，清华大学出版社 2012 年版。

[5]夏杰长、张颖熙：《夯实现代产业体系是建设现代化经济体系的核心要义》，《中国经济时报》2018 年 2 月 13 日。

[6]夏杰长、倪红福：《中国经济增长的主导产业：服务业还是工业？》，《南京大学学报》（人文哲学社会科学版）2016 年第 3 期。

[7]夏杰长：《坚持现代服务业和先进制造业并举》，《人民日报》2015 年 5 月 21 日。

［8］黄群慧、霍景东：《全球制造业服务化水平及其影响因素——基于国际投入产出数据的实证分析》，《经济管理》2014年第1期。

［9］王玉辉、原毅军：《服务型制造带动制造业转型升级的阶段性特征及其效应》，《经济学家》2016年第11期。

第五章　以农业产业化服务体系助推农业现代化

摘　要：我国正在致力于推进农业现代化，但是农业的现代化不能只单纯依赖农业本身，必须寻找新的动力源。国内外的实践经验表明，以服务业促进农业现代化是非常有效的途径。服务要素主要集中在城市，但在乡村振兴和推进农业农村现代化的过程中，又离不开服务业的支持。为此，必须采取切实措施，明确具体策略，推动"服务下乡"，把聚集在城市的服务要素与农村农业农民的现实需求有机耦合起来。以服务业促进农业现代化可从以下几方面着手：推动龙头企业角色转换，变收购商为解决方案提供商；由扶持加工项目向补贴服务转型，拓宽农业产业化的资金渠道；以服务驱动链网、链群整合，抓住产业链"两端"和"两翼"；重塑农产品流通产业组织模式，促进终端专业化；在服务业较为发达的地区，推广服务企业引领的农业产业链重塑。

农业现代化是指用现代工业、现代科学技术和现代经济管理方法，将传统农业改造为现代农业的过程。作为世界上最大的农业国，伴随着经济的快速发展和城市化进程的不断推进，如何根据我国的实际情况，走出一条独特的农业现代化之路，既具有深刻的理论意义，也具有明确的现实意义。农业的现代化不能只单纯依赖农业本身，必须寻找新的动力源。从国内外的实践经验看，以服务业促进农业现代化是一种非常有效的途径。本章在对目前我国各地农业现代化如火如荼的实践进行广泛调查研究的基础上，对服务业促进农业现代化的路径进行思辨。文章在梳理我国农业现代化发展历程及思想认识的基础上，重点探讨了目前我国农业现代化的一些典型做法及其导致的问题,并据此对服务业切入农业现代化的模式及途径给出了相关的政策建议。

一、我国农业现代化的发展历程及思想认识

农业现代化是一个动态的、相对的概念,在不同的历史时期,农业生产手段、生产技术和生产管理的现代化过程具有不同的含义。1949年之后,我国农业现代化大体经历了以下几个阶段(见表5-1):

表5-1 我国农业现代化的阶段及特征

年份	阶段	背景	主要特征	对农业现代化的认识
1949~1979	传统农业向现代农业转型阶段	农业处于现代化前夜,农产品处于长期短缺状态	重点是提高农产品产能。在手段方面,主要是大规模兴修水利设施,引入现代农业装备,大量使用化肥与农药,推广良种与科学栽培方法等	确立了以人民公社为主体进行农业现代化的运营模式;优先发展重工业的产业政策体系使农业现代化在资源获取能力方面不足
1980~1991	农业体制改革阶段	改革开放初期,农产品短缺现象严重,农业发展需要突破体制障碍	建立以家庭联产承包责任制为基础的农业生产经营体制;农民开始应用现代化经营手段,农产品产量不断提升,农村剩余劳动力开始向乡镇企业等转移	对农业现代化的基本内涵进行了延伸,从简单的农业生产手段现代化延伸到了各个领域;提出农业现代化的本质是科学化,而不仅是农业机械化
1992~2000	农业产业化引入阶段	引入信息化概念,农业产业化开始兴起;农产品生产出现相对过剩;开始建立社会主义市场经济体制	农业开始面向市场进行生产,先进地区开始迈向农业现代化。国家鼓励有条件的地区率先基本实现农业现代化	开始明确农业现代化发展方向。党的十五大明确提出了农业产业化经营的思路,鼓励生产、加工、销售相互促进,推动农业向商品化、专业化和现代化转变
2001年至今	综合农业现代化阶段	农业开始直接面向国际市场竞争,农产品质量安全问题凸显,农产品相对过剩问题严重	随着高产优质高效农业的推进,农业进入了新科技示范开发的阶段。高新技术不断应用推广,在农作物病虫害防治、优质高产作物新品种选育、节水新技术、农用设施工业、精确农业(试点)、改善生态环境、农业信息系统、农产品加工新工艺等多方面成绩显著	重视在城乡统筹中推进农业现代化。中共十七大提出,要走中国特色农业现代化道路,以工促农、以城带乡,实现城乡经济社会发展一体化。十七届五中全会指出,在工业化和城镇化深入发展中同步推进农业现代化,跳出农业看农业,从可持续发展的角度、立足整体国民经济、从人口生态环境资源出发、结合经济全球化的大环境,看待农业现代化

资料来源:笔者根据长子中(2012)、王景芝(2011)等文献资料整理。

1949~1979年为传统农业向现代农业转型阶段，其特征是将现代农业技术大规模应用到农业生产过程中，其主旨是解决农业生产过程中"量"的问题。1980~1991年为农业体制改革阶段，这一阶段旨在解决农业发展的体制障碍问题，主要特征是对原来的农业生产体制进行改革，建立了家庭联产承包责任制，并使现代农业技术在农业生产中得到了快速推广。1992~2000年为农业产业化引入阶段，这一阶段开始引入了农业产业经营的理念，明确提出有条件的地区要率先基本实现农业现代化，并将农产品质量安全等问题纳入议事日程。2001年至今为综合农业现代化阶段，随着我国加入世界贸易组织，我国农业开始全面应对国际市场的挑战，该阶段强调在工业化和城镇化深入发展中同步推进农业现代化。

二、农业产业化服务体系：农业现代化的重要推动者

农业是国民经济的基础。对于我国这样人口众多的发展中大国，坚实的现代农业尤为重要。"三农"问题长期困扰着我们，传统农业向现代农业转变效果不佳，一个重要的原因就在于农业的生产过于分散化，无法获得良好的专业化服务，农业的产业链很短、附加值低，缺乏大农业的概念。要实现农业现代化，不能仅在种植业上下功夫，还要特别关注农业的产前、产后问题。农业的产前、产后问题基本上属于服务业范畴，只有把产前、产后的服务业发展好、运用好，农业产业链才能得以延伸。

发达国家经验和我国这些年农业发展实践表明，大力发展以农村金融、农业科技、涉农物流、动植物疫病防控、农产品质量安全监管、农村劳动力培训、农机租赁等为主要内容的农业产业化服务体系，培育为农服务主体，整合为农服务资源，创新为农服务机制，是实现农业现代化的重要途径。近年来，我国在推进农业产业化服务体系建设方面进行了积极探索，已经取得了明显进展。但这些成就与实施乡村振兴战略和推进农村农业现代化的战略部署相比，还有较大差距。《中共中央 国务院关于实施乡村振兴战略的意见》（中发〔2018〕1号）提出，

要"构建农村一二三产业融合发展体系""延长产业链、提升价值链、完善利益链"等,这些意见对农业产业化服务体系和为农服务机制提出了新的、更高的要求。但很遗憾,迄今为止,我国农业产业化服务体系的建立仍然乏善可陈。主要表现为农业产业化服务体系不完整、大量相关服务可获得性差、服务成本高等问题。本章的研究表明,这些问题出现的主要原因就是将现有的服务资源人为地分割为城市与农村两大类,忽略服务资源的共享,从而过分强调单纯依赖农业与农村自身的力量在农村独立建立一个农业产业化综合服务体系。因此,需要改变当前农业产业化服务体系建立的基本思路,以政府推动的方式,解决"服务下乡"的市场失灵问题,从而实现服务资源的共享,建立一个市场化与社会化的农业产业化服务体系。

三、"服务下乡"与农业产业化服务体系建设

(一)"服务下乡":建设农业产业化服务体系的重要依托

城市是服务业最重要的服务要素聚集地和产出基地。城市集聚了农业产业化所必需的金融、物流、科研、信息、营销等极为重要的服务体系,但是,农业的"弱质地位"使农业产业化服务体系在建立过程中无法获得这些服务资源。因此,有必要通过政府引导,打通农业产业化服务需求与城市服务资源供给之间的通道,使两者能够通过市场交易达到耦合,从而建立一个统一的服务资源利用市场,其核心是充分利用城市服务资源,积极引导城市服务资源下乡,建立一个高效、可行、低成本、有利于农民增收的农业服务体系。

(二)"服务下乡"的"政府推动、市场牵引"模式

农业服务体系建立的有效途径应是:以农业产业化经营为导向,在农村家庭承包经营政策的基础上,构建和发展新的农业组织形式,创新合作方式,积极扶

持与培育农业龙头企业，提高农民组织化程度，使农民进入大市场，参与大流通；同时，通过城市专业化服务商的切入，实行农产品生产、加工、销售一体化，延长农业产业链，增加附加值，提高农业综合效益，使农民获得第二、第三产业利润，增加农民收入。

从实现模式上看，要以"政府推动、市场牵引"为主要模式，构建农业与城市服务业融合互动的创新模式。一方面，积极推动城市物流、金融、营销、品牌、渠道、研发、咨询等专业服务业下乡；另一方面，通过创新农业生产组织，提高农民生产组织化程度，创造对城市服务业的需求，吸引城市服务业下乡。对于这种模式，可以从以下四个方面进行解释：

（1）政府推动：以政策措施形成"推力"，积极推动城市服务提供商向农村提供金融、物流、营销、信息、研发等方面的专业服务。

（2）市场牵引：通过鼓励农民提高生产组织化程度、购买专业化服务，形成对专业化服务的"拉力"；同时，改善农业生产的基础设施，通过培训提升农民素质，使农村能够利用专业化服务，提高专业化服务的效能，扩大服务需求。

（3）对龙头企业进行积极扶持，促使其健康成长，形成对专业化服务的重要需求载体。在具体实施过程中，龙头企业作为城市专业化服务企业和农村的纽带，应积极将农业相关服务外置化，以拉长农业的产业链条。

（4）对广大农民及其所组成的"专业合作社""产品协会"提供各方面的帮助，使其成为农业产业化服务体系的市场主体。

（三）"服务下乡"需要解决的几个关键问题

在"服务下乡"模式下，需要重点研究以下几个具体问题：

第一，是否需要城市服务网络全面延伸到农村的问题。服务网络延伸是"服务下乡"的首要问题。如果城市服务网络全面延伸下乡，则其运营成本高，无法实现为农业提供低成本服务、提高农业效益的目的；如果网络不延伸，则存在服务不可及等问题。解决这个问题的方案是，在城市服务网络延伸过程中，以虚拟网络延伸为主，以实体网络延伸为辅。例如，就对农业产业化具有重要意义的金融服务而言，其服务网点以延伸到县城与中心镇为主。同时，在各村及乡镇设立金融信息员，完成对涉农金融业务的前期审查工作。农业物流则要以实体流通网点建设与虚拟物流中心建设同步的方式进行，以实现物流服务下乡。对农产品虚拟物流中心的建设，要采取政府搭建平台、企业运作的模式。由龙头企业牵头，与若干合作企业组建联合体。根据农户、企业的需要，将采购、供应、销售、储运、配送、装卸、包装、流通加工等物流功能进行有机结合，建立农户—企业、企业—企业之间的供应链交互活动，提供物流信息的实时查询、浏览、匹配，自动完成物流交易活动，跟踪在途货物，实施物流路径规划、智能物流调度等。涉及的操作流程包括农产品物流信息的发布、交互和农产品物流交易的匹配、撮合，以及农产品订单管理、渠道管理、运输管理、仓储管理等，从而实现为农产品生产商、供应商、加工商、销售商等提供系统物流解决方案及物流增值服务。对品牌、营销策划等专业服务而言，要以虚拟网点建设为主，实体网点延伸为辅，通过网络等方式为农业提供快捷服务。这个问题的另一个解决方案是，由政府主导，在农村设立综合生产性服务网点，实现一网多功能。

第二，农业综合信息服务网络的建设是"服务下乡"的重要条件。无论是虚拟服务网络的建设还是农业信息化的要求，农村综合信息服务网络的建设在农业产业化服务体系中都占据了重要地位。但是，由于农村社会环境的特殊性——远离城市、居住分散、交通与通信设施相对落后，如何在农村有效地实施信息服务便成为长期困扰决策者和信息服务人员的问题。自2000年以来，随着建网成本的下降，国家在信息传输领域实施的"村通"工程在最近几年里取得了不错的成效，这为农业综合信息服务网络的建设提供了基础条件。从农业产业化服务体系的建设来看，信息网络的关键是建立全面的综合信息服务站，以充分发挥现有信息传输网络的效用。例如，黑龙江农网信息服务有限公司通过到村级设立综合信息服务站的方式，建立了一个实时、动态的农业信息服务网络，使农村土地流转、农村二手货交易、农产品网上交易、农资网络团购等得以通过网络实现，提高农业的信息服务水平。目前，农网拟借助其网络优势，通过与农业银行合作在服务站配备转账电话与POS机、设立小额农贷信息员等方式，致力于打造一个综合金融服务平台，这也是一个很重要的发展方向。

第三，对农业科技研发与推广体系进行创新，以充分利用城市科技资源。科技创新是农业发展的第一推动力。通过科研创新，采取优化育种、合理栽培等方式，可以提高农产品本身的质量和产量。但是，由于农业企业一般规模较小，自身科研能力不强，无法独立承担这些科研任务。因此，解决农业科技创新问题必须走以下两条途径：第一条途径是由政府直接出资，解决农业科技创新中存在的重大共性问题及基础问题。即政府购买城市的科技服务资源，再将其免费或低价提供给农民或农业生产组织。第二条途径是由农业生产组织发起，建立农业虚拟研发组织。所谓虚拟研发组织，是指企业通过与大学、科研院所或其他企业合作建立起来的专门从事科技研发的虚拟组织。它没有法人资格，也没有固定的组织层次和内部命令系统，而是一种开放的组织架构，这种架构可以低成本地利用城市的科技研发资源。

（四）推动"服务下乡"需要政府的有力支持

我国当前建立农业产业化服务体系的思路是：在农村建立一套与城市生产性服务业相类似的服务业体系，包括金融、物流、科技研发、品牌、营销等，为农业产业化提供全方位的服务。这套服务体系的供应商大多数位于农村或乡镇，是一种本地化供应商。这些供应商在服务水平、服务成本等方面都存在严重的问题。我们认为，应实现农村与城市服务资源的共享，通过"政府推动、市场牵引"的模式，推动"服务下乡"，利用城市服务资源建立农业产业化服务体系。问题是，在市场利益诱导下，服务要素更愿意流向收益较高的城市或工商业，而不愿意流向农村和农业。这时，就需要发挥政府的积极作用，采取相应的政策措施或制度创新支持"服务下乡"。

第一，对农村土地承包经营权流转制度进行改革。根据农业产业化服务体系建设的需要，应对农村土地经营权进行确权，便于土地流转。根据不同的土地经营方式，采取"确权确地"模式、"确权确利"模式及土地确权与产权制度改革相结合的"确权确股"模式。在对土地进行确权后，通过土地经营权的高效有序流转,大力推进农村土地规模经营。大力抓好"三个集中",即"土地向种田大户集中,土地向合作社集中,土地向产业化生产基地集中"。

第二,通过制度创新、机制创新、观念创新,积极推动"资本下乡"。在农业产业化过程中,最重要的生产要素就是资金与技术,"资本下乡"是推动"服务下乡"的关键。因此,要通过创新,形成政府财政投资、金融机构资金与市场资本的合力,积极推动"服务下乡"。

第三,积极鼓励农业金融模式创新。通过设立产业投资基金、农业贷款担保公司、农业保险公司等新型金融主体,并通过贷款产品、农业期货产品、衍生金融产品等产品创新,对农村金融服务模式进行创新,解决农业金融服务供给不足的问题。

第四,积极推进农业科技研发推广投入体制创新。结合农村、农民和农业的需求,改变传统自上而下的、推动式的农业科技投入体系。在现代农业研发投入方面,依靠政府引导,探索企业需求拉动的市场化科技投入机制形成的有效路径。研究鼓励科研机构与农业企业开展市场化契约式技术合作的政策,促进有能力的企业建立自下而上的新型科研组织和科研中介服务组织,并以此为基础推动发展主要针对现代农业企业的农业科技需求调研分析与技术选择制度。进一步探索消费补贴、服务采购等科技服务投入机制创新,努力构建与市场经济相适应、与社会主义新农村建设相呼应的农业科技投入促进体系。在农业技术推广方面,通过建立农业科技示范园、农业科技博览园等机制,提高农业科技推广的效率。

四、以服务业促进农业现代化的基本路径

在农业与其他产业融合的过程中,最重要的是农业与服务业的融合。综观世界农业发展的历史,农业和服务业的关系走过了从分工到互补,再到融合的历程。自20世纪以来,随着信息技术、生物技术等高新技术的发展,服务业与农业融合的趋势日益明显。在城市化、工业化持续推进的背景下,为解决农业产

化实践中的种种问题，应重视将服务业嵌入农业产业化体系中，以服务业推动农业现代化模式重塑。

（一）推动龙头企业角色转换，变收购商为解决方案提供商

农产品加工企业应该摒弃急功近利的做法，立足长远、坚持可持续发展，致力于与农户建立良好的合作关系，而不是简简单单地从农户手中收购农产品。从国外农业产业化成功的经验中可以看出，企业与农民互惠互利是产业联结的基础，妥善调节企业与农民的利益关系则是农业产业化赖以生存和发展的关键。如我们所熟知的四大粮商，就很注重与农业生产者形成朋友关系，最大限度地调动农业生产者的劳动积极性，从而实现企业与农户的"双赢"甚至"多赢"。具体而言，龙头企业应着力建立专业化的农业支撑服务体系，包括育种育苗、生产资料、技术培训、供求信息、储藏保鲜、市场分销、运输网络、品牌拓展等专业化服务，尤其要重视加强技术创新能力建设，注重从农产品深加工、品种改良、生产农艺等方面提升技术层次。

四大粮商之一的邦吉秉承与农户合作共赢的经营理念，从而牢牢掌控了产业链。普通企业是卖给农民化肥，而邦吉则将精力更多地倾注于给农户提供解决问题的方案——除了提供种类齐全的肥料产品外，还为农户提供各种咨询服务，帮助他们共同改善土壤品质，改进环境水平；帮助农民对土壤和作物的各项指标进行精确评估，最大限度地提高肥料的利用效率；向农民推广农艺学，普及土壤管理、农作物栽培、育种、施肥、农田灌溉、病虫害管理、农产品初步储存和加工等各个方面的知识，从而全方位地帮助农民提高农作物种植的效率和产量。

（二）由扶持加工项目向补贴服务转型，拓宽农业产业化的资金渠道

首先，考虑到世界农业经济领域的竞争已上升到产业链层次的现状，我国政府应重视顶层设计，加大对农业产业链整合与分工协作方面的研究和资源整合。研究实施"农业产业链竞争力行动计划"，重点资助一批产业链和价值链试点项

目,发挥链的聚合效应,形成整条产业链各环节环环相扣、链环上各利益主体协同服务于共同的产业链的发展格局,共同分享产业链的整体价值。在完善的整合机制下,农民可以仅仅专注于生产高品质的农作物,龙头企业和合作社则专注于提供高效率的供应链,在技术开发、流通渠道等领域不断创新,并大力拓展与上下游相关产业的合作。

其次,应改变政府对农业产业化的补贴方式,变重点扶持农产品加工项目为补贴企业的涉农服务,如对农业产业化龙头企业开展良种培育、进行粮油分类仓储和物流予以政策与资金扶持,对农业产业化龙头企业建设检验检测中心、加强食品安全控制予以政策与资金扶持等。

再次,拓宽农业信贷机构扩充资金实力的渠道和手段,如借鉴国外经验,鼓励农业信贷机构向国际金融机构如世界银行、外国政府和外国金融机构借款等;考虑增设农业政策性保险、担保、投资等农业政策性金融机构,并鼓励政策性金融机构面向商业银行及其他金融机构开展涉农中短期票据的贴现和贷款担保业务,以满足农业和农村经济多层次的发展需要。

最后,为解决产业特性所带来的财务问题及其对上市的阻碍,在交换上市资源方面,可以考虑在有关部门间建立信息交流制度和重点联系制度,并研究开发和共享龙头企业数据库;在上市条件方面,应在符合基本条件的前提下,研究中小板吸收农业产业化龙头企业、创业板吸收拥有创新技术和创新商业模式的非龙头涉农服务企业的可行性。针对募集资金使用的问题,可以尝试在农业类上市企业中试点"储架发行";在农业上市公司再融资过程中,应考虑适当降低净资产收益率方面的要求,除经济效益外,还应增加对项目社会效益的评价。

(三) 以服务驱动链网、链群整合,抓住产业链"两端"和"两翼"

农业产业化企业应走出贪大求全的误区,正确理解全产业链策略的内涵,通过重点投资产业链"两端"、抓准关键的"两翼",达到集中优势资源,以服务驱动链网、链群整合的目的。

一方面，企业应着重投资产业链上端的育种、基因和生物技术研发资源，以获得核心竞争力；重点投资产业链下端的渠道、贸易及品牌服务资源，以控制渠道终端。在资源整合的过程中，充分利用一切社会资源为"我"所用——通过农业信息化服务的渗透，解决农业的"柠檬市场"问题；通过规划咨询设计等商务服务及现代物流服务的渗透，解决农户的完全竞争和分散经营问题；通过科技研发和现代金融等高端服务的渗透，解决农业的创新和资金问题，也就是通过服务业的全方位嵌入提高产业链的综合竞争力。如荷兰的阿斯米尔合作社，就围绕着如何最快速、最高效地把鲜花从田间运送到世界各地的花店这个目标，成功整合了花农的产品资源，既整合了航空、铁路等运输资源，也整合了其他辅助性服务机构的服务能力和资源。

另一方面，企业应重点整合人才和资本两大资源，着重打造农业产业化资本平台、农业人才创业创新平台，并且运用投资和金融手段延伸至中间制造业环节，形成大而强的产业发展态势。所以，以服务引领重组"两端"和"两翼"，可以有效解决我国农业产业链存在的大量问题。为了提高现代农业的发展水平和我国农业在全球的综合竞争力，在未来全国各地区农业产业化发展中，应对现代服务业的引领作用给予充分重视，努力构建服务引领的农业产业链。即便对于生产部门延伸和加工部门推进的农业产业链（陈静等，2011），也应强化现代服务业在产业链升级中的引领作用。

（四）重塑农产品流通产业组织模式，促进终端专业化

重塑农业流通组织模式，核心就是要针对我国食物链条奇长、小农户为主的发展实际，变多环节批发为产销直接对接，从提倡农超对接转变为支持农—农对接和农—社对接，建立起市场化、有效的农产品安全监督机制。这种模式的核心目标就是减少中间环节，一方面，让消费者能够直接见到生产者，从而减少作假机会；另一方面，通过第三方监管对生产者产生压力，从而减少地方保护主义。其实，我国很多地方都已经开启了产销直接对接的实践，如北京、上海的一些单位尝试设立了自己的特供基地。产销直接对接使市民有机会到专业合作组织的农

田里监督他们的生产行为是否安全，对违法添加行为可以直接取消直供资格；与此同时，通过在《食品安全条例》中强化"问题产品区域退市"条款，强调地区连带责任，倒逼地方政府负起监管责任。例如，美国要求农产品采取 HACCP 认证，在每年不定期派人到产地抽检，一旦发现作假，就会把整个地区列为不信任地区，拒收其产品。这种"株连政策"倒逼地方政府惩治那些作假者，也会促进农户们相互监督，否则将会一损俱损。此外，还应做实做强行业协会与农协，允许和鼓励农协直接进城开农贸市场与超市，变目前的农超对接为农农对接，也就是让产地的农民专业协会与销地的农贸市场对接，减少中间环节，实行透明农业，让居民吃上环节少、透明度高、可追踪、便宜的农产品。

（五）在服务业较为发达的地区，推广服务企业引领的农业产业链重塑

较之农业加工型企业，农业服务企业相对规模小、投资见效慢，因而在农业产业招商引资中很难受到偏好大项目、大企业的地方政府的青睐。然而，从国际经验看，服务企业对于塑造农业产业链的核心竞争力具有突破性提升作用，服务引领的农业产业链构建模式被证明是最适应目前信息化、全球经济一体化竞争格局的发展模式，许多国际知名的农业企业都在农业科技、农业流通等服务领域具有关键性优势。从目前我国的发展实际来看，安徽等地已经有从为农户提供生产性服务起步、逐步发展到与农户签订土地托管合同的案例，说明通过服务业整合农业产业链是可行的。

由于服务业构成庞杂，对农业产业链的引领带动作用也各有不同，所以以服务企业为主体构建的农业产业链也会具有各种各样的形式和特征。从上游看，可以围绕生产资料研发部门特别是农作物或畜禽新品种的研发、中试、示范与推广，向下游构建农业产业链；中游以农业信息服务、检验检测服务、管理咨询、创意设计和旅游观光服务为切入点，构建创意农业、生态农业、数字农业和精确农业产业链；同样也可以以品牌营销和供应链管理为核心，向上游整合农产品及其他辅助性服务资源。因此，各地区可依据本地区的服务及要素优势，因地制

宜,将农业产业化扶持重点由农业加工型龙头企业向农业服务型龙头企业转移,努力构建起以服务企业为核心的、综合竞争力强的农业产业链。

参考文献

[1] 陈锡文:《实施乡村振兴战略,推进农业农村现代化》,《中国农业大学学报》(社会科学版) 2018年第1期。

[2] 夏杰长等:《关于农业产业化服务体系建设的政策建议——以哈尔滨经验为例》,《中国经贸导刊》2011年第6期。

[3] 长子中:《我国农业现代化发展历程及基本经验》,《北方经济》2012年第1期。

[4] 王景芝:《我国农业现代化的认识历程及实现途径》,《经济与社会发展》2011年第3期。

[5] 滕斌圣:《"全产业链":并非企业做强的全能配方》,《环球企业家》2010年8月6日。

[6] 张丽丽:《全球价值链视角下农产品升级案例研究》,《经济论坛》2010年第11期。

[7] 陈静等:《基于典型案例的我国农业产业链构建模式研究》,《农村经济》2011年第8期。

[8] 郑风田:《我国县域农业产业化面临的最大问题是什么》,《中国畜牧业》2012年第1期。

[9] 郑风田:《重塑农业产业化方式》,《中国农村科技》2012年第6期。

[10] 孔祥智:《中国农业社会化服务:基于国际和需求的研究》,中国人民大学出版社2009年版。

[11] 李志超:《大农业模式》,中国农业出版社2013年版。

[12] 赵晓萌:《农业互联网:产业互联网的最后一片蓝海》,机械工业出版社2016年版。

[13] 王艳霞等:《中国农业信息服务系统建设》,经济科学出版社2013年版。

第六章 以生产性服务业集聚引导制造业升级

摘　要： 依托生产性服务业集聚区带动中国制造业在全球价值链治理体系下向中高端跃升，对于中国制造业由生产型制造向服务型制造转型具有重要意义。我们利用2005~2013年中国地级以上城市样本数据，对生产性服务业集聚与制造业耦合过程中外部因素的传导机制进行了实证检验。研究结果证实了生产性服务业集聚特别是支持性服务业集聚与制造业升级之间高度关联、融合促进的内在联系；社会创新体系、综合交易成本、需求规模通过生产性服务业集聚间接作用于制造业升级，要素禀赋与政策环境也会对制造业升级产生正向的直接影响。依托生产性服务业集聚推动制造业升级，应积极推动生产性服务业集聚，引导制造企业剥离生产性服务业；依托区域中心城市发展生产性服务业；促进生产性服务业集聚同制造企业的紧密联系以及同第一知识基的有效对接，减少行政管制，降低准入门槛。

一、问题的提出

产业布局的合理性，对区域优势的发挥和经济的可持续发展起到至关重要的作用。囿于Fisher剩余法的思想传统，生产性服务业在生产消费上的时空不可分性、来源于制造业中间需求分工深化的特性以及面对面服务的要求，决定了其区位选择以制造业为中心，围绕制造业进行布局。在理论研究中，对生产性服务业空间规律的认识，也多是由制造业移植而来。随着信息技术的发展、全球分工的加快和服务外包的出现，生产性服务业不仅开始在都市区集聚，而且其集聚程度远超制造业。借由集聚这种空间组织形式，生产性服务企业不仅能够实现中间投入规模经济、共享熟练劳动力，而且可以更好地吸收来自企业、供给方和需求方的正向知识溢出，进而通过促进专业化分工、降低交易成本、推动区域创新等途径对制造业升级起到显著的促进作用。生产性服务活动与产品生产的空间可分性，已成为重塑城市内部产业空间结构的主导力量。

近年来，地方政府将促进服务业集聚发展作为推进城镇化和产业结构转型的重要抓手，以空间结构调整带动城市产业转型的发展理念已深入人心。一方面，生产性服务业在我国许多城市特别是东部发达地区的大城市迅速集聚，在空间上对制造业形成挤出，制造业和生产性服务业布局的离散态势日益明显，生产性服务业集聚于城市中心、制造业分布在周边，第二、第三产业空间协同发展的"新中心—边缘"结构在我国部分地区渐成气候。另一方面，在工业园内或附近配套建设生产性服务业集聚区，也是各地打造产业竞争优势的普遍做法。然而，与生产性服务业集聚区热潮相伴相生的，还有地方集聚区重复投资、服务业发展同构化和城市产业空心化问题。理论上对生产性服务业和制造业在区位选择上的相互作用尚存争议，一些研究认为两者在区位上相互影响；另一些研究则指出，制造业对生产性服务业存在单方面的空间依赖，且生产性服务业集聚度高的地区往往具有较高的制造业效率。作为上游产业，生产性服务业地域分布和组成的变化可能会对要素配置效率及制造业竞争力产生影响；科学评价生产性服务业集聚区布局对制造业竞争力提升的贡献，通过空间协同促进两者在产业链上的融合发展，是目前生产性服务业集聚火热建设实践中亟待解答的突出问题。

2014年8月国务院出台的《关于加快发展生产性服务业促进产业结构调整升级的指导意见》指出，"适应中国特色新型工业化、信息化、城镇化、农业现代化发展趋势，因地制宜引导生产性服务业在中心城市、制造业集中区域、现代农业产业基地以及有条件的城镇等区域集聚"，显示政策上依托生产性服务业集聚推动产业升级的发展方向渐趋明朗。依托生产性服务业的有效集聚带动中国制造业在全球价值链治理体系下向中高端跃升，将为促进由生产型制造向服务型制造转型、实现经济增长模式从效率驱动向创新驱动转变发挥决定性作用。然而在理论研究上，更多的注意力集中在产业层面，即从投入—产出联系的角度论证生产性服务业对制造业效率提升的影响，少有文献从空间集聚的有效性方面揭示二者耦合背后的逻辑及影响因素。在已有文献中，对于外部因素通过生产性服务业集聚作用于制造业升级的内在机制和传导路径一直未能破解，阻碍了全方位支撑体系的有效性评价和政策措施的形成。目前，仅有宣烨（2012）、盛丰（2014）等利用城市面板数据，尝试就生产性服务业集聚对制造业效率的空间外溢效应进行分析，但就作用机制、关键要素和影响路径而言，这些研究仅仅是初步的，其在影响因素的探讨上，忽视了服务递送成本构成、人力资源等影响生产性服务业知识溢出的重要因素，对于国际贸易、技术创新这些影响制造业升级的关键要素也未予以考虑；而基于面板数据的计量分析方法，也使文章对影响生产性服务业集聚作用于制造业的软性因素描画得过于简单，故而降低了文章的应用价值。因此，本章尝试提出一个外部因素通过生产性服务业集聚作用于制造业升级的理论分析框架，并通过构建"软模型"，即使用基于偏最小二乘估计的结构方程模型和 2005~2013 年中国地级以上城市样本数据，对二者耦合背后的逻辑及影响因素进行实证检验。研究结果将深化对生产性服务业与制造业空间联动现象的认识，为制定生产性服务业集聚推动制造业升级的相关政策提供有益参考。

二、理论分析

关于产业升级，学界有两种研究视角：一种是产业结构调整或产业间升级视角，指的是产业间协调发展及对应的结构提升；另一种是全球价值链视角或产业内升级视角，由低到高表现为工艺流程升级、产品升级、功能升级和跨价值链升级四个层次。相较而言，从产业内升级角度定量研究产业升级的文献比较欠缺，本章所指的产业升级，即具有在全球价值链中提升分工地位、获取更

第六章　以生产性服务业集聚引导制造业升级

高附加值的含义。

传统上，发展高新技术、增加研发投入被认为是改变中国制造业在工艺装备、管理技术与生产组织上相对落后现状的主要途径；然而，作为在信息技术浪潮中受益最多的行业，生产性服务业会将人力资本、新知识和新技术对生产力提升的影响传导到下游产业，既是新知识的创造者、承载者和扩散者，也是推动制造业升级的黏合剂和推动力。制造业的发展壮大，离不开生产链上服务业的全程投入，这里既包括上游的研发、市场调研和员工培训等服务，也包括中游的质量控制、设备租赁和原材料运输等环节，更包括下游的销售、运输和售后等基本服务。根据Kolko的研究，具有上下游关系的产业倾向于在小区域内共聚，特别是信息及技术密集的产业，故制造业的区位选择理应受到生产性服务业集聚的影响。从新经济地理学角度看，集聚的形成取决于交易成本和空间外溢（规模经济）两种力量的制衡。靠近生产性服务业集聚，一方面意味着接近多样化的专业服务，有利于基本生产服务与制造业通过投入和劳动力的共享形成成本剩余[①]；另一方面也将促进支持性生产服务与制造业通过隐性知识共享形成收益剩余（见图6-1）。在此过程中，需求规模、综合交易成本、社会创新体系、要素禀赋和

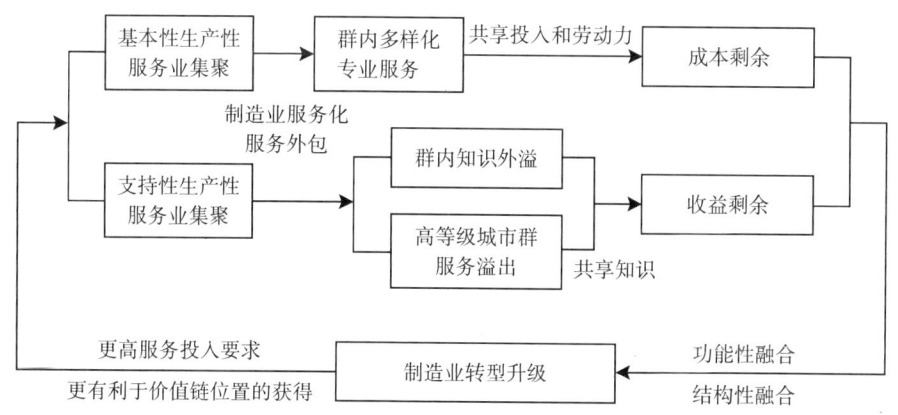

图6-1　生产性服务业集聚促进制造业升级的过程

资料来源：笔者绘制。

---

① 这里的成本涵盖了运输成本、时间成本、信息成本、制度成本等广泛的内容，具体可参见Anderson和Van Wincoop（2004）。

政策环境等外部因素将首先借由生产性服务业集聚这个中介变量对成本剩余和收益剩余施加影响,再将此影响传递到制造业升级。

生产性服务业集聚与制造业在空间上产生成本剩余和收益剩余的前提,不仅在于两个产业的上下游关系,更在于其工作内涵的相似性。从上下游联系看,面对面接触的递送方式使许多生产性服务行业的运输成本更高,下游的制造企业选址在生产性服务业集聚区周边,产生的成本节约和收益效应会更加明显。这不仅意味着制造企业将能够更便捷地享受到集聚内的多样化专业服务,避免远距离造成的搜寻和协调成本,从而满足制造企业对综合服务解决方案的需求,而且各环节多样化专业服务的嵌入,也将使制造企业在分工深化的同时提升生产效率,从而有效地增强价值链上的竞争能力。根据美国劳工部 2007 年的统计,无论是外部购买还是自身生产性服务工作岗位的增加,都会显著提升制造业的生产率。更重要的是,随着智能制造的不断发展和企业对价值共创的日益重视,制造企业中越来越多的岗位并不直接参与生产活动,而是为制造过程提供服务,包括管理、商业和金融业务、销售、行政支持、法律及会计、计算机和数学相关服务、研发设计和工程技术等岗位。[①] 2012 年,美国制造企业中从事生产性服务业的岗位大约占到 1/3,在计算机及电器相关行业,这个比例更高。在共享投入和劳动力层面上,具有岗位相似性的两个产业相互靠近,有利于制造企业共享集聚区内已有的基础设施,并借由劳动力蓄水池效应显著提升制造企业中服务岗位劳动力的匹配概率和预期质量,从而加快企业的制造服务化进程。在知识共享层面上,正如Rosenthal 和 Strange(2001)的分析,技术外溢更多发生在工作岗位相似度较强的产业之间,具有相似知识需求的产业出于共享知识的目的而倾向于共聚。集聚区内的服务创新具有隐含性强、难以追踪的特点,只能通过与客户高频率、近距离的互动而产生,并被认知接近的企业所吸收,故靠近生产性服务业集聚区有利于制造企业吸收服务业知识溢出。对制造企业选址行为的实证研究进一步表明,位于拥有成熟生产性服务业配套的区域特别是商务及金融服务集中的区域,制造

---

① 参见美国劳工部 Occupational Employment Statistics(OES)Database 对提供生产性服务的岗位的定义。

企业的效率提升及供给成本降低的效应较为明显。

生产性服务业集聚将通过改变成本剩余和收益剩余直接影响制造业升级，故进行如下假设。

假设1：生产性服务业集聚对制造业升级产生直接的正向影响。

可得性并不是制造业利用生产性服务业的充要条件，制造企业引入生产性服务业的意愿还取决于其规模和产业层次。根据Zhao和Zhang（2012）的研究，制造业特别是高端技术密集型制造业从周边地区的生产性服务业集聚中受益最多。特别地，从我国的现实看，服务外包和制造业服务化过程会受到工业企业规模的影响，规模较大的企业，其研发、营销、商务、物流等的自我服务比例较高，从而抑制了制造业对生产性服务业的潜在需求向有效需求的转化；大型工业企业特别是较低技术含量的企业会将大学作为主要技术来源，而小企业则倾向于引入知识密集型生产性服务企业作为外部知识源。已有研究进一步表明，初创的小型企业从与其他产业的共聚中获益更多；在"互联网+"和产业融合的背景下，依托生产性服务业集聚平台而生存的小型专业化制造企业，更有可能成就制造业的组织模式升级，故此处还应考虑制造企业规模对服务外包意愿的影响。此外，接近大规模需求市场特别是最终用户，有利于集聚区中的生产性服务企业通过社交网络和数据分析等手段更好地吸收消费者的动态反馈，并将其导入制造企业，使其更准确地区分消费者群体并根据消费者需求安排生产，从而使制造企业在非价格竞争中确立优势地位；而且，共聚产生的技术外溢不仅发生在工作岗位相似度较高的产业中间，从业者具有较高文化程度或专业知识技能的产业之间知识溢出发生的概率更大，故而还应对最终用户市场规模、本地从业人员知识层次及岗位技能含量等影响生产性服务业集聚与制造业耦合的因素一并进行考虑。

由此，需求规模将影响制造业从集聚中导入生产性服务的意愿和效果，故进行如下假设。

假设2：需求规模通过生产性服务业集聚对制造业升级产生正向影响。

如果说技术创新是推动制造业升级的主要因素之一，生产性服务业集聚则是制造业导入人力资本和知识资本的主要途径。特别地，对于缺乏专业技术人员、远离中心市场的腹地来说，生产性服务业扮演着内部知识与其本地客户综合知识之间的主要中介和知识共创者的角色。生产性服务业作为外部知识源的一种补充而非替代，既能够促进第一知识基创造的新知识有效扩散，又能够增进制造企业的吸收转化能力，在获取知识、整合知识及传递知识三个阶段促成区域创新系统与制造业互动，因而被称为第二知识基。

科研机构和高等教育机构等构成区域创新系统的第一知识基，发挥着新知识、新技术的生产功能。接近高技能人才或创造知识的机构，将使生产性服务业集群内的企业借由知识的外溢效应和集体学习过程，实现技能和知识的获得、交换和扩散。尤其对于第一知识基创造的隐性知识而言，经生产性服务业集聚与制造企业内部原有知识相结合，革新后将使其显性化，创造出高于原来的新知识形态，使"集体学习过程"逐渐演变为一种地区的"创新环境"，从而更好地实现对制造业的知识溢出。故此处将区域知识创新系统纳入考虑，检验其通过生产性服务业集聚对制造业升级的作用。从生产性服务业集聚内部看，集群内分工协作的多个生产性服务企业、科研机构、地方政府和行业协会，也将通过本地劳动力在企业间的流动，消费者—供应商之间的信息、技术和组织交换、模仿过程，加速生产性服务企业间的协同技术创新、服务产品创新和人力资本积累。而制造企业同生产性服务业集聚联结形成的相互联系、相互作用的网络，使附近的生产性服务企业不仅能够在服务过程中收到良好反馈，而且可以通过集群的学习效应及时弥补功能缺陷，从而产生 Charlot 和 Duranton（2004）在法国案例中观察到的借由制造环节和服务环节的有效交流沟通而产生的知识溢出，帮助制造企业优化生产性服务匹配度、兑现收益剩余，实现由低附加值环节沿价值链向高附加值位置的移动。

由此，生产性服务业集聚对于提升制造业的知识转换能力十分重要，即将第一知识基创造的外部新知识与内部现存的知识加以整合利用的能力，故进行如下假设。

假设3：社会创新体系通过生产性服务业集聚间接作用于制造业升级，并对其产生正向影响。

专业化、精细化的特征决定了生产性服务业的消费替代弹性更低，因而比制造业更具有规模收益递增的特性，贸易成本的影响也就更为突出。已有研究表明，生产性服务递送成本将显著影响到下游的制造业，贸易成本与制造业产品的附加值具有显著的负向联系。探讨生产性服务业集聚的成本剩余和收益剩余向制造业传导的机理，必须弄清生产性服务业复杂的递送成本结构。

非标准化的生产性服务业依赖面对面接触来完成生产和消费的过程，因而运输的是提供服务的"人"，面对面交流在可及的门限距离内递送成本与通勤距离成正比，超过门限距离后，边际递送成本为无穷大。在门限距离内，制造企业靠近生产性服务业集聚区布局，可以显著减少面对面服务的递送成本，同时提升与生产性服务企业交流的有效性和信任度，更好地促进技术扩散和信息传递。研究表明，高等级城市对技术信息服务领域的小规模初创型服务企业的进入门槛过高，集聚在区域中心城市是较为现实的选择——较小的空间尺度内，制造企业与生产性服务企业之间面对面交流的成本与通勤距离显著相关，故应衡量处于不同的地理位置对制造企业吸收本区域生产性服务业集聚空间溢出的影响。

根据中心—边缘模型，高等级城市通常提供更高端的生产性服务，故而所处城市在区域空间等级结构中的位置不仅决定了生产性服务业的种类、可及性和辐射范围，更将对生产性服务业集聚与制造业的融合施加重要影响。生产性服务业的可贸易性和高价值性，决定了高等级城市的生产性服务企业与其对应等级市场区域的制造企业之间存在信息流、资金流和人才流等要素交换，而以基础设施通达性为支撑的服务溢出成本是影响生产性服务业与制造业融合的关键因素。此外，随着信息技术的快速发展，距离与区位等地理因素在一些可编码、易标准化的服务生产和递送中（特别是在较高等级的城市之间递送）已不是问题。基于信息传输的服务，其固定成本取决于信息基础设施的可及性，边际递送成本则接近于零。作为面对面递送方式的补充，信息技术使生产性服务业集聚的服务半径大大扩展了。在较大的空间尺度上，对于可编码服务来说，制造业与生产性服务业的共聚不再有意义，制造业与生产性服务业集聚可保持相对离散的空间关系，服务业集聚将通过远距离信息传输提升制造业的效率。所以，还应将远距离递送服务的运输成本和信息成本纳入考虑。

由此，城市通达性及信息化水平的交互作用，将直接影响生产性服务业的可及性及生产性服务业集聚与制造业在空间上的互动成本，故进行以下假设。

假设 4：以信息技术和通勤距离为基础的综合交易成本，将对生产性服务业集聚向制造业升级溢出产生显著的负向影响。

从供给角度看，生产要素禀赋在特定空间内供给的可能性，也将借由生产性服务业集聚对制造业升级产生间接影响。虽然在用地空间要求上比制造业低，但生产性服务业集聚区的打造依然需要资本投入、土地供给（园区载体）和规划的配合。而土地作为不可移动的空间资源，是制造业成本侧利润函数的重要决定因素之一，从传统制造业向智能制造转型，需要建设用地指标的保障和大量资金的支持。因此，制造业升级会直接或通过生产性服务业集聚间接受到用地和资金的影响，所以这里将城市的土地资源和资金投入纳入要素禀赋进行考察。此外，很多文献都证实了 FDI 对东道国制造业的正向技术溢出效应；而同制造业相比，城市生产性服务业集聚度高，意味着地区拥有更好的投资配套，有利于外资融入本地市场、与本地上下游企业形成有效联系，因而生产性服务业集聚对有效吸引 FDI 流入的效果更为显著。基于此，本章将城市的外资丰裕度纳入要素禀赋，考察其借由生产性服务业集聚对制造业的影响。由于资金、土地和外资的可得性等因素会影响到制造企业和生产性服务业集聚的区位选择，从而会对制造业升级同时产生间接和直接影响，故进行以下假设。

假设 5：要素禀赋既可以通过生产性服务业集聚对制造业升级产生间接的正向影响，也可以直接作用于制造业升级。

生产性服务业"事前定价""事后检验"的产业特性所导致的服务效用不确定性，使生产性服务业的递送和交易涉及密集与复杂的契约安排，因此，完善的经济规则是促成生产性服务集聚与制造业交易、降低信任成本的基本前提。与发达国家不同，无论是市场导向还是政府主导的生产性服务业集聚，在发展的过程中，政府的投资与规划都起着非常重要的作用，政府对经济的干预程度特别是对服务业的支持程度会影响到生产性服务业集聚的形成和发展，进而影响到制造企业的生产效率。从另一层面看，政府的干预越多，资源的配置与使用效率就越有可能受到政府意志的影响，地方政府就容易通过设立产业投资基金、扶持龙头企业、建立技术转移联盟，以及出台有针对性的投融资、税收、信息、创新及人才政策等手段，直接对制造业升级形成引导。进一步地，用城市GDP增速与服务业占比的交互项表示地方政府对发展服务业的支持程度，因为在GDP锦标赛背景下，地方官员的晋升在很大程度上取决于当地的GDP增长率。考虑到目前服务业增加值占GDP的比重同样是考核地方官员的一个重要指标，在"三产"占比较高、GDP增长率持续下滑的情况下，地方政府更容易选择工业化道路而不是发展服务业，这样的政策导向也将直接或间接对制造业升级产生影响。此外，生产性服务业的从业者通常是专业性强、创造力高的创意阶层，而制造业中广泛分布的以工程师、设计师为代表的"创新专家"，有助于制造企业对创意要素的利用，其生产的产品也更具创新性和高品质。已有研究表明，创意阶层的形成并非来源于自然资源、基础设施及税收优惠这些传统的"商业氛围"，更多需要政府营造吸引创意阶层的"人文环境"，软性要素特别是电影院、博物馆、酒吧等文化服务及教育医疗等公共服务是创意阶层区位选择的重要决定因素。软环境在吸引创意阶层方面将起到重要的补偿作用，软环境优异的地区，企业为同等劳动力付出的成本更低。因此，地方政府对软环境的营造和对公共产品的投资也将直接或间接促进制造业生产率及创新水平的提高，故进行以下假设。

假设6：政策环境既可以直接作用于制造业升级，也可以通过生产性服务业集聚对制造业升级施加间接的正向影响。

循着上述逻辑展开，第三部分将从生产性服务业集聚的视野切入，借助PLS-SEM模型进行实证，探讨制造业升级的要素支撑体系。研究结果将帮助我们明确生产性服务业集聚促进制造业升级的作用机制，厘清从需求规模、创新体系、交易成本、制度、要素禀赋等外生变量，到生产性服务业集聚这个中介变量，再到制造业升级的链条联系和效应传导路径（见图6-2）。

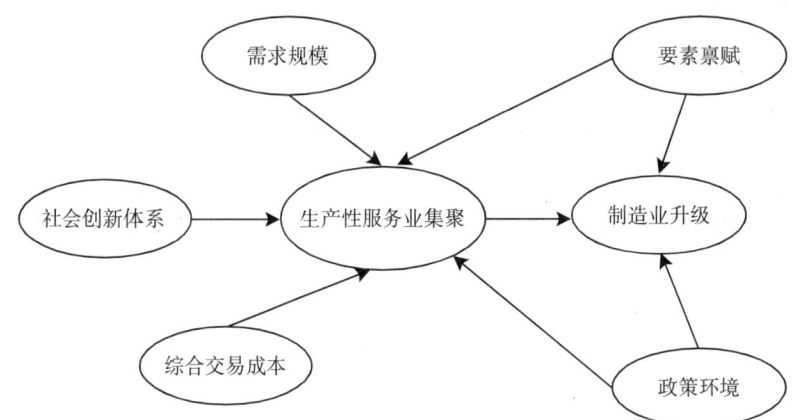

图6-2 生产性服务业集聚与制造业升级的结构方程模型
资料来源:笔者绘制。

三、模型拟合与结果分析

(一)研究样本与变量说明

鉴于结构方程模型需要较大的样本,本章选择2005~2013年中国287个地级以上城市作为研究样本(不包括毕节市和铜仁市),样本数为2583个。所有数据来源于历年《中国城市统计年鉴》和《中国国土资源统计年鉴》,通勤距离的数据来自谷歌地图。

在统计中,如何清楚界定生产性服务业仍存在较大争论,如交通运输服务、金融、批发零售等行业的服务对象既可以是生产企业,也可以是消费者。考虑到生产性服务业的内涵、外延以及数据的可分性和可获得性,这里借鉴顾乃华(2010)的研究,用"交通运输仓储邮政业""信息传输、计算机服务和软件业""金融业""租赁和商务服务业""科学研究、技术服务和地质勘查业"代表生产性服务业,以生产性服务业的就业人数作为基准,以城市生产性服务业的地区集中度和区位商来表示集聚,其中s_i表示生产性服务业就业在城市i所有产业中的比重，x_i 表示城市总就业的比重。为了区分基本生产服务的功能性融合与支持性生产服务的结构性融合对制造业升级的影响，本章将城市的生产性服务业集聚分为基本生产性服务业集聚和支持生产性服务业集聚，其中根据波特的定义，将基本服务界定为"交通运输、仓储和邮政业"，而将支持性服务界定为余下的四种生产性服务行业。

$$LQ_i = \frac{s_i}{x_i} \tag{6-1}$$

有研究指出，行业多样化有助于知识的产生及其在企业间的共享，另一些则认为专业化经济对企业生产率提升更有意义。为了区分生产性服务业的专业化（即马歇尔外部性）及产业结构的多样化（即雅各布外部性）对制造业升级的影响，此处借鉴 Duranton 和 Puga（2001）的方法，用赫芬达尔—赫斯曼指数（Herfindahl-Hirschman Index）来度量服务多样化，其中 N_i 代表城市 i 的服务业种类，$S_{i,n}$ 为城市 i 第 n 个服务行业从业人数与该城市所有服务业从业人数的比值，该指数越大，说明该城市服务业的多样性程度越高。

$$Div_i = 1 - \sum_{n=1}^{N_i} S_{i,n}^2 \tag{6-2}$$

制造业攀升价值链，指的是制造业从低价值活动向相对较高价值活动的转换，在国际贸易研究中，制造业参与价值链分工地位通常用中间品贸易来刻画。由于缺乏城市层面的投入产出表等相关数据，无法准确描述地区制造业在整个价值链体系中的分工地位及技术能力，因此在已有的实证研究中，对制造业攀升价值链的量化研究大多表达为产出能力的升级，即生产效率的提高及获利能力的增加。考虑到制造企业通过服务外包或制造业服务化实现生产性服务的嵌入，根本驱动力是对利润最大化的追求，加之前述假设中对制造业升级的投入及环境因素影响进行了系统性考察，这样的简化是可以接受的。在生产效率的表征方面，首先采用单位劳动力的产值即全员劳动生产率，然后利用 DEA 的 CCR 模型计算出综合技术效率 CRS，用以评价城市制造业的资源配置能力和使用效率，其中产出指标选取规模以上工业总产值，投入指标选择资产总值（固定资产与流动资产之和）及年均从业人数。在制造业盈利能力的描述方面，制造业攀升价值链或由传统向先进制造业的转型升级都可以用价值链上的附加值提升来体现，相比于工业增加值、劳动生产率等非市场化的效率指标，此处借鉴美国管理学家德鲁克的研究，用"贡献价值"即企业生产的产品或提供的服务所得之总额与由外部买进的原材料或服务的采购额之间的差值表征企业的产出价值和创造最终收益的能力。由于该定义与中国统计体系中的"利税"这一指标吻合，故本章采用规模以上工业企业利税额[①]来表征工业企业在价值链上的位置。此外，为反映企业综合利用资产取得盈利的效果，这里以总资产利润率作为另一个衡量制造业附加值的维度，用利润总额占资产总额的比例表示。

模型中各个潜在变量及测量变量的结构及计算方法如表6-1所示。

表6-1 变量说明及编码

指标分类	潜变量	代码	测量变量	代码	计算方法
内生变量	生产性服务业集聚	η_1	生产性服务业地区集中度	y_{11}	生产性服务业从业人数占所有城市的比例
			雅各布外部性	y_{12}	赫芬达尔—赫斯曼指数
			支持性服务集聚	y_{13}	支持性服务业从业人数占所有城市的比例
			生产性服务业占比	y_{14}	生产性服务业从业人数占服务业的比例
			生产性服务业集聚度	y_{15}	生产性服务业区位商
	制造业升级	η_2	劳动生产率	y_{21}	工业总产值/从业人数
			综合技术效率	y_{22}	用DEA方法测度的制造业综合技术效率CRS
			企业在价值链的位置	y_{23}	利税总额
			总资产利润率	y_{24}	利润总额/流动资产与固定资产之和

[①] 工业企业利税额指工业企业产品销售税金、教育费附加、资源税和利润总额之和，这里用主营业务税金及附加 + 利润总额来表示。产品销售税金不仅包括主要经营业务应负担的增值税，还包括产品税、营业税、城市维护建设税等，但由于2009年之前未统计主营业务税金及附加，这里以本年应缴增值税代替。

续表

指标分类	潜变量	代码	测量变量	代码	计算方法
外源变量	需求规模	ξ_1	潜在需求规模	x_{11}	工业总产值
			用户市场规模	x_{12}	人口密度
			企业服务外包需求	x_{13}	规模以上工业企业平均产值的倒数
			本地制造业层次	x_{14}	货运总量
			本地从业人员层次	x_{15}	职工平均工资
	社会创新体系	ξ_2	创新人才	x_{21}	每万人拥有的普通高等学校在校学生数
			第一知识基	x_{22}	科学支出
	综合交易成本	ξ_3	较远地理距离生产性服务供应量	x_{31}	所在省的生产性服务业从业人数
			吸收最高等级城市服务溢出的成本	x_{32}	与四大服务业集聚中心距离的最小值
			吸收区域中心城市服务溢出的成本	x_{33}	与所在省省会城市的距离
			信息成本	x_{34}	人均电信业务收入
	要素禀赋	ξ_4	土地资源	x_{41}	国有新增建设用地面积
			资金投入	x_{42}	金融机构存贷比
			外资丰裕度	x_{43}	实际使用外资额/GDP
	政策环境	ξ_5	政府干预度	x_{51}	GDP/财政支出
			地方政府对发展服务业的支持度	x_{52}	城市 GDP 增速与服务业占比的交互项
			软环境	x_{53}	剧场、影剧院数
			公共服务	x_{54}	医院、卫生院人均床位数

资料来源：笔者整理。

（二）研究方法及数据处理

对于结构方程模型的估计主要有两种方法，分别是基于协方差矩阵估计的结构方程模型（Covariance-Based SEM，CB-SEM）和基于方差估计的偏最小二乘结构方程模型（Partial Least Squares-SEM，PLS-SEM）。CB-SEM 作为长期使用的估计方法，对于研究数据的质量有较高的要求，如样本数据需要符合正态分布和大样本等;同时,CB-SEM 对于整个结构方程模型的识别性也有较为严格的规则,模型界定稍有不慎就可能陷入无法识别的困境,所以不太适用于对宏观数据的分析。相对于 CB-SEM,PLS-SEM 具有更好的弹性,对样本量和数据分布的要求相对较为宽松,且对于包含多个结构(通常超过 5 个)和多个路径关系的模型的估计可靠性较高,很少产生无法识别的问题。从数据上看,其非常适应本章对于宏观经济数据的分析和测量变量中包含交互项的情况;从模型形式上看,也更加适合本章的反映型测量结构及复杂模型设定。已有研究表明,PLS-SEM 对于识别多个关键目标结构及其最重要的影响因素非常有效,可以更加灵活地设定模型结构和变量之间的关系,对于模型中的内生变量具有较高的解释程度,因而适用于对理论的探索性研究。

1. PLS-SEM 估计程序

PLS-SEM 以最大化内生潜变量被外生变量所解释的方差为其估计原理。潜变量可表示为可测变量的加权和,即:

$$\xi_{kn} = \sum_{h=1}^{H_s} (W_{kh} X_{khn}) \tag{6-3}$$

(1)估计 ξ_{kn},即估计每个潜变量的数值,采用迭代法,X_{khn} 为实际观测值,已知,求解 W_{kh}。

(2)测量模型参数估计。由于潜变量数值已被估计,所以采用普通最小二乘法估计式(6-4)的参数。

$$X_{khn} = \rho_{kh} \xi_{kn} + e_{khn} \tag{6-4}$$

(3)结构模型参数估计,即估计结构模型 $\eta = B\eta + \Gamma\xi + \zeta$ 的所有参数。

2. 潜变量估计方法

ξ_{kn} 的表达式如下:

$$\xi_{kn} = \sum_{h=1}^{H_s} (W_{kh} X_{khn}) = f_k \sum (U_{kn} X_{khn}) \tag{6-5}$$

式中,ξ_{kn} 是第 k 个潜变量的第 n 个值,是对 h 求和的结果;W_{kh} 由权重关系决定,包括 X_{kn} 与 ξ_k 的关系,还包括 ξ_k 与相邻潜变量的关系。将 W_{kh} 用式(6-6)

表示，即：

$$W_{kh} = f_k U_{kn} \tag{6-6}$$

记 U_k 是与第 k 个潜变量相关联的其他潜变量的符号和，则：

$$U_k = \sum_c S_{kc} \xi_c \tag{6-7}$$

$$U_{kn} = \sum_c S_{kc} \xi_{cn} \tag{6-8}$$

由式（6-7）可以产生一个 ξ_k 的新估计，是 ξ_k 伴随 ξ_c 的，继而由式（6-5）可以得到 ξ_{kn} 的一个新估计。

由于本章使用的数据为宏观经济指标，单位各不相同，因此首先对数据进行无量纲化处理，同时对变量的缺失值进行均值插补，而后估计潜变量 ξ 的值。根据式（6-5）计算潜变量的值，需要给出初始权重 W_{kh}。通常令 $W_{kh}^{(1)} = 1$。第一次迭代，记迭代次数 a=1。由式（6-5）得：

$$\xi_{kh}^{(1)} = \sum h (W_{kh}^{(1)} X_{khn}) = \sum h (X_{khn})$$

可以计算出 $\xi_{kh}^{(1)}$。再求调整后的权重为：$\hat{W}_{kh}^{(1)} = f_k^{(1)} U_{kh}^{(1)}$，由此得到新的估计：

$$\hat{\xi}_{kh}^{(1)} = \sum h (\hat{W}_{kh}^{(1)} X_{khn})$$

根据 $X_{khn} = W_{kh} \hat{\xi}_{kh}^{(1)} + e_{khn}$，运用 OLS 可以得到 $W_{kh}^{(2)}$。将 $W_{kh}^{(2)}$ 作为第二次迭代的初始值，进行新一轮的迭代。如此反复，迭代到第 a 步。得到新的估计值 $\hat{\xi}_{kn}^{(a)} = \sum h(\hat{W}_{kh}^{(a)} X_{khn})$。

根据 $X_{khn} = W_{kh} \hat{\xi}_{kh}^{(a)} + e_{khn}$，运用 OLS 得到 a+1 步的初始权重 $W_{kh}^{(a+1)}$。如果满足 $|W_{kh}^{(a+1)} - W_{kh}^{(a)}| / W_{kh}^{(a)} \leq 10^{-5}$，则迭代停止，第 a 步迭代得到的潜变量估计值，即最后的估计结果。

（三）模型拟合结果

本研究采用 Smart PLS 2.0 软件进行数据分析，参数估计方法采用 Path Weighting Scheme，此估计方法得到的结果对模型中内生变量的解释程度较高。模型参数的显著性检验采用的是 Bootstrap 方法即自助样本法，其原理在于独立地从原始样本中抽取多个 Bootstrap 样本，利用这些样本对总体进行统计推断。通过软件计算，首先得到了模型参数及显著性检验结果（见图6-3）。

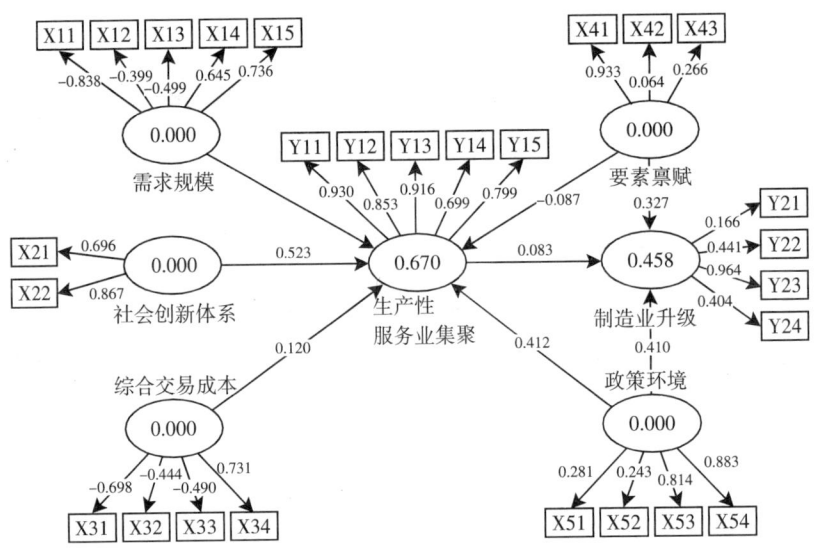

(a) 因子载荷系数与标准化路径系数

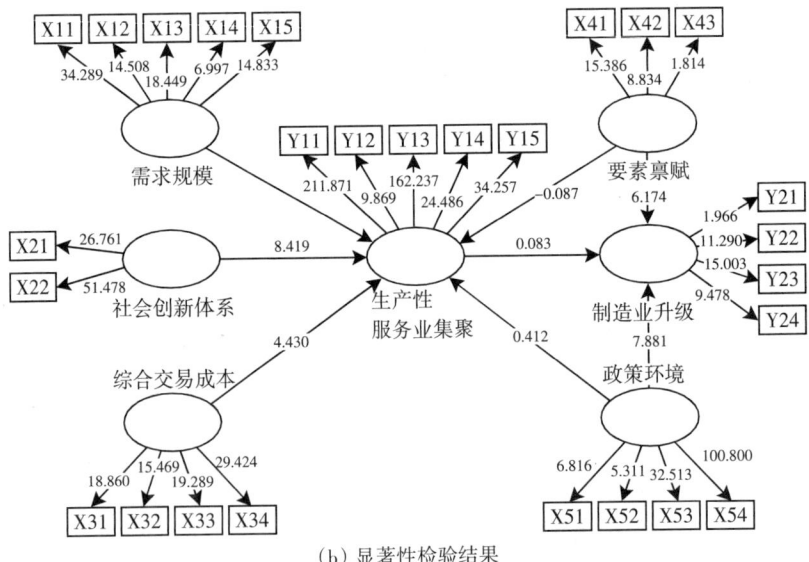

(b) 显著性检验结果

图 6-3 估计结果

资料来源：笔者计算。

从图6-3（b）中可以看出，除了测量变量 x_{43} 因子载荷系数显著性检验 T 值小于 1.96（P>0.05）之外，所有潜变量之间的标准化路径系数都通过了显著性检验。删除不显著的因子载荷系数后，重新做结构方程模型参数估计与显著性检验，结果如图 6-4 所示。

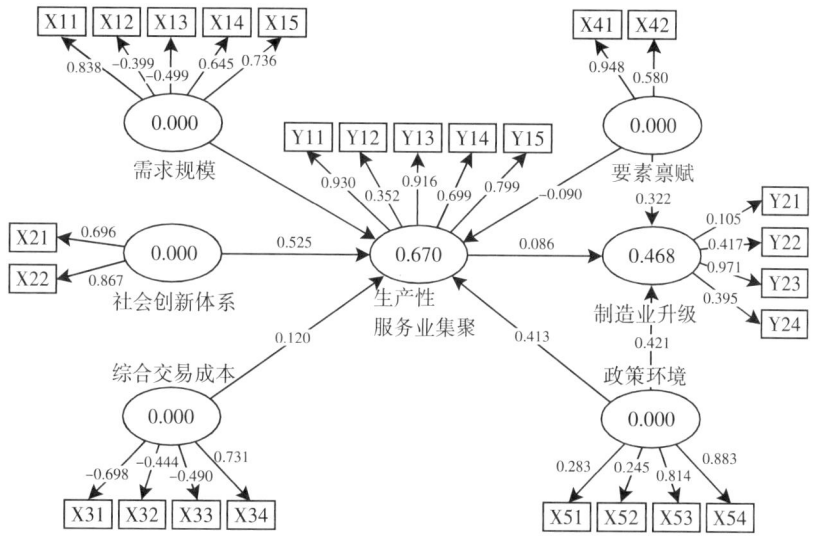

(a) 因子载荷系数与标准化路径系数

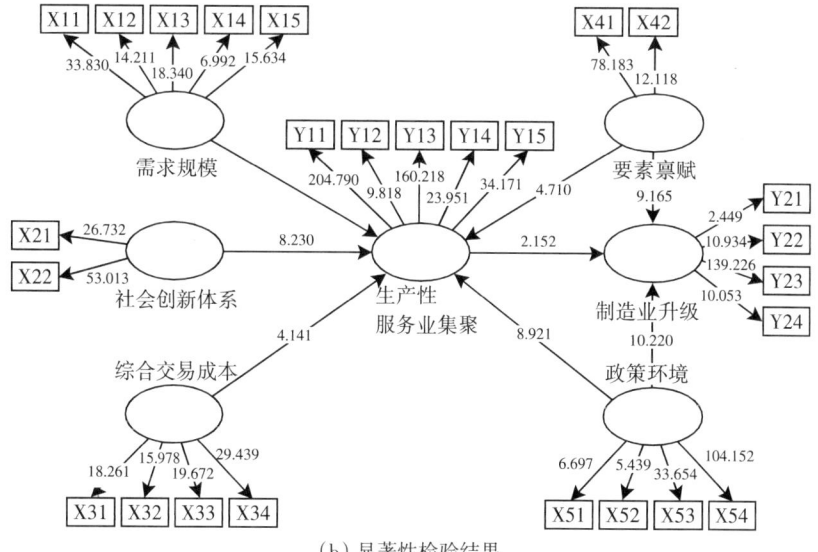

(b) 显著性检验结果

图 6-4　删除部分路径系数后的估计结果

资料来源：笔者计算。

从图 6-4（a）中可以看出，所有测量变量的因子载荷系数都通过了显著性检验，测量模型中潜在变量的组合信度（Composite Reliable，ρ_c）、共同度（Communality）以及平均变异萃取量 AVE（AVE = Communality，ρ_v）如表 6-2 所示。除了综合交易成本的 ρ_c 与 ρ_v 相对较低外，其余潜变量的 ρ_c 与 ρ_v 都较高，说明测量模型较为合理。

表 6-2 潜在变量组合信度、共同度与平均变异萃取量

变量	ρ_v	ρ_c	Communality
制造业升级	0.3207	0.5673	0.3207
生产性服务业集聚	0.5906	0.8696	0.5906
需求规模	0.4136	0.3731	0.4136
社会创新体系	0.6183	0.7619	0.6183
综合交易成本	0.3646	0.0878	0.3646
要素禀赋	0.6175	0.7532	0.6175
政策环境	0.3954	0.6717	0.3954

资料来源：笔者计算。

结构模型中内生潜在变量生产性服务业集聚的 $R^2 = 0.671$，制造业升级的 $R^2 = 0.468$，说明模型对于两个内生潜在变量都具有较好的解释能力及预测能力，同时潜在变量之间的标准化路径系数都通过了显著性检验，如图 6-4（b）所示。经整理后，所有外源潜在变量与内生潜在变量之间的效应分析如表 6-3 所示。

表 6-3 路径分析结构模型各项效应分解说明

自变量			因变量			
			生产性服务业集聚 η_1		制造业升级 η_2	
			标准化效应	t 值	标准化效应	t 值
外源变量	需求规模 ζ_1	直接效应	−0.1338	4.0507***	—	—
		间接效应	—	—	−0.0116	2.2898*
		总效应	−0.1338	4.0507***	−0.0116	2.2898*
	社会创新体系 ζ_2	直接效应	0.5248	8.2764**	—	—
		间接效应	—	—	0.0454	1.9786*
		总效应	0.5248	8.2764**	0.0454	1.9786*

续表

自变量			因变量			
			生产性服务业集聚 η_1		制造业升级 η_2	
			标准化效应	t 值	标准化效应	t 值
外源变量	综合交易成本 ζ_3	直接效应	0.1199	4.2570***	—	—
		间接效应	—	—	0.0104	2.2326*
		总效应	0.1199	4.2570***	0.0104	2.2326*
	要素禀赋 ζ_4	直接效应	−0.0901	4.9200***	0.3217	9.1650***
		间接效应	—	—	−0.0077	9.2230***
		总效应	−0.0901	4.9200***	0.3140	8.9332***
	政策环境 ζ_5	直接效应	0.4131	9.0505***	0.4214	10.2200***
		间接效应	—	—	0.0355	4.3625***
		总效应	0.4131	9.0505***	0.4569	12.4739***
内生变量	生产性服务业集聚 η_1	直接效应	—	—	0.0865	2.0746*
		间接效应	—	—	—	—
		总效应	—	—	0.0865	2.0746*

注：t 值大于 1.96 时，* 表示 $p < 0.05$；大于 2.58 时，** 表示 $p < 0.01$；大于 3.29 时，*** 表示 $p < 0.001$。
资料来源：笔者计算。

（四）实证结果

结合表 6-3，可得各外源变量对生产性服务业集聚及制造业升级影响的标准化效应如下：

（1）生产性服务业集聚对制造业升级存在正向的直接影响作用，标准化效应为 0.0865。

（2）需求规模对生产性服务业集聚具有负向的直接影响作用，标准化效应为 −0.1338；需求规模对制造业升级具有负向的间接影响作用，标准化效应为 −0.0116。造成需求规模对生产性服务业集聚负向影响的因素在于工业总产值 x_{11} 和货运总量 x_{14}，其影响权重分别为 −0.0072 和 −0.0056。也就是说，制造业生产规模越大、层次越低的地区，越不容易形成生产性服务业集聚。此外，过高的工资水平也不利于生产性服务业的集聚发展。

(3) 社会创新体系对生产性服务业集聚具有正向的直接影响作用,标准化效应为0.5248;社会创新体系对制造业升级具有正向的间接影响作用,标准化效应为0.0454。

(4) 综合交易成本对生产性服务业集聚具有正向的直接影响作用,标准化效应为0.1199;综合交易成本对制造业升级具有正向的间接影响作用,标准化效应为0.0104。

(5) 要素禀赋对生产性服务业集聚具有负向的直接影响作用,标准化效应为-0.0901;要素禀赋对制造业升级既具有正向的直接影响作用,标准化效应为0.3217,也具有负向的间接影响作用,标准化效应为-0.0077,总效应为0.3140。其中,资金和新增用地这两个三级指标在对制造业升级产生正向影响的同时,均对生产性服务业集聚产生负向影响,显示近年来对资本相对密集工业部门的投资增长,客观上形成了对生产性服务业投资和土地资源的挤占。

(6) 政策环境对生产性服务业集聚具有正向的直接影响作用,标准化效应为0.4131;政策环境对制造业升级既具有正向的直接影响作用,标准化效应为0.4214,也具有正向的间接影响作用,标准化效应为0.0355,总效应为0.4569。

(五) 指标权重计算

为计算各三级指标对制造业升级的影响权重,本章首先对潜在变量各自包含的指标进行权重归一化处理,也就是每一个指标的权重等于它的路径系数除以所有指标的路径系数(负值时取绝对值)之和,公式如下:

$W_i = K_i / \sum K_i (i = 1, 2, 3, \cdots, i)$

W_i 是第 i 个三级指标对其潜在变量的权重,K_i 是第 i 个三级指标对其潜在变量的标准化路径系数。

由此,观测指标 x_{21} 对社会创新体系的影响权重为:

$$W_{x_{21}} = \frac{K_1}{\sum K_i} (i = 1, 2) = 0.696 / (0.696 + 0.867) = 0.4453$$

由于社会创新体系与需求规模、综合交易成本、政策环境、要素禀赋、y_{11}、

y_{12}、y_{13}、y_{14}、y_{15} 共同影响生产性服务业集聚,因而社会创新体系对生产性服务业集聚的影响权重为:

$W_{\text{社会创新体系}} = 0.525/(0.525 + 0.134 + 0.120 + 0.09 + 0.413 + 0.93 + 0.352 + 0.916 + 0.699 + 0.799) = 0.1055$

同理,生产性服务业集聚对制造业升级的影响权重为:

$W_{\text{生产性服务业集聚}} = 0.086/(0.086 + 0.421 + 0.322 + 0.395 + 0.971 + 0.417 + 0.105) = 0.0317$

x_{21} 对制造业升级最终的影响权重为:

$Wx_{21} = Wx_{21} \times W_{\text{社会创新体系}} \times W_{\text{生产性服务业集聚}} = 0.4453 \times 0.1055 \times 0.0317 = 0.0015$

因此,可得各三级指标对制造业升级的影响权重,如表6-4所示。

表6-4 各变量及指标对制造业升级的影响权重

一级指标		二级指标		三级指标		最终权重
指标名称	本级权重	指标名称	本级权重	指标名称	本级权重	
y_{21}	0.0386	—	—	—	—	0.0386
y_{22}	0.1535	—	—	—	—	0.1535
y_{23}	0.3574	—	—	—	—	0.3574
y_{24}	0.1454	—	—	—	—	0.1454
生产性服务业集聚	0.0317	y_{11}	0.1868	—	—	0.0059
		y_{12}	0.0707	—	—	0.0022
		y_{13}	0.1840	—	—	0.0058
		y_{14}	0.1404	—	—	0.0045
		y_{15}	0.1605	—	—	0.0051
		需求规模	-0.0269	x_{11}	0.2688	-0.0002
				x_{12}	-0.1280	0.0001
				x_{13}	-0.1601	0.0001
				x_{14}	0.2069	-0.0002
				x_{15}	0.2361	-0.0002
		社会创新体系	0.1055	x_{21}	0.4453	0.0015
				x_{22}	0.5547	0.0019

续表

一级指标		二级指标		三级指标		最终权重
指标名称	本级权重	指标名称	本级权重	指标名称	本级权重	
生产性服务业集聚	0.0317	综合交易成本	0.0241	x_{31}	0.2954	0.0002
				x_{32}	−0.1879	−0.0001
				x_{33}	−0.2074	−0.0002
				x_{34}	0.3094	0.0002
要素禀赋	0.1185	x_{41}	0.6204	—	—	0.0735
		x_{42}	0.3796	—	—	0.0450
政策环境	0.1550	x_{51}	0.1272	—	—	0.0197
		x_{52}	0.1101	—	—	0.0171
		x_{53}	0.3658	—	—	0.0567
		x_{54}	0.3969	—	—	0.0615

资料来源：笔者计算。

由实证结果可以得出以下有意义的结论：

（1）生产性服务业集聚特别是支持性服务业集聚，对制造业生产效率的提高以及获利能力的增加具有显著的正向影响，这与交通运输等传统型服务业对制造业竞争力提升作用更强的观点相反。[①] 较之多样化经济即雅各布外部性，生产性服务业的专业化经济所形成的成本节约和知识外溢效应对制造业升级的作用更大。

（2）人口密度对生产性服务业集聚与制造业升级之间的协同具有重要的正向影响，这意味着越接近大规模的最终用户，生产性服务业集聚与制造业升级在耦合过程中得到的反馈就越多，用户对产品的多样化需求引致的制造业革新就越快，制造企业服务化的程度也越高。此外，虽然生产性服务业倾向于在高等级城市集聚，但过高的工资水平及其所指代的拥挤效应会对制造业升级进程造成阻碍。因此，在制造业附近建设生产性服务业平台，比布局在高等级城市对制造业升级更加有利。

---

① 陈伟达、张宇：《生产者服务业对制造业竞争力提升的影响研究——基于我国投入产出表的实证分析》，《东南大学学报》2009年第3期。

第六章 以生产性服务业集聚引导制造业升级

（3）制造业规模（以工业总产值表示）特别是低端制造业的规模（用货运总量表示）对制造业升级具有显著的间接负向影响。研究结果表明，区域制造业规模越大，越容易产生"大象经济"效应。从产业特性上看，以代工和加工贸易为主要特征的制造业体量虽大，但客观上造成了制造业对支持性服务的有效需求不足，从而割裂了生产性服务业集聚与制造业升级之间的联系；从微观层面看，制造企业规模越大，越容易产生自我服务的倾向，生产性服务外部化和专业化水平越低。

（4）第一知识基对制造业升级具有间接的正向影响，其中政府对科技的投入是社会创新体系通过生产性服务业集聚作用于制造业升级的重要决定因素。生产性服务业集聚通过集成创新和消化吸收再创新，实现知识整合和扩散，并将有效促进外部创新网络与制造业内部知识的融合，推动高校和研究机构的知识创新更好地服务于制造企业实践。

（5）省域范围内生产性服务业的集聚程度，将直接影响其通过面对面接触向制造业升级进行知识溢出的强度；信息基础设施建设和信息化程度，也会通过作用于可编码服务的递送成本，进而对两者的耦合互动产生较大影响。在生产性服务业集聚向制造业进行知识外溢的过程中，地理距离反映了面对面服务的递送成本，在城市空间体系中的位置将决定该地区获得生产性服务的可及性及多样性，从而对偏远地区产生"距离惩罚"。其中，与区域中心城市的接近程度会显著影响腹地生产性服务业集聚作用于制造业升级的过程；而北上广深这样的全国性服务业中心城市，其溢出强度也将对地方制造业发展产生显著影响，与这四个城市的距离越远，越将阻碍地区生产性服务业集聚与制造业耦合的进程。

（6）发展空间及资金投入对制造业升级也具有显著的正向影响。研究结果表明，虽然创新和信息技术因素对产业升级的作用日益增强，土地和资本要素在目前的发展阶段依然是显著的影响因素。土地红利不仅激发了地方政府发展经济的热情，还成为制造业升级的重要驱动力。在工业化中后期阶段，土地要素作为产业升级助推器和协调器的作用将逐步回归，通过实施特定区域土地开发，同时设置一定的产业门槛倒逼制造业升级，依然具有较强的现实意义。

（7）政府支配经济资源的程度将对生产性服务业集聚及其对制造业升级作用的发挥产生显著的负向影响。研究结果显示，地方政府介入经济活动的程度越深，如产业政策制定不当、过度的地方保护、限制市场竞争等，越会延缓甚至抑制制造业升级进程。政府主导的资源配置体系、创新氛围和人文环境的缺乏、低质量的公共服务，构成生产性服务业集聚与制造业耦合的主要阻碍。

四、结论与启示

生产性服务业集聚与制造业升级的协同是一个动态系统，而已有基于城市面板数据的研究存在着诸多不足，既影响了对协同路径的全面认识，也制约了推动制造业升级的需求及供给环境的形成。本章运用 PLS-SEM 模型，对外生变量通过生产性服务业集聚影响制造业升级的路径进行了分析，并基于 2005~2013 年中国 287 个地级以上城市样本进行了实证检验。研究结果支持了 Markusen（1989）、Karaomerlioglu 和 Carlsson（1999）等文献中的供给主导论观点，证实了生产性服务业集聚特别是支持性服务业的有效集聚与制造业升级高度关联、融合促进的动态内在联系；要素禀赋与政策环境对制造业升级也会产生正向的直接影响；社会创新体系、综合交易成本、需求规模将通过成本剩余和收益剩余两个途径对生产性服务业集聚与制造业升级之间的耦合产生重要影响，其中前两项通过生产性服务业集聚对制造业升级施加间接的正向影响，后者则具有间接的负向影响。

为揭示多个因素影响生产性服务业集聚与制造业升级耦合的复杂层级关系，本章构建了外生变量借助生产性服务业集聚作用于制造业升级的结构模型，而传统上使用的 CB-SEM 模型对模型结构、数据形态和样本容量均具有较为严苛的要求，可能不适用于宏观经济数据分析。因此，本章创新性地将在市场研究领域广为使用的 PLS-SEM 模型运用于两者关系的理论验证，显示出了较好的预测能力和分析效果。然而，由于相关观测指标不能通过内部一致性信度检验，加之缺乏所有地级以上城市的商服用地和居住用地价格数据，本章没能将外资丰裕度、发展载体成本等可能影响生产性服务业集聚与制造业升级耦合的潜在变量纳入考虑。此外,限于Smart PLS软件对模型设定的限制,生产性服务业集聚与制造业升级之间的互动关系也需随着软件和模型的不断完善在未来的研究中继续验证。

基于前文结论,可得出如下政策启示:

第一,从加快构建面向制造业的生产性服务平台着手,推动制造业的转型升级。研究表明,生产性服务业集聚作为地方创新体系形成中最为关键的一环,是制造业升级所必需的基础设施。应从促进生产性服务业集聚与制造业的协同定位和产业互动着手,一方面,采取政府共建、股权投资、贷款贴息及PPP等模式,大力支持先进制造业基地配套建设功能性生产性服务中心;另一方面,努力打造与先进制造业发展相适应的支持性生产服务体系,服务业发展引导资金应优先支持在重点行业和领域加快建成一批高水平、广覆盖的支持性服务业发展载体,集聚高端服务要素,形成生产性服务业发展高地。

第二,促进制造企业剥离生产性服务业,推动制造企业从"内生型"自我服务向依赖外部服务机构的"外向型"发展模式转变。对于面临转型升级压力的中国制造业而言,所有活动由制造企业内部提供既不现实也无效率,剥离出一部分生产性服务转向外部更为专业的供应商,是制造企业攀升全球价值链的必然选择。应把握全球制造业与服务业融合互动的趋势,以市场需求为导向推动制造企业在岸服务外包,通过业务流程再造,面向行业提供社会化、专业化服务,实现支持性服务业的外部化和集聚发展。应注重剥离政策的衔接配套和整体联动,以"营改增"为契机,进一步清理现行法律、法规中不适应生产性服务剥离的政策,如物流企业剥离中产生的车辆过户费用、制造企业剥离工作涉及的相关税费等。对分离设立的生产性服务企业给予资金补贴及所得税减免优惠,支持剥离后的研发设计、检验检测认证、节能环保、新一代信息技术等科技型、创新型生产性服务企业申请认定为高新技术企业和技术先进型服务企业,切实消除投融资及要素价格对生产性服务业的歧视。

第三,研究表明,在城市群空间体系中,以省会城市为主的区域中心城市对腹地制造业升级具有重要作用,因而边缘城市的制造业升级显著落后于接近区域中心城市的地区。据此,未来在城市群建设的大背景下,依托区域中心城市发展生产性服务业,加快形成以"生产性服务业—制造业"为内涵的新核心—边缘结构,理应成为以生产性服务业集聚促进制造业升级的区域政策着眼点。应发挥中心城市服务业的辐射带动作用,运用市场力量将区域制造业纳入中心城市服务业发展的空间体系中,带动周边地区制造业升级。以都市区空间协调管制和战略性服务设施布局为抓手,积极推进以城市圈、城市带为依托的区域产业发展格局,在空间上形成生产性服务业集聚与制造业相互协调的布局,打造有竞争力的区域产业链分工和广域产业集聚。除了在国家中心城市集聚高端生产性服务要素外,还应着力建设开放的跨地理边界的服务网络,通过改善交通条件、加强区域产业协调、提高通信网络基础设施的普及率和水平等方式,不断降低这些城市支持性服务的溢出成本。

第四,促进生产性服务业集聚与制造企业的紧密联系,以及与第一知识基的有效对接。综合运用财政、金融、税收等政策工具,在加大对第一知识基投入力度的同时,着力加强制造企业与区域创新体系的横向联系。通过制定重点领域战略规划,引导高校、研究机构和生产性服务业机构加强区域性知识的开发与积累,并通过生产性服务业集聚导入制造企业,促进本地制造业攀升价值链。整合区域科技创新资源,形成创新要素集聚、转化路径清晰的科技创新体制机制;以建设具有技术合作、成果交易、金融支持、科技企业孵化等功能的公共服务平台为着力点,降低制造企业的知识搜寻时间和搜寻成本,促进第二知识基与制造企业的紧密联系和知识对接。

第五,减少行政管制,降低准入门槛,避免政府过度干预生产性服务业集聚作用于制造业升级的传导机制和经济环境。加快政府职能转变,使市场在服务资源配置上发挥决定性作用,推进服务业准入管理体制改革,树立"重监管、轻审批"的管理理念,构建透明、高效、公平的市场机制。从营造有利于生产性服务业发展的软环境入手,以吸引和留住创新人才为重点,打造宽容、多元、开放的人文环境和优质的公共服务,努力形成鼓励创新的氛围。

参考文献

[1] Coe N., and A. Townsend, "Debunking the Myth of Localized Agglomerations: The Development of a Regionalized Service Economy in South-East England", *Transactions of the Institute of British Geographers*, Vol.23, No.2, 1998.

[2] Simon C. J., and C. Nardinelli, "Human Capital and the Rise of American Cities, 1900-1990", *Regional Science and Urban Economics*, Vol.32, No.1, 2002.

[3] Maine, E. M., D. M. Shapiro, and A. R. Vining, "The Role of Clustering in the Growth of New Technology-Based Firms", *Small Business Economics*, Vol.34, No.2, 2010.

[4] Desmet K., and M. Fafchamps, "Changes in the Spatial Concentration of Employment across US Counties: A Sectoral Analysis 1972-2000", *Journal of Economic Geography*, Vol.5, No.3, 2005.

[5] Qi Y., and Y. Liu, "Industrial Spatial Structure and Evolution of Producer Services and Manufacturing", *Metallurgical and Mining Industry*, No.3, 2015.

[6] Anderson, J. E., and E. Van Wincoop, "Trade Costs", *Journal of Economic Literature*, Vol.42, No.3, 2004.

[7] Andersson, M., "Co-location of Manufacturing and Producer Services-A Simultaneous Equation Approach", *Electronic Working Paper Series CESIS*, 2004.

[8] 宣烨:《生产性服务业空间集聚与制造业效率提升——基于空间外溢效应的实证研究》,《财贸经济》2012 年第 4 期。

[9] 盛丰:《生产性服务业集聚与制造业升级:机制与经验——来自 230 个城市数据的空间计量分析》,《产业经济研究》2014 年第 2 期。

[10] Humphrey, J., and H. Schmitz, "How Does Insertion in Global Value Chains Affect Upgrading in Industrial Clusters", *Regional Studies*, Vol.36, No.9, 2002.

[11] Bosworth, B. P., and J. E., Triplett, "The Early 21st Century U.S. Productivity Expansion is Still in Service", *International Productivity Monitor*, No.14, 2007.

[12] Kolko, J., "Agglomeration and Co-agglomeration of Service Industries", *MPRA Paper*, No. 3362, April 2007.

[13] Venables, A. J., "Equilibrium Locations of Vertically Linked Industries", *International Economic Review*, Vol.37, No.2, 1996.

[14] Mukim, M., "Coagglomeration of Formal and Informal Industry: Evidence from India", *Journal of Economic Geography*, Vol.15, No.2, 2015.

[15] USITC, "The Economic Effects of Significant U.S. Import Restraints, Eighth Update", *USITC Report*, No. 332-325, Dec. 30, 2013.

[16] Rosenthal, S., and W. Strange, "The Determinants of Agglomeration", *Journal of Urban Economics*, Vol.50, No.2, 2001.

[17] Gabe, T. M., and J. R. Abel, "Shared Knowledge and the Coagglomeration of Occupations", *Federal Reserve Bank of New York Staff Report*, No.612, April 2013.

[18] Boschma, R. A., "Proximity and Innovation: A Critical Assessment", *Regional Studies*, Vol.39, No.1, 2005.

[19] Arkell, J., "The Essential Role of Insurance Services", *A Primer from the Geneva Association's Program on Regulation and Supervision*, December, 2011.

[20] Zhao, W., and W. Zhang, "Producers' Service Improvements and Manufacturing Agglomeration When Taking Trade Costs as a Mediator Variable: Mechanism and Evidence from China", *RIETI Discussion Paper Series*, 12-E-073, 2012.

[21] 樊文静：《中国生产性服务业发展悖论及其形成机理》，浙江大学博士学位论文，2013年。

[22] Siegel, D. S., M. Wright, and A. Lockett, "The Rise of Entrepreneurial Activity at Universities: Organizational and Societal Implications", *Industrial and Corporate Change*, Vol.16, No.4, 2007.

[23] Duranton, G., and D. Puga, "Nursery Cities: Urban Diversity, Process Innovation, and the Life Cycle Products", *American Economic Association*, Vol.91, No.5, 2001.

[24] Muller, E., and D. Doloreux, "What We Should Know about Knowledge-intensive Business Services", *Technology in Society*, Vol.31, No.1, 2009.

[25] Aslesen, H. W., and A. Isaksen, "Knowledge Intensive Business Services and Urban Industrial Development", *The Service Industries Journal*, Vol.27, No.3, 2007.

[26] Muller, E. *Innovation Interactions between Knowledge-Intensive Business Services and Small and Medium-sized Enterprises: Analysis in Terms of Evolution, Knowledge and Territories*, Heidelberg: Physica-Verlag, 2001.

[27] Strambach, S., "Innovation Processes and the Role of Knowledge-intensive Business Services (KIBS)", in Koschatzky, K., *Innovation Networks: Concepts and Challenges in the European Perpective*, Heidelberg: Physica-Verlag, 2001.

[28] Glaeser, E. L., "Learning in Cities", *Journal of Urban Economics*, Vol.46, No.2, 1999.

[29] Camagni, R., "Local 'Milieu', Uncertainty and Innovation Networks: Towards a New Dynamic Theory of Economic Space", in Camagni, R., *Innovation Networks: Spatial Perspectives*, London: Belhaven Press, 1991.

[30] Ellison, G., and E. L. Glaeser, "Geographic Concentration in U.S. Manufacturing Industries: A Dartboard Approach", *Journal of Political Economy*, Vol.105, No.5, 1997.

[31] Charlot, S., and G. Duranton, "Communication Externalities in Cities", *Journal of Urban Economics*, Vol.56, No.3, 2004.

[32] Nordas, H. K., "Business Services: A Source of Comparative Advantage", *Paper Presented at the 13th Annual Conference on Global Economic Analysis*, Penang, Malaysia, 2010.

[33] O'Connor, K., and T. A. Hutton, "Producer Services in the Asia Pacific Region: An Overview of Research Issue", *Asia Pacific Viewpoint*, Vol.39, No.2, 1998.

[34] Kolko, J., "The Death of Distance? The Death of Cities? Evidence from the Geography of Commercial Internet Usage", in Vogelsang, I., and B. Compaine, *The Internet Upheaval*, Cambridge: MIT Press, 2000.

[35] Lee K. D., and S. J. Hwang, "Regional Characteristics, Industry Agglomeration and Location Choice: Evidence from Japanese Manufacturing Investments in Korea", *Journal of the East Asian Economic Association*, Vol.30, No.2, 2016.

[36] 汪德华、张再金、白重恩:《政府规模、法治水平与服务业发展》,《经济研究》2007年第6期。

[37] Bakhshi, H., E. McVittie, and J. Simmie, "Creating Innovation: Do the Creative Industries Support Innovation in the Wider Economy", NESTA, 2008.

[38] Hansen, H. K., and T. Niedomysl, "Migrations of the Creative Class: Evidence from Sweden", *Journal of Economic Geography*, Vol.9, No.2, 2009.

[39] 顾乃华:《生产性服务业对工业获利能力的影响和渠道——基于城市面板数据和SFA模型的实证研究》,《中国工业经济》2010年第5期。

[40] [美] 迈克尔·波特:《国家竞争优势》,华夏出版社 2002 年版。

[41] Feldman, M. P., and D. B. Audretsch, "Innovation in Cities: Science-based Diversity, Specialization and Localized Competition", *European Economic Review*, Vol.43, No.2, 1999.

[42] Cingano, F., and F. Schivardi, "Identifying the Sources of Local Productivity Growth", *Journal of the European Economic Association*, Vol.2, No.4, 2004.

[43] Wang, Z., S. J. Wei, and K. F. Zhu, "Quantifying International Production Sharing at the Bilateral and Sector Levels", *National Bureau of Economic Research Working Papers*, No.19677, 2013.

[44] Hair, J. F., M. Sarstedt, L. Hopkins, and V. Kuppelwieser, "Partial Least Squares Structural Equation Modelling: An Emerging Tool in Business Research", *European Business Review*, Vol.26, No.2, 2014.

[45] 周霞:《城市群工业低价与产业结构高级化的互动机理研究——以京津冀城市群为例》,博士学位论文,首都经济贸易大学,2013 年。

[46] Markusen, J., "Trade in Producer Services and in Other Specialized Intermediate Inputs", *American Economic Review*, Vol.79, No.1, 1989.

[47] Karaomerlioglu, D. C., and B. Carlsson, "Manufacturing in Decline? A Matter of Definition", *Economics of Innovation and New Technology*, Vol.8, No.3, 1999.

第七章 新时代服务业创新发展战略

摘　要：本章从学术思想史的角度归纳总结了服务、增长与创新三者之间的内在联系，明晰了服务创新的概念、种类和特征，论证了创新是服务经济中的一个关键要素，服务创新是服务部门增长的引擎和催化剂，技术进步是服务创新的主要动力。现代服务业发展实践表明，服务创新与技术进步具有紧密的关联性，许多经济活动中服务创新与技术进步是并行发展的，技术进步是现代服务业发展和服务创新的引擎。我们以分享经济为例，提出创新治理方式、营造服务业创新发展制度环境等诸多建议，核心思路就是不能以传统思维和旧手段来治理新经济、新服务。

一、问题的提出

创新是服务经济中的一个关键要素。国内外学者对服务经济中有关鲍莫尔成本病的争论在很大程度上是认为服务产业创新系统存在缺陷。事实上，服务创新是服务部门增长的引擎和催化剂。服务业与其他产业一样，其技术进步与创新常常落后于经济发展。但是，学界部分学者坚持认为服务产业相对于其他产业而言，创新活动较少、创新程度较低和创新绩效较差，因此服务业具有相对较低的生产率水平。这种观点在服务产业发展的早期或许成立，但随着技术进步，这一观点将不再成立，特别是以云计算、大数据和移动互联网为代表的信息技术与传统服务产业高度融合，催生了服务新业态与新商业模式，引致了服务产业革命，使服务产业内部表现出高度的异质性。服务经济领域创新主要表现为技术创新、组织创新、过程创新和商业模式创新。尽管不同层次的服务部门和服务企业的创新模式与倾向存在很大差异,但总体而言,服务企业的研发指标和研发努力与制造企业旗鼓相当,并且把所有服务创新归结为供应商驱动也并不合适,许多服务创新具有高度自主性(Gadrey 和 Gallouj,2002)。

虽然服务经济领域的学者强调了服务的专业化和异质性特征,但服务创新随着信息技术的进步及与传统产业的深度融合,不断表现出许多新特征。学者们对创新的理解和研究往往局限于制造业领域,相对忽视了服务经济领域创新的许多新现象、新业态和新过程。当然,这也并不必然意味着制造领域和服务领域的创新存在天然不可逾越的鸿沟。主要有两方面的原因:一是制造商的许多服务活动本身就是创新,如研究开发、产品设计和商业模式创新;二是知识密集型商务服务有利于制造创新,并发挥了十分重要的作用(Gadrey 和 Gallouj,2002)。服务经济的兴起正在迅速改变创新过程,创新发展研究需要系统解决服务功能创新。

二、增长、创新与服务的学术思想演化

早期的经济增长文献基本没有论及服务、增长与创新三者之间的内在联系。亚当·斯密分析资本在早期市场经济中的作用时,将经济活动人口分为生产性和非生产性两类,认为私人仆佣业作为当时最主要的服务行业,其就业属于非生产性就业,对其进行的非生产性支出是资本积累的负担,不利于国家财富的增加。马克思强调实物商品的生产,研究视角是当时的产业资本主义生产关系,并没有把个人或集体的服务劳动放在重要位置,在继承了古典经济学中关于服务是非生产性劳动的主流观点的基础上,认为服务不能够创造价值和剩余价值,反而要参与剩余价值的分配,所以不可能成为经济增长和创新的主导因素(德劳内和盖雷,2011)。

随着对劳动价值论的深入批判,经济理论中出现了两个明显的趋势:一是越

来越多地将资本社会关系描述为服务关系;二是越来越关注一些特定服务业,特别是政府提供的公共服务,代表性的学者有巴斯夏、科尔松、马歇尔和瓦尔拉斯(德劳内和盖雷,2011)。把服务业作为一个独立的经济部门来研究其对经济增长的效应始于20世纪30~40年代,代表性学者有费希尔、克拉克和弗拉斯蒂。费希尔(1935)将经济活动分为第一产业、第二产业和第三产业三个独立部门,认为第三产业部门的重要性在于它包含了很多潜在的"增长点",这些增长点需要政府经济政策创造条件,吸引资本进入,也要求增加更多的公共责任,减少企业在这些新兴非传统部门的风险(德劳内和盖雷,2011)。克拉克(1940,1957)实证检验了服务业生产率增长,认为工业和服务业生产率之间并不存在系统性差距,服务业对经济增长的主要贡献在于吸纳从第一产业和第二产业转移出来的劳动力,就业向服务业转移的主要原因在于消费需求结构和需求总量的变化(德劳内和盖雷,2011)。与费希尔和克拉克相比,弗拉斯蒂(1949)采用一些更为现代的观点来解释服务业日益增长的需求,认为技术进步使服务业增长成为可能,经济整体发展与其支撑的服务活动数量之间能够达到某一均衡点,由技术进步的速度决定,服务业最终成为经济主体可能是大势所趋,但只有经过长期调整后才可能成为现实,且这一调整有其自身的动态均衡条件(德劳内和盖雷,2011)。美国社会学家丹尼尔(1974)对后工业社会的经济社会特征做了预测性的理论解释,认为后工业社会是第三产业或者服务业占主导地位的社会,生产的主要特征是基于人机协作,根本在于理论化、抽象和编码的知识,科学知识是创新的基础、是最根本的战略资源,技术和专业服务阶层的地位显著提高。可以说,丹尼尔比较早地把服务业、增长和创新这三者的内在关系紧密联系在一起。

与此同时,经济学界对日益增长的服务业也展开了长久的争论。这场争论起源于鲍莫尔(1967)的成本病理论。在鲍莫尔及其追随者看来,服务业之所以能够几乎吸纳全部新增就业在于其相对低的生产率增长,并且由于服务业具有相对较低的价格需求弹性,技术进步部门的高工资会溢出到服务部门,导致服务提供成本增加。很多经济学者通过实证检验对鲍莫尔的成本病理论提出了质疑,并从生产结构变化解释服务业增长,认为商品和服务在很大程度上是互补的,更多地使用多品种、更复杂的商品意味着需要更大范围地使用多样性的生产者服务,生产者服务无论是在企业内还是在外部都有强劲的增长,服务业有多种方式实现工业化和标准化,并符合经济理性和规模经济。

关于如何评估服务业增长所带来的整体影响,很多学者用服务业产业化的概念来强调服务业对未来经济增长的引擎作用,因为新信息技术的兴起降低了服务业的提供成本,增加了服务业的生产性功能。在经济学术思想史中,经济学家较早地把经济增长与创新联系起来。作为创造性破坏过程的重要增长要素,约瑟夫·熊彼特(1942)已经把创新作为一个解释长期经济增长的重要因素,认为企业家的本质特征就是创新,包括新材料和技术运用、新产品开发、新市场开拓和新生产组织发现在内的创新是资本主义经济长期增长必不可少的动力。继熊彼特之后的经济学家,以索洛模型为基础,不断拓展新古典经济增长理论。主要代表性人物有罗默和卢卡斯(1986,1990,1988),他们把技术进步和与知识学习相关的元素作为一个内生变量,整合到经济增长的模型分析之中,开创了内生增长模型。知识技术等无形资产以及相关的服务开始成为这些元素的重要组成部分。熊彼特提出产品创新、过程创新和组织创新以后,迈尔斯(Miles,2000)和豪威尔(Howells,2001)把服务业作为一个特定类型,对产品创新、过程创新、组织创新以及服务提供商与顾客之间的互动创新进行了区分。范艾克等(Van Ark等,2003)区分了服务新概念、服务供给者和消费者互动、服务新提供系统三种类型的非技术创新。以后的学者也对供应商、顾客和公司本身进行的创新,以及服务消费和范式变迁进行了区别。菲茨西蒙斯等(Fitzsimmons等,2004)认为服务消费中存在消费者和供给者的双重性,在服务创新过程中消费者也是重要投入的供应商。黑普和格鲁普(Hipp和Grupp,2005)基于创新过程的内在特征把创新分为知识密集型、网络密集型、规模密集型和外部创新密集型四种。

近些年,不同于新古典经济学的理论解释,演化经济学把经济和非经济的因素(包括文化、制度、社会习俗和科学技术等)作为影响经济增长的另一种创新要素整合到自己的演化增长模型之中。演化经济学中包含了许多有关服务创新的理论。服务,特别是知识密集型服务,作为与整个经济体相联系的另一种形态,已经被整合到创新系统中。尽管研究视角和研究方法有所差异,但所有学者都认为创新对经济增长极其重要,服务创新是生产效率与组织效率向经济增长转变的重要途径(Rubalcaba,2007)。

三、服务创新的概念、种类和特征

目前,学术界对服务创新还没有形成权威统一的定义,较简单的定义是所有相关的改变进程都可以看作创新。范艾克等用举例的方式建立了一个相对较长的定义,认为服务创新包括以下几种主要的类型:提出新服务理念、建立顾客互动渠道、创新服务供给系统、转型企业服务功能、改变市场服务供给、提升服务组织能力等(Van Ark 等,2003)。

正式定义服务创新,首先必须区分服务业中的创新与服务创新两种不同的内涵。服务业中的创新是关注服务部门本身或服务活动的创新性改变;服务创新是指使用创新性服务的组织或者公司的创新性改变。值得说明的是,目前学术界所关注的服务创新一般还是讲创新的服务内容和创新的服务活动,而较少关注使用创新性服务的组织或公司的创新。本章也使用第一种定义。从已有的文献来看,许多学者认为相对于制造创新,服务创新存在以下几个方面的特征:

首先,在服务消费进程中,服务供给者和服务消费者具有很强的互动关联性。这种互动关联性在一定程度上扩散了产品创新和过程创新的显著差别。与顾客之间的互动关系构成了服务创新的基本和典型特征。协同生产的本质特征保留在许多服务创新的过程中。部分商务服务通过外部化或外包渠道进行创新。相反,葛夏妮(Gershuny,1978)认为,部分消费性服务通过自我服务进行创新。服务协同生产中消费者与生产者的互动意味着服务创新有其自身特征、管理方式和需求。例如,与制造部门相比,作为竞争性要素的人和组织因素更为重要。与传统的产品创新和过程创新不同,服务创新需要更多地考虑组织功能和组织效率。这主要是由于与服务产品创新和服务过程相联系的很多内容都是无形的和信息化的，它们不能通过购买机械或者技术进行传播，只能通过知识和技能的方式传播。

其次，服务创新通过一个"封装"的过程，与产品创新具有内在的关联性，在该进程中，非技术要素和信息媒介非常重要。因此，服务创新可以从许多不同维度去解释，如服务理念创新、建立与顾客新的互动途径、开放服务提供的新渠道和新服务技术选择等。如果从这些不同维度去考虑，则服务比平常所理解的更具创新性（Howells，2004）。

最后，与制造创新一样，服务创新具有一系列具体的特征，可以分成服务业独有的特征和与制造业共有的特征（见表7-1）。这些特征表明服务创新需要特有的激励政策。

表7-1 服务创新中的显著特征和独有特征

创新模式	过程、产品和技术创新	组织、营销与顾客互动创新	创新性高级服务使用
发生方式和地点	专业化单位	供给者和顾客互动	供给者和顾客协同生产
投入特征	高技能劳动力	更多地使用人力资本	密集型知识和技术
研究开发	创新的重要来源	外部和精准的研发	服务中研发的低关联性
创新产出	外部溢出性、不可分割性	—	无形性
风险和专用性	高风险投资、不确定性	知识产权的专利申请困难	与无形性联系的风险
	容易模仿、"免费搭车"	潜在顾客的低预见性	投资被认为是付出代价
	需求不确定、低专利效率	获取版权	模仿是否容易被即时模仿依赖于创新的类型
	高成本和风险、市场失灵		
进口	复杂和昂贵的选择吸收，需要实验性研发，领导地位丢失等导致高进口成本	进口依靠信息处理方法、创新性人才招聘、可服务贸易的流动性	特许权使用费仅仅是服务创新进口中的众多模式之一
创新影响	生产率与竞争力要素	服务质量比表面上的生产率更具高影响	—

资料来源：根据Rubalcaba（2007）加工整理。

熊彼特对创新的经典分类是：制造新产品、引进新生产方式、发现新原材料、开拓新市场、构建新组织。服务创新分类的方法还有很多，目前国内外学术界主流的分类方法有四种：第一，按照创新改变的程度，可以分为激进的服务创新和渐进的服务创新；第二，按照创新改变的类型，可以分为产品创新和过程创新；第三，按照创新的新奇性，可以分为对市场的新奇创新和对企业的新奇创新；第四，按照提供的方式，可以分为组织创新和技术创新。

总而言之，合适的服务创新分类有助于制定差异化的市场营销战略以及选择正确的管理工具，但科学研究中如果分类过多，则很难形成一个统一的内涵界定。对服务创新的分类，大多数学者还是沿用熊彼特对创新的经典分类，认为服务创新主要是产品创新和过程创新。

四、技术进步是服务创新的主要动力

过去服务业被认为缺乏创新和低生产率，主要是因为服务业中很难消化吸收技术进步。然而，现代服务业发展实践表明，服务创新与技术进步具有紧密的关联性，在许多经济活动中服务创新与技术进步很大程度上是并行发展的。更确切地说，技术进步是现代服务业发展和服务创新的引擎。卡苟和鲁波卡巴（Gago 和 Rubalcaba，2007）认为，服务部门是技术创新和非技术创新的主要使用者、技术转移的主要组织者和承担者，对创造创新、收集整理和扩散社会知识起着主要作用。现在学术界基本认同知识密集型服务业是技术和非技术创新的主要推动力，服务创新与技术进步之间存在很强的互补性（Rubalcaba，2007）。信息技术与知识密集型服务部门创新有很强的正相关性（Evangelista 和 Savona，2003）。

（一）知识密集型服务是技术进步的主要使用者

知识密集型服务包含两种类型的专业化知识：一种是包含在传统专业服务中的社会和制度知识；另一种是科学和技术知识。服务能够被看成是问题的解决者，一些问题很专业、很复杂，需要较高的专业知识去解决，而有些问题比较普遍，只需要相对常规的办法去解决。因此，传统专业服务主要是解决社会体制和制度的问题以及有关社会利益集团或者组织内部活动的问题，尤其是一些行政法规与规制问题。越是科学技术密集型的服务，越是与物质世界的生产相关。工程服务主要涉及飞机、建筑、石油和交通基础设施等领域；检测检验和研发服务主要涉及对材料加工和生产进行设计与检验；信息技术服务主要涉及硬件和软件的符号处理、数据加工以及一体化和可视化。

有些服务整合了不同类型的知识。建筑和设计服务整合了审美创造力和技术可能性的知识，这些服务中经常使用新技术。一些专业服务也逐渐开始为顾客提供与技术相关的解决方案。例如，会计与管理类咨询公司为顾客提供信息技术咨询，知识产权领域的法律专家关注信息技术，环境规制领域的法律专家关注其他一些技术。知识密集型服务是新技术的主要使用者，特别是新信息技术的使用者。金融、会计、管理与法律咨询等商务服务最早也最为密集地使用新技术。欧洲社会创新调查系统（CIS2）提供的数据显示，虽然总体上制造业比服务业更具创新性，但与技术相关的知识密集型服务是经济活动中最活跃的创新者，具有很高的创新水平，其中金融服务、技术服务、通信服务和计算机服务企业的创新比例分别为54%、55%、64%和68%。

服务创新的动机具有高度的相似性，最主要的原因是提高服务质量、扩大服务范围以及开拓新的服务市场。欧洲社会创新调查系统数据显示，1/3的大型服务企业具有持续的研发活动，对电信服务、计算机服务和技术服务等技术密集型服务企业而言，机构内部研发对服务创新至关重要。对大部分服务企业而言，服务创新并不是表现在研发活动的强度上，而是表现在服务提供的过程创新上。

与技术相关的知识密集型商务服务在创新过程中的作用非常重要，主要体现在以下几个方面：第一，研发服务把研发成果转变为新技术。经济领域中的许多高新技术部门，如生物医药企业大量使用这种研发服务。第二，检测检验服务向顾客证明他们开发或使用的产品是否卫生安全、是否符合环境和技术标准。第三，产品设计服务提供产品设计，提供创造可使用产品的创意。第四，技术服务帮助顾客改进产品质量，获得使用新技术的必要知识和建议，如互联网、软件和计算机服务，环境技术服务等。第五，人力资源服务开发培训新技术，充分利用新系统对就业人员开展创新创业培训，帮助他们认识不断变化的市场条件与产业发展规律，提供合同管理服务，或者提供新职员的职业介绍与培训服务。第六，战略咨询服务帮助企业选择和实施新技术，实现制造服务化转型。第七，设施管理服务积极为顾客处理新技术使用中的任务，如管理智慧建筑、运营呼叫中心、外包计算机网络等。

总之，与技术相关的知识密集型服务主要是依靠技术进步实现服务创新，为顾客提供问题的一体化技术解决方案。作为问题的解决者，知识密集型服务聚焦于顾客所面临问题的知识以及这些问题可能的解决方案。知识密集型服务可能本身就是问题的直接解决者，也有可能是为顾客提供解决问题所需要的工具、技能和资源，帮助顾客更好地理解问题的成因以及形成解决问题的方法。

技术进步是知识密集型服务创新的主要动力，但作为技术的使用者还必须发展和运用如何使用技术发挥最大效用的知识。因此，知识密集型服务使用者与知识密集型服务提供者的相互作用能力影响与技术相关的知识密集型服务的使用效果。越精细化的顾客越能更好地使用商务服务，最好的顾客已经积累了能够消化吸收知识密集型服务投入的知识，在交互过程中能够清晰地表达问题和凝练问题（Wood，2002）。知识越多的顾客越是寻求与服务供应商建立长期的战略伙伴关系，以维持他们的竞争优势。知识密集型商务服务的技术特征要求知识密集型服务企业的职员进行终身学习。英国的调查数据表明，尽管担忧工作的不稳定以及工作年限，但知识密集型服务企业的员工更愿意学习新知识、接受培训、使用计算机工作，以及在不同工作岗位上流动。知识密集型商务服务的兴起意味着，已有的治理服务质量和职业忠诚的结构正在影响着重要的知识生产和使用活动。

（二）互联网技术催生了服务创新发展

不管是政府主导的，还是自然演化的，每一次技术创新都催生了一波新服务产业，最初主要集中在公共服务部门，现在越来越集中在私营服务部门。克莱顿·克里斯坦森（Clayton Christensen，1997）沿着熊彼特关于资本主义发展进程的创造性破坏（新消费品、新生产和运输方法、新市场和新产业组织形式）的思路，在《创新者的困境》一书中提出了破坏性技术的概念，研究了新技术导致大企业衰落的环境，考察了创新过程与产业变迁的关系。迈克尔·波特提出的国家和企业的竞争优势理论、德鲁克提出的创新和企业家精神理论也从不同角度论及了创新过程与产业变迁的关系,其中产业价值链攀升是竞争优势的重要来源,企业家是创新的发动机。

服务组织,特别是那些提供中介信息和联系功能的中介服务组织,如零售贸易商,能够利用互联网这种破坏性技术进行转型,但这种转型可能是积极的,如促进服务效率提高,也有可能是消极的,如降低竞争力和利润率。成功转型的服务组织往往被看作是 ICT 技术影响服务创新的典范,处于 ICT 技术影响"梯子"的顶端(Christensen 和 Tedow,2000)。

信息技术对服务创新的破坏性作用主要体现在信息技术与传统服务业融合,能有效提升传统服务业的便捷化、自动化、智能化和定制化程度,一些传统的服务形式被淘汰,一些新的服务业态、服务职业、服务方式和服务组织得以产生,最终提升服务效率,降低服务成本,增加服务消费。

五、基于互联网服务平台化的服务业创新:以分享经济为例

(一)分享经济快速发展的理论解释

多边平台理论很好地解释了分享经济近些年快速发展的原因。多边平台理论其实是对 Rochet 和 Tirole(2006)提出的双边市场概念的延伸和补充。在 Hagiu 和 Wright(2011)的文章中,多边平台被描述成在不同消费群体间进行直接交易的平台。在分享经济的例子中,分享经济平台公司作为服务提供者和使用者之间直接交易的组织者,形成了最初的双边市场,帮助更有效地使用从前未被充分利用的资源,增加市场竞争,同时为消费者提供更多的选择(Golovin,2014)。随着第三方支付机构、广告商等其他利益相关者的加入,而渐形成多边市场平台。如 Viewswagen 就在 Uber 和 Lyft 平台上搭建了自己基于 GPS 位置信息的商业模

式,通过司机座位后背的屏幕来投放广告等。同传统双边市场相似的是,分享经济商业模式同样具有网络外部性,即市场的每一方均受益于其他人的存在;与此同时,由于非专业服务提供商的加入,分享经济市场更易受到个体异常行为的影响(Della Vigna,2009),向价值链末端转移风险的能力也更强,因而更加趋于低效。Li 等(2015)在双边平台框架下建立了一个简约模型,对以 Airbnb 为代表的非专业服务提供者和传统酒店的定价行为进行了分析。通过对以 Airbnb 为挂牌酒店价格数据的收集,在控制了资产和市场异质性后,发现在运营和财务表现方面,专业服务提供者的日盈利水平、入住率分别高于业余服务 16.9 个百分点和 15.5 个百分点;业余住宿服务在半年间的市场退出比例达 49%,而同期仅有 13.6%的专业服务退出市场;非专业住宿提供者较少因季节、节日和需求原因对价格进行动态调整,即分享经济平台存在定价低效问题。进一步的理论模型分析显示,为达到利润最大化,双边市场平台运营方应对非专业服务提供者收取低价格,或者帮助非专业服务提供者进行更科学的定价决策,如 Uber 为司机提供的热度地图;而城市管理部门需对专业和非专业服务在规制与收费上一视同仁。

(二)分享经济的国内外实践

近年来,分享经济在国外大规模兴起,共享由虚拟资源领域切入实体资源领域,并对现有的消费模式产生了深刻的影响。根据英国商务部的数据,目前全球分享经济的产值约为 146 亿美元。普华永道预测,2025 年全球分享经济产值可以达到 3733 亿美元,在住宿和拼车、租车等领域,分享经济能占据市场的半壁江山。英国商务部于 2014 年启动调查项目,为"把英国打造成分享经济的全球中心"制定路线图,确保英国站在分享经济的前沿。美国是全球分享经济的翘楚,是分享经济最发达的国家。根据西京京和叶如诗(2016)的研究,美国分享经济企业数量超过 400 家,融资规模近 200 亿美元,旧金山和纽约是全球分享经济创业企业最多的城市,累积数量超过伦敦、北京、上海、巴黎之和,并在多个行业诞生了分享经济的"独角兽"企业。美国行动论坛的研究认为,2014 年,Uber、Lyft 和 Sidecar 带来了 5.19 亿美元的经济增长。截至 2015 年底,Airbnb 已经在全球190多个国家和地区开展业务，覆盖34000多个城市，拥有200多万个房源，超过6000万房客从中受益，市场估值255亿美元。

目前，国外知名的分享经济平台主要包括：①房屋短租平台Airbnb，该公司并不直接拥有一间房子，但其用户已遍布全球192个国家、3万多个城市，数百万计的全球旅行者正绕开酒店业，通过Airbnb寻找到足够真实、个性的个人房源。②叫车服务平台Uber，提供私人车辆共享服务。③goCarShare，提供"搭便车"服务。④Waze，通过让用户生成即时的路况地图，分享准确的实时路况服务。⑤德国的农民机械协会，允许协作使用机械，可为有需求的农场、农民和林业工作者带来过剩的劳动生产力。通过"协作性生活方式"衍生出的交易行为，还包括花园分享（landshare.net）、TaskRabbit（社会化"跑腿"服务）、Zaarly（综合P2P集市）等。在国内，近年也出现了一些分享经济平台。如各类专车，通过智能平台，提供私车共享服务；丁丁停车，通过智能地锁切入分享经济；车托帮，以"UGC+众包"实现信息共享，为用户提供最好、最准、最实时的路况、导航、电子狗等信息服务；余额宝、网络贷款（P2P）、天使汇众筹等互联网金融产品则是分享经济在金融领域的体现。

（三）分享经济发展面临的问题及化解策略

经过前几年的快速发展，分享经济迅速崛起，并已成为新时代中国经济发展的重要动能。分享经济已经纳入国家战略规划，其重要性不言而喻。不过，作为新兴商业模式与资源配置方式，分享经济在发展过程中难免遇到一些新问题，如合法性、准入、运营、竞争、监管等方面理论准备不足，给传统的管理体制、监管模式和治理机制带来了严峻挑战。一方面，市场秩序不规范、信息不对称等导致市场失灵的因素增多，给经济发展带来不确定性因素，一些分享经济模式遭受越来越多的诟病。另一方面，政府治理体系与治理能力尚未能适应、服务于分享经济发展。与分享经济迅猛发展相比，政府在互联网、法制体系、公共服务体系、监管约束体系等方面的建设还很滞后，亟待改革创新，推动分享经济快速有序发展。

1. 对分享经济持宽容态度，消除发展的政策风险

对于分享经济这个全新的商业模式，政府主管部门要积极研究、主动接触、深入调研，对其发展持宽容态度，重视正当的市场需求和权益诉求，争取将其归入现有的监管框架之内，而不是一味地予以封杀。对于各类私车共享平台来说，可能涉及运营许可、社会安全、冲击现有的出租车业务等诸多问题。对这些问题要深入研究，出台相应的政策加以解决，而非一禁了之。分享经济平台涉及面广，发展初期难免发生问题，应努力消除分享经济发展的政策风险，尽最大可能避免有关部门动辄叫停、一纸文件就使巨额投资打水漂的现象。

2. 创新监管理念，坚持底线思维

在制定新的监管制度以区别对待传统和共享商业模式方面，政府将面对极大的挑战和压力。传统经济时代监管的三大法宝——设机构、筑门槛和立法，对于分享经济不一定适用。在制定相关政策时，政府应积极从使用者和销售者处收集意见，找准障碍因素，界定那些过时的、需要改进以符合新商业模式的规则。如美国加利福尼亚州公共事业委员会规定，对于提供拼车服务的驾驶者，除了基本检查外，还要附加16项车辆检验；为了跨越私家车无法购买商业保险的障碍，要求共享交通企业为搜寻乘客中的司机、服务进行中的司机和乘客分别提供20万美元和100万美元的私人保险。对于饱受诟病的逃税问题，Airbnb也已与加利福尼亚州政府达成和解，替政府代为收取相关税费（主要包括资产占用税、观光税、酒店税等种类的地方税以及增值税等）。反面的例子是，法国规定Uber司机必须等待15分钟才能进行一次服务，这个规定后来被取消了，取而代之的是一个禁止Uber司机分享GPS位置的规定，从而在减少竞争的同时剥夺了消费者的选择权。在政策制定时应坚持底线思维，当共享的事物涉及安全隐患、个人隐私、价格排斥和市场垄断时，应着力于解决信息泄露、歧视和不公的问题，而不是否定相关的商业模式。在监管中也应具体问题具体分析，如对于短期工作或小零工平台企业如TaskRabbit，世界各地政府更多地将其提供的服务视作一种降低失业率的举措，因而很少涉及监管问题。

3. 制定相应的适用法规和基本服务标准，鼓励通过市场机制解决共享中的风险问题

目前，各国的法律体系中均没有适用分享经济的法规条款，如欧盟的二级立法体系中就未囊括共享交通的内容，法律在支持分享经济发展方面较为滞后。但现实中遇到的问题正在改变这样的情况，如巴塞罗那一名法官已经要求欧盟法院对将 Uber 归为运输服务公司还是网络平台提供商（网络科技公司）做出初步裁定。因此，应以地方法规的形式切入，在民法、商法、合同法等有关法律条款中增加有针对性的内容，对分享经济提供方的资质、P2P 交易模式带来的共享物品征税问题、共享物品及服务的基本质量做出相应的规定，规范分享经济过程中供需双方的行为。鉴于分享经济的产品或服务大部分都是非专业人士提供的，服务质量水平肯定参差不齐，政府有必要根据各类产品与服务的特征，制定基本的标准，包括强制性的安全标准与推荐性的产品标准或服务标准，使分享经济更好、更快地发展。例如，针对住宿分享，监管需要跟上规模扩张的速度，对房东提供的设施和服务设置最低的健康与安全标准；对于共享交通而言，为了与出租车行业明确划清界限，需要通过技术手段，明确共享行为并非以运营和营利为主要目的；对于二手物品分享，应在所有权归属、质量责任划分、税费等方面建立政策体系。此外，对于涉及的消费者权益保护问题，更应鼓励通过市场机制和模式创新解决，如鼓励保险公司开发各类与共享相关的保险产品等。例如，EATWITH 就与第三方机构合作，提供 100 万美元的保险，免去旅客对食物中毒等问题的忧虑；Airbnb 在出现房屋被洗劫一空的现象后，也开始向房东提供免费最高达 100 万美元的财产保险等。

4. 积极推进诚信体系建设，建立分享经济网上信用平台

对于分享经济平台而言，评级系统和互信机制非常重要。首先，政府除了对分享经济平台在信用数据积累、共享、使用等方面做出规定之处，更应建立支撑分享经济发展的各类公共信息平台，同时积极发挥行业协会的信息平台功能。特别是，在这些年的发展中，各大互联网公司某种程度上已经在线上建立了一套用户信用体系，政府应督促现有企业通过第三方信用评价服务或与政府共享信用记

录信息等形式,将大数据变为活数据,从而在开展分享经济实践时降低信用成本。如为了解决共享企业在前期资质核查中遇到的高门槛、耗时长、高费用问题,英国政府已着手采用 GOV.UK Verify 等认证系统,并开放电子化犯罪记录检查。其次,应大力培育专业的第三方信用服务企业,通过收集网络中散落的用户点评及共享双方对服务评价的记录,用以提供专业的交易信用评级服务。例如,TrusCloud 这样的专业信用服务公司,就是通过跟踪用户在 Facebook、LinkedIn 等社交网站及 TripAdvisor 等点评网站的数据记录,为分享经济平台提供第三方客户信用评级服务。最后,应积极推进分享经济行业自律。按照国际惯例,分享经济平台应自觉对发生的所有交易、支付行为和通信互动进行监控,并依靠客户反馈和举报对服务提供者可能发生的错误行为进行提前预防、劝诫及纠正。

5. 增强决策前瞻性与预见性,做好风险防范工作

分享经济已经在国内外发展了一段时间,暴露出了不少共性问题,如分享经济的信用体系构建、采纳与应用范围,资金特别是用户押金的有效监管,大数据的应用安全,公民的个人信息保护,服务商与消费者的合同形式,与分享经济适应的社会公德塑造,潜在风险的防控和事后追责等。这些问题背后的风险已然显现,因此,必须防患于未然,加强市场经济发展战略性规划,做好分享经济相关功能性规划,做好风险评估与防范工作。

6. 增强市场主体责任,规范市场秩序

只有明确市场的主体地位,才能充分发挥市场在资源配置中的决定性作用;也只有落实市场的主体责任,才能保护市场主体的积极性和活力,规范市场秩序,为分享经济发展提供良好的环境。应建立和完善市场准入负面清单制度,建立政府部门和共享平台企业信息沟通共享机制,保护共享平台企业及其用户等各类市场主体的产权和生产经营权。同时,规范市场秩序,落实市场主体的质量安全、生产安全、消费者权益保护等责任。

六、推动服务业创新发展的政策建议

（一）着力推进服务集成创新

牢牢把握新技术向新服务转化的大趋势，加快实施创新驱动发展战略，以市场需求为核心打造价值链，从技术维度的单一创新转向以"新行业、新业态、新模式"为代表的服务集成创新。着力推动服务理念、商业模式和服务技术创新，培育服务创新主体，将科技创新成果真正落实到服务业发展上。推动服务理念创新，大力发展供应链管理、企业流程再造和精益服务，加快由单一服务环节向全过程服务转变，由提供一般服务向多层次、综合性服务转变。打破垂直分布的产业链及价值链，推动交叉领域多点突破、融合互动和跨界发展，鼓励通过平台经济、共享经济、并购整合、跨界应用、异业联盟、集成创新、迭代平移等方式，实现服务要素的重新高效组合和协同创新。以培育网络化、智能化、协同化的服务新业态为抓手，鼓励传统服务领域通过产业链整合、供应链集成、价值链提升及生态链维护，衍生叠加出新的服务环节和服务活动，推动协同设计、众包、众筹、解决方案、需求管理、系统流程服务、生命周期管理等生产性服务新业态的发展。

（二）推进技术手段创新，带动服务方式革新和服务内涵提升

以新市场需求为依托，以物联网、云计算、大数据、移动互联网、人工智能等新一代信息技术在服务领域的创新应用为基础，推动创意设计、网络视听、数字娱乐、互联网金融、电子商务、知识产权服务、人力资源服务、征信服务、检验检测、精准营销、远程医疗、智慧社区等引发产业体系变革的新兴服务行业迅速成长，创造更高的服务价值，推动服务与技术的深度融合和迭代创新。

（三）推动商业模式创新，引导企业科学细分需求市场，积极开发个性化的专业服务产品

适应消费结构升级的趋势，鼓励服务企业开展体验式消费服务、群体共享式消费服务、个性需求定制服务，推动形成多层次、多形式的服务市场；支持发展综合型、特色型服务在线平台，全方位提升服务能力和用户体验。鼓励生活性服务企业利用闲置资源，依托已有电商平台或自有服务平台，积极开展共享经济实践和线上线下融合创新。推进社会服务业创新发展，加快形成基于健康物联网和可穿戴设备的综合健康养老服务体系。创新教育服务模式，建设大规模智慧学习平台，推广慕课、虚拟大学等新型教育方式，实现优质教育资源的共享。

（四）培育服务创新主体，推动组织创新和管理创新

引导服务企业运用现代科技信息技术，以培育自主知识产权和自主品牌为重点，加大研发投入，推进服务企业技术创新和管理创新。支持服务企业利用新技术推动组织结构优化和业务流程再造，建设学习型、敏捷型服务企业，提升市场竞争力。重点培育一批理念新、水平高、前景好的定制服务提供商、技术服务运营商、内容提供商和整体方案解决商，带动服务业新领域的拓展和新业态的成长。支持服务企业建立客户大数据库，开展用户消费行为分析，推动服务企业利用微信、微博、客户端等建立营销体系，提升精准营销、精细服务水平。

（五）建立联盟、基地、基金、人才"四位一体"的创新机制，统筹服务创新资源，集聚创新合力

实施国家服务创新计划，积极支持服务企业围绕产业链、价值链、创新链开展协作，促进群体加速创新、消费者参与创新、分工与合作创新、基于商业生态创新。鼓励服务企业与园区、高校、科研机构共建研发和科技成果转化基金、创新型平台、新兴服务业创新中心，发展开源社区、社会实验室、创新工场等创新孵化平台。构建由龙头企业、中小企业、科研机构组成的创新联盟，培育创新团

队和创新人才,构建服务创新生态圈。健全以企业为主体的协同创新机制,加快协同创新服务平台建设,推动服务企业挖掘、吸引、融合及利用内外部创新资源,鼓励龙头企业利用创新大会提升协同创新能力。尊重企业家精神和服务企业及园区的探索实践,鼓励微创新、草根创新、共享式创新。

(六)围绕创新链配置公共资源,引导形成有利于服务业创新发展的环境

主动顺应新兴服务业的生命周期特点,创新政策支持方式,由设定鼓励领域和资金扶持转变为引导服务创新方向,引导资金重点投向以企业化经营为主的公共服务平台。推动简政放权,放宽融合性服务市场准入条件,着力破解科技创新资源配置和管理中存在的体制机制瓶颈。在信息技术架构、融资、信用等方面为服务创新提供系统支撑,引导服务企业与合作高校使用"创新券"购买科研相关服务。建立跨部门、跨行业的大数据协同机制,推进服务资源与服务数据联网共享,并加强对新兴服务业统计制度的研究和实施。围绕激发创新主体、创业人才的动力、活力和能力,破除制约创新的体制机制瓶颈,培育支持创新创业的生态环境,打造包容开放的创新氛围。

参考文献

[1] Gadrey J., F. Gallouj, *Productivity, Innovation and Knowledge in Services: New Economic and Socio-Economic Approaches*, USA: Edward Elgar Publishing Inc., 2002.

[2] Snyder H., et al., "Identifying Categories of Service Innovation: A Review and Synthesis of the Literature", *Journal of Business Research*, Vol.69, No.7, 2016.

[3] Lance A. B., et al., "The Secret to True Service Innovation", *Business Horizons*, Vol.56, No.1, 2013.

[4] Antonio H., L. D'Alvano, "Service Innovation: Inward and Outward Related Activities and Cooperation Mode", *Journal of Business Research*, Vol.67, No.5, 2014.

[5] Vatcharapong S., K. Shirahada, "Technology Challenges to Healthcare Service Innovation in Aging Asia: Case of Value Co-creation in Emergency Medical Support System", *Technology in*

Society, Vol.43, 2015.

[6] Jung-Kuei Hsieh, Yi-Ching Hsieh, "Dialogic Co-creation and Service Innovation Performance in High-tech Companies", *Journal of Business Research*, Vol.68, No.11, 2015.

[7] Rubalcaba L., *The New Service Economy-Challenges and Policy Implication for Europe*, USA: Edward Elgar Publishing Inc., 2007.

[8] Stoshikj M., N. Kryvinska, C. Strauss, "Service Systems and Service Innovation: Two Pillars of Service Science", *Procedia Computer Science*, Vol.83, 2016.

[9] Bryson J. R., P. W. Daniels. *The Handbook of Service Industries*, USA: Edward Elgar Publishing Inc., 2007.

[10][法] 让-克洛德·德劳内、让·盖雷:《服务经济思想史:三个世纪的争论》,江小涓译,格致出版社、上海人民出版社 2011 年版。

[11] Baumol W., "Macroeconomics of Unbalanced Growth: The Anatomy of Urban Crisis", *American Economic Review*, Vol.57, No.3, 1967.

[12][美] 熊彼特:《经济发展理论》,孔伟艳等译,北京出版社 2008 年版。

[13][美] 菲利普·阿吉翁、彼得·霍依特:《内生增长理论》,陶然等译,北京大学出版社 2004 年版。

[14][美] 丹尼尔·贝尔:《后工业社会的来临》,高铦等译,新华出版社 1997年版。

[15] Miles I., "Service Innovation: Coming of Age in the Knowledge-Based Economy", *International Journal of Innovation Management*, Vol.4, No.4, 2000.

[16] Howells J., "The Nature of Innovation in Service", Innovation and Productivity in Service, Paris: OECD, 2001.

[17] Hipp C., Grupp H., "Innovation in the Service Sector: The Demand for Service—Specific Innovation Measurement Concepts and Typologies", *Research Policy*, Vol.34, No.4, 2005.

[18] Fitzsimmons J. A., et al., "Managing Service Supply Relationships", *International Journal of Service Technology and Management*, Vol.5, No.3, 2004.

[19] Van Ark, et al., "Service Innovation, Performance and Policy: A Review, Structure Information Provision on Innovation in Services", The Hague: Directorate General for Innovation Ministry of Economic Affairs, 2003.

[20] Gershuny J., *After Industrial Society?* London: Macmillan, 1978.

[21] Howells J., "Innovation, Consumption and Service: Encapsulation and the Combinatorial Role of Services", *The Service Industries Journal*, Vol.24, No.1, 2004.

[22] Evangelista R., M. Savona, "Innovation Employment and Skills in Service: Firm and Sectoral Evidence", *Structural Change and Economy Dynamics*, No.14, 2003.

[23] Gago D., J. Rubalcaba, "Innovation and ICT in Service Firm: Towards Multi—Dimensional Approach for Impact Assessment", *Journal of Evolutionary Economics*, No.17, 2007.

[24] Wood P. A. (ed.), *The Business Service Revolution in Europe*, London: Routlegde, 2002.

[25] Christensen C., *The Innovator's Dilemma: When New Technologies Cause Great Firms to Fail*, Boston, MA: Harvard Business School Press, 1997.

[26] Christensen C., R. Tedlow, "Patters of Disruption in Retailing", *Harvard Business Review*, No.1-4, 2000.

[27] Della Vigna, S., "Psychology and Economics: Evidence from the Field", *Journal of Economic Literature*, Vol.47, No.2, 2009.

[28] Golovin, S., "The Economics of Uber", Bruegel Organization Working Paper, Sep. 30, 2014.

[29] Hagiu, A. and J. Wright, "Multi-sided Platforms", Harvard Business School Working Paper, 2011.

[30] Rochet, J. and J. Tirole, "Two-sided Markets: A Progress Report", *The Rand Journal of Economics*, Vol.37, No.2, 2006.

[31] 西京京、叶如诗:《美国分享经济考察调研报告》,2016年6月。

第八章　新时代服务业绿色发展战略

摘　要： 习近平新时代绿色发展思想立意高远、内涵丰富、思想深刻，是对马克思主义生态文明思想的丰富发展，体现了以人民为中心的新发展理念，是对中国特色社会主义政治经济学理论的新贡献和实践的新发展，是推动我国服务业绿色转型的行动指南。走可持续发展道路，推动服务业绿色转型有着重要的战略意义。虽然我国服务业绿色发展有了突破性进步，但依然面临着许多瓶颈。推动服务业绿色转型是一个系统工程，需要综合施策，从发展规划、技术进步、资金支持、制度创新、宏观协调、市场培育、贸易政策、人才培养、企业主体等多方面着手，一起发力，共同铸就服务业绿色发展道路。

一、习近平新时代绿色发展思想是服务业绿色发展的行动指南

党的十八大以来，以习近平总书记为核心的党中央高瞻远瞩，始终坚持把生态文明建设作为统筹推进"五位一体"总体布局和协调推进"四个全面"战略布局的重要内容，坚持节约资源和保护环境的基本国策，始终坚持绿色发展理念，把生态文明建设融入经济建设、政治建设、文化建设、社会建设的各方面和全过程，加大生态环境保护力度，推动生态文明建设在重点突破中实现整体推进。党的十八届五中全会通过《中共中央关于制定国民经济和社会发展第十三个五年规划的建议》，提出"坚持绿色富民、绿色惠民，为人民提供更多优质生态产品，

推动形成绿色发展方式和生活方式,协同推进人民富裕、国家富强、中国美丽"的重要发展思路。这既对我国经济发展方式和产业转型提出了新要求,也为现代产业特别是节能环保产业大发展带来了新机遇和新动力。

对生态文明建设、绿色发展等问题,习近平总书记极为重视。2013年5月24日,在第十八届中央政治局第六次集体学习时,习近平总书记指出,"要正确处理经济发展同生态环境保护的关系,牢固树立保护生态环境就是保护生产力、改善生态环境就是发展生产力的理念,更加自觉地推动绿色发展、循环发展、低碳发展,决不以牺牲环境为代价去换取一时的经济增长,决不能走先污染后治理的路子"。2015年3月29日,习近平总书记出席了博鳌亚洲论坛,在同参加这次年会的中外企业家代表座谈时再次强调了绿色发展的意义和主要方式,他指出,"中国的绿色机遇在扩大。我们要走绿色发展道路,让资源节约、环境友好成为主流的生产生活方式。我们正在推进能源生产和消费革命,优化能源结构,落实节能优先方针,推动重点领域节能"。习近平总书记在党的十八届五中全会"关于《中共中央制定国民经济和谁发展第十三个五年规划的建议》说明"的重要讲话中,首次系统地提出了"创新、协调、绿色、开放、共享"五大发展理念。这是立足于中国国情和世界发展潮流提出的新发展理念,是马克思主义政治经济学的重大发展和创新。2017年5月26日,第十八届中央政治局就推动形成绿色发展方式和生活方式进行第四十一次集体学习。习近平总书记在主持这次政治局集体学习时发表了重要讲话,提出:"根本改善生态环境状况,必须改变过多依赖增加物质资源消耗、过多依赖规模粗放扩张、过多依赖高能耗高排放产业的发展模式,把发展的基点放到创新上来,塑造更多依靠创新驱动、更多发挥先发优势的引领型发展。这是供给侧结构性改革的重要任务。我国多年来形成的产业结构具有高能耗、高碳排放特征,高能耗工业特别是重化工业比重偏高。工业用能占全社会用能的70%,其中钢铁、建材、石化、有色、化工五大能耗产业就占近50%。改变这种状况,并非一日之功,但必须加大力度、加快进度。一手要坚定不移抓化解过剩产能,一手要大力发展低能耗的先进制造业、高新技术产业、现代服务业"。在这段重要讲话中,习近平总书记不仅再次强调了绿色发展的理念,而且分析了传统粗放型发展模式的具体表现以及扭转这种粗放型发展模式的出路。习近平总书记在党的十九大报告中，做出了"中国特色社会主义进入新时代，我国社会主要矛盾已经转化为人民日益增长的美好生活需要和不平衡不充分的发展之间的矛盾"的重大政治判断。在这次党代会的报告中，习近平总书记明确指出："我国稳定解决了十几亿人的温饱问题，总体上实现小康，不久将全面建成小康社会，人民美好生活需要日益广泛，不仅对物质文化生活提出了更高要求，而且在民主、法治、公平、正义、安全、环境等方面的要求日益增长。"其中，优美的环境是满足人民群众美好生活需要的重要内容，而且越来越重要。在党的十九大报告中，习近平总书记强调："发展是解决我国一切问题的基础和关键，发展必须是科学发展，必须坚定不移贯彻创新、协调、绿色、开放、共享的发展理念。"

习近平新时代绿色发展思想立意高远、内涵丰富、思想深刻，是对马克思主义生态文明思想的丰富发展，体现了以人民为中心的新发展理念，也是对中国特色社会主义政治经济学理论的新贡献和实践的新发展，对于我们深刻认识生态文明建设和坚持新发展理念、正确处理经济发展同生态环境保护的关系，加快建设资源节约型、环境友好型社会，实现中华民族永续发展，有着极为重要的理论指导意义和实践引领作用。树立绿色理念，坚持绿色发展，是推动和实现我国经济社会持续健康发展的必然选择。中国绿色发展理念既传承了中华民族天人合一的传统文化，体现了人与自然和谐共存，又借鉴了世界其他国家的发展经验，是从源头上破解我国资源环境瓶颈约束、提高发展质量、实现永续发展的必由之路，是顺应经济社会发展大势、顺应人民意愿的重大战略决策。

改革开放以来，我国经济社会发展取得了举世瞩目的成就，但不容忽视的是，积累的生态环境问题比较突出，经济发展和生态环境不协调已经成为可持续发展的一大瓶颈。我们要深刻领会习近平新时代绿色发展思想的内涵与意义，积极顺应新时代社会主要矛盾的变化，把生态文明建设、绿色发展放到重要战略地位，推动绿色生活方式和绿色生活方式变革。实行绿色生产方式和生活方式，加快发展现代服务业就是一条重要的途径。但是，这并不意味着只要大力发展服务业，生态环境问题、绿色发展问题就迎刃而解了。服务业性质迥异，千差万别，必须区别对待。总体来看，与重化工业、原材料工业、采掘工业等相比，服务业能耗要低些，大多数服务业也是绿色环保的。但是，在现实生活中，我们也注意到，有些服务行业或者服务业的某些环节是高能耗或非绿色的，即便是绿色的或者环保的服务业，由于使用或消费方式不科学、不合理，其行为和结果也可能是非绿色的。认清了这一事实，我们就要顺应新时代社会主要矛盾变化，以习近平新时代绿色发展思想为指导，把服务业绿色转型既作为高质量发展服务业的重要切入点，又当作寻找服务业发展空间的一次机遇。

二、服务业绿色发展的内涵与战略意义

（一）绿色服务业和服务业绿色发展的基本内涵

绿色服务业的研究刚起步，文献很少，严格界定其概念比较难，只有少数几篇文献对其概念或内涵进行了解释。张新婷和许景婷（2010）曾从三个方面来理解绿色服务业的概念：①减量化，即服务业在服务过程中应尽可能实现物质和能源的低消耗及废弃物的低排放，提高资源的利用效率；②再利用，即服务业在服务过程中应保持机器设备和非一次性使用产品的多次利用或经过维修、再加工后的继续利用，并努力延长其使用寿命和使用周期，减少废弃物的产生，提高服务设施的利用效率；③再循环，即服务业在服务过程中应努力实现废弃物的回收和再利用，使废弃物资源化为其他类型产品的原料，实现排放物的循环利用，节约资源，同时减少再次排放。也有学者用低碳服务业或者节能服务业来表达服务业绿色发展的状况。例如，曹莉萍、诸大建和易华（2011）认为，低碳服务业是低碳经济发展过程中，由低碳产业、环保产业、生产性服务业与现代服务业融合产生的高效益、高技术含量、高知识型和高层次的新兴服务业态。而节能服务业可以视为低碳服务业发展初期阶段的产业形态，由于其自身存在缺陷，如服务领域

狭小、服务机制单一，必然会向低碳服务业的高级形态转变。张颖熙（2013）也对节能服务产业的概念进行了界定，将那些为企业和项目在节能减排等方面提供综合服务、多重支持以及各类解决方案的产业统称为节能服务产业。中国政府非常重视节能服务业的发展，2010年9月，国务院确定要加快发展战略地新兴产业，节能环保产业位于七大战略产业之首。节能服务产业是节能环保产业的核心内容，发展潜力巨大。

我们认为，这些学者的理解都有一定的可取之处，但是还不能囊括绿色服务业的全部内涵。服务业分布面广、数量大，服务业消费相对零散，且个性化越来越凸显，服务业对环境的影响也没有工农业那样直接和显著，这些因素导致服务业提供或消费过程的非绿色问题往往被人们所忽视。但我们应清楚地认识到，服务业在提供服务的过程中，除了为消费者和生产者提供无形的服务外，往往也会提供实体产品或消耗和使用实体产品并产生一定的废弃物、废水、废气和其他无形污染，对环境产生一定的负面影响，即非绿色效应。只有实现了尽可能少的非绿色影响的服务业才可称为绿色服务业，或者在第三产业中达到绿色标准的行业，才可称为绿色服务业。

近年来，我们对服务业的环境问题越来越重视，一种全新的理念和现象进入了学者们的研究领域，并引起了企业的重视和政府部门的关注，这就是服务业的绿色发展。服务业绿色发展是现代服务业发展的一个重要方向与趋势，它强调在不损害客户或消费者满足程度的前提下，通过生态或者绿色服务来补充、替代传统服务方式，以减少原材料和能源的消耗，尽可能少地产生废弃物或实现废弃物的再利用，促进生态的良性发展。服务业绿色发展是可持续发展观与服务经济成长合力的必然要求和结果，它既深刻地改变了人们的消费行为模式和生活方式，也为企业创新服务业发展、拓展服务业新的内容或空间找到了一条新途径，其现实意义和发展前景自不待言。

(二)服务业绿色发展有着重要的战略意义

1. 服务业绿色发展是新时代满足民生需求的重要内容

长期以来,解决民生问题主要是靠物质产品实现。但是,随着新时代社会主要矛盾的变化,在收入水平提高、民生内涵不断丰富、百姓诉求日益广泛的背景下,解决民生问题越来越依赖服务业特别是社会服务业、生活性服务业的发展。没有健全的服务体系和发达的现代服务业,就不可能有高质量的民生。新时代必然有新的生活理念,随着全面建成小康社会的来临,大多数居民将从基本的生存需求转向发展型、享受型需求,将大大拓展文化旅游、医疗养老、体育健身、教育培训等方面的消费空间。这些领域的服务业是典型的绿色服务业。换句话说,只有适时实现服务业的绿色转型或绿色发展,才能高质安全地满足广大群众的民生需要,提高百姓民生福祉。

2. 服务业绿色转型是稳增长、扩就业的重要手段

过去30多年,我国较多地依靠外需。但随着国际金融危机的爆发和贸易保护主义思潮的抬头,依靠外需发展经济的道路遇到了重大瓶颈。从依靠外需向依靠内需的转型,需要培育和壮大新的增长点。2017年,中国大陆人均GDP已经超过9000美元。国际经验表明,人均GDP在6000~10000美元是服务业大发展的拐点或者战略机遇期。在这个阶段,服务业既是我国经济转型升级的新动能,也是经济增长的新亮点。改革开放以来,我国经济总体上保持了中高速增长态势,即便前几年经济增速有所回落,也保持在6.7%~6.9%,仍然是全球经济增速最快的国家之一。这其中,服务业对经济增长的贡献最大,服务业在国民经济中的占比最高,已连续3年超过50%,成为名副其实的"半壁江山"。服务业也是吸纳劳动就业的主力军,不管是新增劳动力,还是从农业和制造业中分离出来的劳动力存量,主要靠服务业来消化,但对照服务业同等发达程度的国家,我国服务业对劳动就业的贡献率还是太低。目前,发达国家服务业劳动就业的比重普遍占到了70%以上,中等发达国家服务业劳动就业比重超过了50%,而我国只有44%,其差距显而易见。我们必须利用产业结构调整和增长模式转变的机会,充

分发挥服务业对经济增长和就业的贡献，既要大力发展服务业，又要转变服务业发展方式，积极推进服务业绿色转型，通过服务业绿色发展和转型，创造服务业新领域、新内容和新业态。

3. 推进服务业绿色转型是推进供给侧结构性改革的重要突破口

长期以来，中国的经济增长主要靠第二产业带动，这些年情况有所好转。但与我国同等发达程度的国家相比，无论是服务业增加值占GDP比重，还是服务业发展质量，都总体滞后。根据我国经济发展实际和全球经济发展大趋势，我国现在经济增长要转变为依靠第一、第二、第三产业协同带动，更加注重服务业的贡献。我们说要更加注重服务业的贡献或作用，不是简单地提高服务业占比，而是要充分发挥服务业对实体经济和民生福祉的支撑作用。绿色服务业是现代服务业的重要组成部分，其大多是知识密集型服务业，既为民生福祉服务，又为生产服务。总体来看，绿色服务业是我国服务业发展中的一个"短板"。弥补绿色服务业这个"短板"，也是从供给端发力，解决服务业发展不平衡不充分问题、推进服务业供给侧结构性改革的重要突破口。

4. 发展绿色服务业是缓解资源环境压力的重要途径

粗放型经济发展方式，能源资源利用效率低，是我国经济高质量发展的主要障碍。2015年，中国以23%的全球能源消费量创造了全球14.7%的GDP。由此可以看出，我国单位GDP产出的能源资源消耗量要比世界平均水平高出不少。目前，我国单位GDP能耗是世界平均水平的2.5倍，美国的3.3倍，日本的7倍，同时高于巴西、墨西哥等发展中国家。中国每消耗1吨标煤的能源仅创造14000元的GDP，而全球平均水平是消耗1吨标煤创造25000元的GDP，美国是31000元的GDP，日本是50000元的GDP。在工业化和城镇化进程日益加快的今天，经济增长面临的资源和环境瓶颈越来越凸显。废水、废气和废渣排放总量持续增加，化学需氧量和二氧化硫排放量居世界第一。党的十九大要求我国经济从中高速增长转向高质量发展，那种依靠能源资源大规模消耗的发展模式将难以为继，必须转型。转型的方向之一就是提高能源资源利用效率，降低污染物排放，大力发展包括绿色服务在内的绿色经济。

5. 发展绿色低碳服务业是工业化中后期阶段产业结构转型升级的重要推手

倒"U"形曲线是著名的库兹涅茨曲线（见图 8-1），最初用以描述收入分配状况随经济发展的变化。随后，人们发现它也可以描述在工业化进程中，一个区域社会对自然资源的依赖性和环境质量呈现出的特征。即在工业化初期，区域社会对自然资源的依赖性不断增强，环境质量下降；在工业化中期，区域社会对自然资源的依赖性和环境质量下降达到峰值；而进入工业化后期，区域社会对自然资源的依赖性又逐步减弱，环境质量上升。总体来看，我国正处在工业化的中后期，资源环境的压力接近峰值，是资源环境压力最大的时期。因此，节能减碳的重要性和紧迫性日益凸显，发展绿色低碳服务业的重要性不言而喻。可以毫不夸张地说，发展绿色低碳服务业是工业化中后期阶段产业结构转型升级的重要推手。没有绿色低碳服务业的大力支持，几乎难以顺利地实现产业结构转型升级。

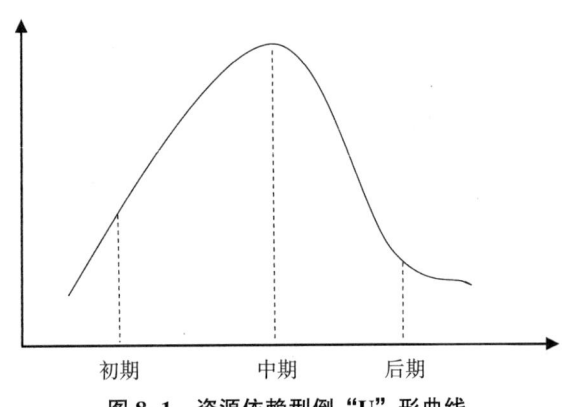

图 8-1　资源依赖型倒"U"形曲线

三、中国服务业绿色发展的推动因素与制约条件

（一）推动因素

1. 政府环境政策与环境标准

绿色经济、绿色服务业是一个法规和政策引导型产业，或者说是"自上而

下"的驱动型产业，这是该产业区别于其他产业的一个十分突出的特点。从政策方面来看，绿色产业具有强烈的制度驱动型特征，主要表现在以下三点：一是政府要不断提高能效、环境标准和加强有效的规制，这是绿色产业形成产业需求的重要推动力；二是绿色产业发展初期需要政府的直接鼓励政策，如财政补贴、税收优惠、金融支持、配额交易、绿色采购等；三是绿色产业具有混合经济的特征，一些绿色服务业具有准公共物品性质，私人部门介入需要政府授权。从法律法规方面看，纵观世界各国环境保护的历史，环境保护法规越健全、环境标准与环境执法越严格的国家，节能环保产业也就越发达，也就越具有在国际市场上占有优势的环保技术。因此，可以说，政府的环境法规、环境标准与环境执法因素既是节能环保产业发展的首要驱动因素，也是节能环保产业发展的基础。

2. 社会经济发展水平

绿色经济、绿色服务业主要是适应本国环境保护需要而发展起来的，因此，一个国家的社会经济发展水平对绿色产业发展的规模、速度以及技术水平等都有重要影响，成为绿色产业发展的原动力。这主要表现在国家对能源利用和环境保护的资金投入上，即在经济发展水平低下的阶段，用于能源环境的投入比例较小；只有在经济达到一定水平后，这种投入才能在总量和比例上得到有效的提高。

3. 公众的环境意识

公众的环境意识是促进节能环保产业发展的又一大驱动因素。这主要表现在：首先，公众环境意识的提高使人们对环境质量提出了更高的要求，从而形成了强大的社会压力，这将促使政府提高环境标准，完善环境法规和政策，促使企业承担更大的环境责任，从而形成对节能环保产品和服务的巨大、持续的市场需求；其次，公众环境意识的提高也将促使人们改变自己的生活方式，特别是消费方式。随着各国环保运动的发展，公众自发的环境保护行动对消费品市场的影响力越来越大，资源节约与环境友好型产品赢得了消费者喜爱，更具有市场竞争力。在这种力量的作用下，绿色产业发展与绿色服务市场形成将不仅依赖政府直接或补贴性质的投入，而且企业也将主动投入环保运动中，从而形成一种推动节能环保技术和产业发展的重要力量。

（二）制约条件

1. 绿色服务意识还没有真正"入脑入心"

随着环保意识、健康意识的增强,大多数企业和居民的绿色服务意识明显增强。但是,由于绿色服务的收益有一个滞后效应,消费者感知或受益也不一定体现在经济效益上。因此,难免陷入"说起来重要、干起来忘掉"的怪圈,口里说要加强绿色服务意识,但行动起来就不一定如此,还是有不少企业和居民忽略了绿色服务的重要性,甚至做出危害生态环境与损害绿色发展的生产和消费行为。总体来看,当下对绿色服务、绿色旅游、绿色消费等新名词、新概念或新理念口头上说得多,但由于习惯的影响以及没有相应的强有力的约束与激励机制,还未真正落实到行动上,不少消费者依然我行我素地按照原来的方式方法消费,很少严格地遵循绿色消费理念。我国地区差异大,居民文化素质高低不一,社会责任和环保意识参差不齐,有不少企业和居民甚至不知道绿色产品和绿色服务为何物,绿色服务意识还没有真正"入脑入心"。ISO14000国际质量认证体系在中国服务业发展过程中并未得到普遍重视,这就是典型的例证。

2. 绿色服务管理水平总体不高

企业在其经营管理过程中,习惯性地把经济利益摆在第一位,这是可以理解的行为。但是,随着环保和绿色意识的增强,强化绿色服务管理不仅不会影响经济利益,反而会促进企业的经济利益,两者是相辅相成、相得益彰的。但遗憾的是,由于长期的习惯性思维,不少企业还是缺乏绿色管理意识。例如,在制定经济发展战略时,不重视既有的或者闲置的服务资源的充分利用问题,可能超越市场需求提供服务资源,从而造成服务资源的浪费;在经营过程中,服务能力的利用率不高,运营效率低下;为降低服务成本而采用非环保品,危害健康和环境。

3. 绿色服务制度尚不健全

所谓建立绿色服务制度,实际上就是重新建立服务行为的主要规则和考核评价指标,即用绿色服务规则和指标作为服务业今后发展的"指挥棒"。它包括绿色服务规范制度、绿色服务激励制度、绿色服务考核制度、绿色服务认证制度等。在市场经济条件下，利润是企业追求的目标，缺乏实现经济与环境协调发展的绿色制度安排，就必然会导致困扰人类经济社会发展的生态环境灾难，现实早已证明这一点。部分地方政府在追求 GDP 和地方财政收入的"利益"驱动下，也缺乏建立健全绿色服务业的动力，对服务业发展中的非绿色行为听之任之。

4."融资难"仍然困扰着绿色服务业发展

服务业融资难是一个普遍的现象。绿色服务业作为新兴服务业，这个问题更加突出。例如，合同能源管理是绿色服务业的主要商业运作模式，采用这种模式的节能服务企业是从客户实施节能项目节约下来的能源成本中分享收益，在整个节能项目正常运营之前，节能服务企业是没有收入的，投入的初始阶段只是净投入，后续阶段继续大量投入之后才能有产出。由于收益时间过程的滞后，其融资特征表现为资金投入的风险性高，这是节能服务企业融资与传统融资方式最大的区别。由此可见，节能服务企业的融资要求与金融机构追求的资金安全性、营利性及流动性之间存在矛盾。因此，金融机构对该领域惜贷，甚至不贷款。另外，从节能服务企业的本质特性来看，其属于高新技术服务企业，一般都以技术起家，内部资产以专利等无形资产为主，缺乏可以用于抵押担保的固定资产，与金融机构现有的抵押担保要求不符，这也增大了其融资难度。

5.税收政策缺乏稳定性，影响了节能服务企业的市场预期

目前，对合同能源管理这样典型的绿色服务业形态，我国现行税收法律体系没有明确的税收规定。不同公司在不同地区缴税有不同的方式，影响了节能产业的发展。虽然财政部、国家税务总局已经联合发布《关于促进节能服务产业发展增值税、营业税和企业所得税政策问题的通知》，明确了我国合同能源管理项目的具体税收优惠政策，但同时也强调节能服务企业实施合同能源管理项目的相关技术应符合《合同能源管理技术通则》规定的技术要求，并且要求节能服务企业与用能企业签订的节能效益分享型合同要符合《合同法》和《合同能源管理技术通则》等的规定，只有这样才能享有相关的营业税和增值税优惠。上海、北京等城市也制定了相关的财政补贴政策，如北京市出台了《北京市合同能源管理项目扶持办法（试行）》《北京市节能减排专项资金支持合同能源管理项目实施细则

(试行)》《北京市能源合同管理项目节能量审核机构管理办法(试行)》等规范性文件,但是这些政策限制较多,并且目前仍在试行阶段,这就意味着政策的局限性和不稳定性,而这不稳定性往往会影响节能服务企业的市场预期。

6. 产业政策和发展机制缺失

我国还没有制定专门用于规范节能环保服务业发展的法规,涉及节能环保服务业的政策法规基本包含在一些综合法规及节能环保产业政策中,内容分散,缺乏协调。受立法体制的限制,我国的特许经营制度还没有完成立法,虽然已经有七个地方性《特许经营条例》发布,但是在国家层面,特许经营目前仍然停留在部门规章的层次,对特许经营所涉及的产权、税收、土地、价格等综合问题难以协调。因此,现行的管理体制和运行机制不适应环保服务业的发展要求,节能环保服务业发展的长效机制尚未建立。

7. 技术创新不足,产业基础薄弱

任何产业的形成与发展及结构的演变都取决于多方面的因素,其中,技术进步与创新起着决定性的作用,这一点对于绿色服务业这样的新兴产业尤其重要。这些年,我国节能环保技术有了不少进步。总体来看,节能环保领域的自主创新能力不强,缺乏基础性、开拓性、颠覆性的技术创新,核心技术研发非常薄弱,很多关键设备都依靠进口解决,节能环保设备制造、工程咨询等不能充分满足国民经济发展要求,节能环保行业产业基础薄弱,缺乏龙头企业,企业市场竞争能力、技术服务能力和人员素质都亟待提高。

四、绿色服务业的重点领域选择

(一) 绿色金融

绿色金融是指金融部门把环境保护作为一项基本政策,在投融资决策中要考虑潜在的环境影响,把与环境条件相关的潜在回报、风险和成本都融合进银行的日常业务中,在金融经营活动中注重对生态环境的保护及环境污染的治理,通过对社会经济资源的引导,促进社会的可持续发展。多年来,中国金融机构的绿色金融理念日益深入,并积极实践绿色金融,探索绿色金融发展之路。实施绿色金融战略,可从健全绿色金融的法律法规保障体系、建立新型的贷款评价指标体系、完善环保与金融部门的信息沟通和共享机制、成立专门的金融机构环境信用评级机构、加快建立为绿色金融服务和低碳技术投资的基金、开发可再生能源和环保汽车等信贷业务与保险产品等方面着手。

(二) 绿色物流

绿色物流是指在物流过程中抑制物流对环境造成的危害,并实现对物流环境的净化,使物流资源得到最充分的利用。它是以降低对环境的污染、减少资源消耗为目标,利用先进物流技术规划和实施运输、仓储、装卸搬运、流通加工、配送、包装等物流活动。加快发展绿色物流可从以下几个方面着手:一是制定绿色物流标准,制定出比较严格的、与国际标准接轨的产品标准和排放标准。二是在税收、财政补贴、牌照发放、市场准许等方面,优先对具有绿色物流理念与实践的企业进行激励,为绿色物流的发展提供良好的竞争环境。三是理顺绿色物流的管理体制,打破地区、部门和行业的局限,按照大物流、绿色化的思路来进行全国的物流规划整体设计,提高物流服务效率。四是在实际操作层面注重信息技术的运用,实现绿色物流数字化。五是要注重加强各种运输方式的衔接,加快完善综合交通运输网络,大力发展多式联运。特别要强调以集装箱作为连接各种工具的通用媒介,起到直达运输的作用。

(三) 节能环保服务业

从世界节能环保产业的发展趋势来看,节能环保产业的服务化趋势日益明显。节能环保产业越往高端发展,其服务化的特征就愈加明显。节能服务业是指为节能产品、设备及技术提供服务的产业,它包括节能技术研发与转让、节能监测诊断服务、节能工程设计与设施运行、节能咨询服务、合同能源管理、节能贸易与金融服务等。环保服务是指与环境保护相关的服务贸易活动,具体包括环境技术服务、环境咨询服务、污染设施运营管理、废旧资源回收处置、环境贸易与金融服务、环境功能及其他服务六类。推进节能环保服务业发展,可从以下几个方面着手:首先,灵活使用财政税收杠杆,有效达到"惩戒"与"鼓励"的目的,使节能与环保变为企业的自动、自觉行为。其次,完善环保服务产业发展的投融资机制,吸引银行信贷资金投向环保项目,也可以将更多的环保项目纳入国家开发银行的城市综合开发贷款项目中。再次,建立市场监督制衡机制,包括资质认证制度、招投标制度、监理制度、专家评审制度和公众参与制度等。最后,加大研发投入力度,灵活采用政府和企业合作研发、政府支持企业创新项目研发等方式,全方位地加大研发投入。

(四) 绿色商业

绿色商业是指企业在商品流通过程中充分体现环境保护意识、资源节约意识和社会责任意识,尽可能地满足消费者的绿色需求,从而科学地实现企业经营目标和发展的可持续性。发展绿色商业可从以下几个方面着手:一是改进销售方式。在所销售的产品方面,尽可能销售可拆卸、可分解,零部件可翻新、可重复利用,包装物可回收的产品。二是商业实体店的全面绿色化。尽可能选用无公害、养护型新能源、新材料,大量使用节能灯具、地热空调、变频冷冻与冷藏系统、智能扶梯等,减少能源与材料的消耗。三是实施绿色采购,政府或者企业优先购买对环境负面影响较小的环境标志产品。四是全面倡导绿色消费观念,积极引导消费者进行绿色消费、适度消费、循环消费。

五、推进服务业绿色发展的战略举措

我国保持了近40年的经济高速增长,创造了世界经济增长奇迹,这是一个了不起的成就。但是,我们也要看到,这种中高速增长的主要驱动力是要素的投

第八章 新时代服务业绿色发展战略

入和资源环境的过度消耗。当资源约束越来越大、人口红利越来越少时，发展就会停顿，这种粗放扩展的规模效应就会递减，增长将难以持续。显然，我们不能再走传统粗放型发展的老路，必须寻找新理念、新路径，要从简单地追求经济总量和增长速度转向追求绿色 GDP 和经济发展质量。绿色发展是人民的向往和期盼，也是实现中华民族伟大复兴中国梦的重要内容。要实现这个伟大的梦想，必须以绿色发展新理念扭转传统的粗放型经济增长方式，以习近平新时代绿色发展思想引领中国经济绿色转型，推进服务业绿色发展，实现中国经济高质量发展。

（一）推动经济发展方式由粗放型向集约型转变

集约型增长方式是依靠生产要素的优化组合，通过技术进步和提高劳动者素质，全面节约和高效利用资源，推动低碳循环发展而实现的经济增长。这种经济增长方式是对以往以高消耗、高排放、高污染、低效率为特征的粗放型发展模式的否定，是以低消耗、低排放、低污染、高效率为特征的集约型发展模式，从而实现经济发展和生活环境的双赢、人与自然的和谐共生。我们正在强调经济由高速增长转向高质量发展。高质量发展是一个系统工程，是多方面协同发展的结果，但绿色发展是其最核心的要义之一，必须把绿色发展理念放在重要位置。

（二）积极运用财政政策支持服务业绿色发展

服务业绿色发展是经济绿色转型和绿色产业发展的重要组成部分，这项工作还处在初级发展阶段，同时，绿色经济更具有外部性属性，社会融资难度较大，企业投入能力也有限。在这种情形下，加大政府投资力度，并通过政府投资带动相关社会投资支持服务业绿色发展非常必要。例如，各级政府在增加绿色产业预算投入的同时，应通过专项基金、补贴、奖励、贴息、担保等多样化财政资金使用方式引导社会资本进入绿色产业领域，支持企业绿色转型。此外，还要强化绿色采购制度，支持绿色服务产业发展。政府采购制度要把绿色采购作为一个基本准则和出发点，包括绿色企业、绿色产业、绿色服务的认定标准、认定机构和产品清单等。

(三) 健全支持服务业绿色发展的金融政策

应建立统一的企业环境风险评级制度,提高信息利用的有效性,增强银行间的信息共享水平。建立有效的银行绿色信贷政策的激励与约束制度,确保企业能够公平公正地享受绿色信贷政策。为环境友好的企业提供优惠利率,以促进企业绿色发展,推动经济发展方式转变。注重发挥"社会化融资"的力量,鼓励节能环保企业更多地依托资本市场筹集资金,形成政府、银行、社会、个人多元化的投资局面。建立和完善绿色债券市场、绿色保险市场、绿色基金市场和绿色金融衍生品市场等,为绿色服务产业和绿色服务企业提供更多的融资渠道。

(四) 健全相关税费制度,降低服务企业绿色转型的成本

按照资源节约和环境友好的原则,对有关税种、税目、税率进行动态调整。例如,加快推进资源税改革,调整消费税。采取适度税收优惠等政策措施鼓励企业绿色转型和绿色服务产业发展是通行的国际惯例,我们也可以据此制定措施。对一些能耗与环保不能达标的生产方式和消费行为,要实施惩罚性收费,迫使这些企业或消费者进行绿色转型。建立从批发到零售的绿色流通网络体系是实现企业绿色转型的基础性工作,为此,交通部门和商务部门要制定相关政策,消除不必要的关卡和收费,发放绿色产品运输统一标志,制定绿色产品运输标准,开辟绿色服务通道,为绿色企业降低运行成本。

(五) 规范绿色服务业市场环境

规范绿色服务业市场环境要从以下几个方面着手:一是规范绿色服务市场发展秩序。政府部门应不断完善市场体制和市场环境,为服务型企业营造一个全国统一开放、公平竞争、规范有序的市场环境。服务业涉及的行业门类既多又广,由于种种原因,各种保护及管制也比较多。因此,政府应打破服务业多领域的保护和管制,规范和维护市场的竞争秩序,加快信用体系的建立,防止市场的垄断和恶性竞争,同时消除地方保护及管制,充分发挥市场的调节作用,使各种类型

的企业在市场上公平竞争,优胜劣汰,从而实现资源的最优配置,提高服务业的效率。二是积极开拓或培育绿色服务市场。市场需求是社会生产的指示器,绿色服务市场的开拓是实现服务业绿色转型的关键。政府应结合一定时期内国民经济发展规划,组织相关机构或专家对现有的绿色服务市场进行调研和分析,确定合理的绿色服务市场建设目标。应根据我国各地区、各部门、各行业的具体情况,利用立法、行政、监测和审核等制约手段以及价格政策、环境税收、银行贷款方面的倾斜政策等经济杠杆来引导资本投向、资源配置、消费模式等导向绿色服务,积极开拓国内外绿色服务市场。应出台政策鼓励企业在坚持速度规模与质量效益并重原则,以产业化经营为基础、产品质量效益为核心、服务体系完善为保障的前提下,以国内外市场建设为中心,以中介服务组织为纽带,加快市场培育和开发,提高我国绿色服务产品的市场占有率和核心竞争力,促进我国服务业的绿色转型。三是完善绿色标志产品制度。绿色标志既可以引导消费者在消费服务产品时参与环保活动,也可以使绿色标志和价格、质量一样成为重要的市场竞争因素。获得认证的服务企业可以在营销中以此来证明对环境的贡献,从而扩大市场份额。同时,也可以通过绿色标志的使用来开拓和完善绿色服务市场。完善绿色标志产品制度包括制定专门针对服务业的绿色标志申请条件、审查标准和程序、使用要求、期限、管理机构等的实施办法,并使绿色标志的管理规范化、制度化。绿色标志产品制度在维护企业和消费者合法权益的同时,也有利于将绿色服务推向国际市场。如德国的"蓝色天使"计划、加拿大的"环境选择方案"、美国的"绿色标签制度"和日本的"生态标志制度"等,虽然没有专门针对服务业的方案,但其做法仍值得借鉴。

(六)健全发展绿色服务业的国际贸易政策

立足于经济全球化的视野,发展绿色服务业需要有效的国际贸易政策。一是政策导向上限制和鼓励相结合。为了促使服务企业快速融入全球服务业绿色转型的阵营中,政府在制定相关服务贸易措施时,在政策导向上应限制性和鼓励性政策相配合,设立禁止、限制、允许和鼓励等分类措施。二是打破绿色服务贸易壁垒。设立专门的机构对服务贸易中的各种绿色贸易壁垒进行监测和调查，加强对国外绿色壁垒、绿色标准的研究，总结国内外服务企业突破绿色贸易壁垒的经验教训，制定打破绿色贸易壁垒的对策和预警机制。同时，赋予国内企业和产业较为充分的绿色贸易壁垒调查申请的权利，有利于依法消除对外贸易中遇到的各种限制性壁垒措施，有效维护我国的服务贸易利益。三是构建和完善服务外包的标准体系。突破国外技术性贸易绿色壁垒，从根本上讲是要提高外包服务的质量标准。因此，制定服务业的绿色技术法规和标准应以国内标准和国际标准为依据，尽量等同采用，从国际贸易的角度来开展标准化活动，使国内标准和国际标准协调，并按照需要将国际标准引入我国，及时掌握国际标准的动态及其制定背景，进行细致分析、合理采纳。

（七）促进服务企业绿色化

服务业绿色发展，关键是微观主体要有主动性和积极性。为此，可从以下几个方面着手：一是政府要加大宣传力度，增强服务企业的绿色意识。通过宣传改变过去绿色转型只是制造业而非服务业事情的传统观念，即服务企业与制造企业一样，在服务产品与设施的设计和开发中需要消耗一定的资源与能源，不可避免地产生废弃物，对环境造成不良影响，因而也需要进行绿色转型。通过宣传让服务企业意识到实现绿色转型的巨大压力，即政府通过宣传，让企业意识到随着绿色经济时代的到来，未来市场上各种绿色标准将更加严苛，企业未来的竞争不可避免地面临着绿色门槛，迫使企业不得不进行绿色转型。通过宣传让服务企业充分认识到市场上存在的巨大绿色商机，从而积极地进行绿色转型，争取绿色认证，打开广阔的国际国内市场。通过组织教育培训，使企业管理者和员工都能树立绿色服务理念，将企业的发展与自然环境保护以及社会经济可持续发展结合起来，使绿色服务成为全体员工的自觉行动。二是制定相关制度，促使服务企业生产绿色化。根据我国《清洁生产促进法》对服务业领域实施清洁生产提出的原则性要求，制定一些专项制度，促进服务业生产环节的绿色转型，如《绿色市场认证实施规则》《绿色饭店评估细则》《绿色旅游景点评估细则》等相关行业标准。当然,不同服务行业的服务特点不同,实现服务生产绿色化的过程也不一样。如在传统强势服务行业中,批发零售贸易业可主要通过绿色营销、电子商务、开辟绿色采购通道、引导绿色消费等来实现绿色生产;在餐饮宾馆业中,通过开辟绿色客房、开设绿色餐厅、提供打包服务、按顾客意愿提供一次性用具等实现绿色生产;在交通运输业中,可以通过发展轨道交通、合理规划行驶路线、使用电动车和混合动力车辆等现代绿色交通工具来实现服务生产绿色转型。三是积极倡导绿色消费,引导服务企业绿色转型。从消费环节来看,消费者的消费行为对服务企业进行服务产品的开发和服务途径的优化具有很大的引导作用。政府要加大宣传力度倡导绿色消费,即加强绿色消费理念的宣传,传递绿色消费信息,使消费者都认识到绿色消费的好处;通过绿色消费知识的教育,向广大消费者进行普及,提高消费者的环境保护意识,形成绿色消费观,使消费者建立合理的绿色消费结构和多样的绿色消费方式等;引导消费者转变消费观念,引导消费者崇尚自然、追求简朴、厉行节约,走可持续消费道路。 四是加快企业的绿色认证,拓宽绿色交易市场,支持节能环保产业发展。企业的绿色认证是节能环保产业有序发展的重要保障。绿色认证工作主要有国际环境管理体系系列标准(ISO14000)认证、绿色标志认证等,这类认证对企业是非强制性的,具有公证性质,具有保护环境和消除绿色贸易壁垒的双重作用。为了使企业适应国际化的要求,政府应制定实施这种国际标准的管理法规,将该国际标准转化为国内标准予以推广使用,积极引导服务企业进行绿色认证。此外,政府应鼓励或牵头与更多国际权威认证机构开展交流与合作,为企业取得更权威的国际认证创造有利条件。

参考文献

[1] 中共中央:《关于制定国民经济和社会发展第十三个五年规划的建议》,《人民日报》2015年11月4日。

[2] 中共中央文献研究室:《习近平关于社会主义生态文明建设论述摘编》,中央文献出版社2017年版。

[3] 习近平:《决胜全面建成小康社会,夺取新时代中国特色社会主义伟大胜利——在中国

共产党第十九次全国代表大会上的报告》,人民出版社 2017 年版。

[4] 张新婷、许景婷:《政府在发展我国绿色服务业方面的作用及对策》,《生产力研究》2010 年第 3 期。

[5] 曹莉萍、诸大建、易华:《低碳服务业概念、分类及社会经济影响研究》,《上海经济研究》2011 年第 8 期。

[6] 张颖熙:《我国节能服务业发展的现状、问题和对策建议》,《中国经贸导刊》2013 年第 6 期。

[7] 夏杰长、倪红福:《中国经济增长的主导产业:服务业还是工业?》,《南京大学学报》(人文哲学社科版) 2016 年第 3 期。

第九章 新时代服务贸易发展战略

摘　要：我国服务贸易亮点迭出，远高于同期货物贸易和GDP增长速度，正成为引领我国外贸增长的新引擎。然而，服务贸易发展也面临着严峻的挑战，如逆差持续扩大、国际竞争力羸弱、对外开放程度不高、国际话语权缺失、对新兴领域重视不够等。新时代我国服务贸易发展战略的核心是构建起持续稳定发展的长效机制。服务贸易涉及部门很多，构建持续稳定发展的长效机制是一个庞大的系统工程，需各方协同发力，具体包括：多管齐下扭转逆差扩大的趋势；提升服务业发展水平，夯实服务贸易发展的基石；确立"服务先行"的对外贸易战略；增强对服务贸易国际规则的话语权；实施更加灵活多元的规制措施，提高服务贸易监管水平。

一、提升服务贸易战略地位：新时代服务业开放的重要任务

近年来，我国服务贸易总额已连续多年持续增长，服务贸易在全球贸易和经济增长中发挥着越来越重要的作用。党和政府对扩大服务业开放、大力发展服务贸易十分重视。党中央、国务院在《关于构建开放型经济新体制的若干意见》（中发〔2015〕13号）中明确要求，"提升服务贸易战略地位"，对服务贸易发展目标、战略思路以及体制机制创新等重大问题提出了许多重要的方略，是我们推进服务贸易发展和建设贸易强国的行动指南。党的十八届五中全会通过的《关于制

定国民经济和社会发展第十三个五年规划的建议》提出,开创对外开放新格局;有序扩大服务业对外开放,扩大银行、保险、证券、养老等市场准入;扩大金融业双向开放;加快实施自由贸易区。党的十九大报告对发展服务贸易战略也非常重视,明确指出:"拓展对外贸易,培育贸易新业态新模式,推进贸易强国建设。实行高水平的贸易和投资自由化便利化政策,全面实行准入前国民待遇加负面清单管理制度,大幅度放宽市场准入,扩大服务业对外开放,保护外商投资合法权益。"党和政府的这些重要文件为新时代服务业开放、服务贸易强国建设提出了周密部署和任务要求,我们必须以提升服务贸易战略地位作为新时代服务业开放的重要任务,找准问题症结,明晰战略思路,采取有效措施,不断提升服务贸易国际竞争力,把建设服务贸易强国作为现代化经济体系建设的重要组成部分。

商务部有关数据显示,2016年我国服务贸易规模达到6575亿美元,全年增速达到14.2%,服务贸易占外贸的比重接近20%,比2015年增加了2个百分点。从服务贸易内部结构来看,广告服务、维修服务、金融服务等高附加值服务的出口增幅分别达到47%、48%、50%,远远高于传统三大服务贸易细分行业的增幅,服务贸易内部结构不断优化,服务贸易正在成为引领我国外贸转型升级和供给侧结构性改革的重要推动力量。① 在经济走势L形探底的大背景下,服务贸易走出了一条逆势发展的"大阳线",保持了稳健发展的良好势头,实现了服务贸易"十三五"良好开局。但是,我们更要看到服务贸易面临的问题和挑战,服务贸易发展水平和综合竞争力与西方发达国家相比仍然具有较大差距。程大中、郑乐凯和魏如青(2017)的研究发现,无论是整体还是细分部门,中国只是规模意义上的大国,而非强国,国际竞争能力不强,服务出口技术含量较低,大多属于劳动密集型服务出口。夏杰长和倪红福(2017)认为,21世纪以来,中国货物贸易顺差大幅增加,服务贸易逆差呈逐年扩大趋势,即使利用最新的增加值出口核算和分解方法,把隐含在制成品出口中的服务增加值计算到服务出口值,也没有扭转服务贸易逆差持续扩大的趋势。

---

① 商务部:《中国对外贸易形势报告》(2017年春季),2017年。

实施服务贸易提升战略,补齐发展"短板",进一步扩大服务业开放,全面提高我国服务贸易竞争力,对推动形成全面开放新格局、构建新型开放型经济体制和培育经济增长新动能,都有着极为重要的意义。特别是在供给侧结构性改革及"一带一路"建设深入推进的背景下,把握服务贸易发展规律,找准发展差距和"短板",探寻服务贸易持续稳定健康发展的长效机制,提出可行性政策建议和对策措施,是亟待回答的重要课题。

二、中国服务贸易发展面临的问题与挑战

(一)服务贸易逆差有持续增大趋势

我国在服务贸易领域从 1995~2016 年已连续 22 年呈现逆差。作为我国第一大贸易伙伴国的美国,长期以来也一直是我国服务贸易逆差的主要来源国。我国服务贸易发展面临的形势不容乐观。根据《中国服务贸易统计 2016》提供的数据,1998 年,我国服务贸易逆差仅为 25.9 亿美元;2008 年,首次突破 100 亿美元大关,为 115.6 亿美元;2013 年,首次突破 1000 亿美元大关,该年我国服务贸易逆差额创纪录地达到了 1184.6 亿美元;此后四年里,该逆差数仍然持续攀升,到了 2016 年,达到了有史以来的最高值,服务贸易逆差额达到了 2601 亿美元高位。从增长率趋势来看,自 1998 年以来,我国服务贸易逆差年均增长率高达 34.6%。与之相对应,我国服务业分行业贸易竞争力指数相当微弱。2015~2016 年,在我国服务贸易中,细分行业竞争力最弱的是专有权利使用费和特许费;其次是旅游、保险服务和运输服务。由此可见,贸易逆差额大小基本与贸易竞争力指数呈负相关关系,贸易竞争力指数越小,则逆差相对较大(见表 9-1)。

因此,我们基本可以得出这样一个结论,在我国服务贸易发展过程中,如果贸易竞争力得不到根本解决,贸易逆差问题势必会有进一步扩大的趋势。

表 9-1 服务业分行业贸易逆差及贸易竞争力指数

行业	贸易逆差（亿美元）均值（1997~2014 年）	贸易竞争力指数	
运输服务	-205.41	-0.32	-0.37
旅游	-118.45	-0.44	-0.52
通信服务	1.44	0.12	0.03
建筑服务	32.46	0.24	0.19
保险服务	-84.25	-0.3	-0.48
金融服务	-2.05	-0.06	0.32
计算机和信息服务	30.20	计算机 0.41 信息 -0.04	计算机 0.41 信息 -0.18
专有权利使用费和特许费	-77.84	-0.91	-0.91
咨询	37.56	0.35	0.35
广告、宣传	5.13	个人、文化和娱乐服务 0.46	个人、文化和娱乐服务 0.44
电影、音像	-1.42	—	—
其他商业服务	72.18	0.45	0.35

注：贸易竞争力指数数据来源于商务部《中国对外贸易形势报告》（2017 年春季），其计算方法为一国某部门进出口贸易的差额占该部门进出口贸易总额的比重，取值〔-1，1〕，数值越大则表示该部门贸易竞争力越强。

（二）服务贸易整体国际竞争力依然羸弱

服务贸易比较优势指数（TC）是衡量服务贸易竞争力的主要指标。2015 年，我国服务贸易比较优势指数为-0.24，相比之下，其他发达国家的贸易数值远远高于中国。在世界主要服务贸易经济体中，英国的服务贸易比较优势指数最高，为 0.25；美国其次，为 0.19。

服务贸易显示比较优势指数（RCA）是衡量服务贸易竞争力的另一个重要指标。在世界主要服务贸易经济体中，中国的 RCA 为 0.5，位居倒数第一。排名最高的国家为爱尔兰，英国、美国紧随其后，分别为 1.96 和 1.39。两种测量服务贸易国际竞争力的量化指标都显示，我国服务贸易竞争力在世界主要服务贸易经济体中排名落后，值得我们高度关注。

从两种量化指标的数值分布来看，世界服务贸易竞争力较强的国家，主要集中在已经完成工业化的欧美地区。其中，除美国、英国、德国、法国等老牌发达国家之外，北欧的荷兰、爱尔兰的两种贸易指数分别为0.06、1.07和-0.08、2.13，都远远高于中国。而在发展中国家中，印度的服务贸易指数分别为0.12和1.57，也远高于中国（见表9-2）。

表9-2 2015年全球主要服务贸易经济体服务贸易竞争力

国家	服务出口额（十亿美元）	服务进口额（十亿美元）	国际市场占有率（%）	服务出口占该国贸易出口总额的比重（%）	服务贸易比较优势指数	服务贸易显示比较优势指数
美国	690	469	14.5	31.08	0.19	1.39
英国	345	208	7.3	43.84	0.25	1.96
中国	285	466	6	11.12	-0.24	0.5
德国	247	289	5.2	15.76	-0.08	0.7
法国	239	228	5	28.18	0.02	1.26
荷兰	178	157	3.7	23.89	0.06	1.07
日本	158	174	3.3	20.18	-0.05	0.9
印度	155	122	3.3	35.02	0.12	1.57
新加坡	139	143	2.9	26.55	-0.01	1.19
爱尔兰	128	151	2.7	47.69	-0.08	2.13

注：①TC的核算公式为：（某国或地区服务总出口减去服务总进口）/（该国或地区服务总出口加上服务总进口）。其取值介于〔-1，1〕，大于0表示具有国际竞争力，数值越大，表示国际竞争力越大；小于0表示不具有国际竞争力，数值越小，表示国际竞争力越小。②RCA的核算公式为：某国服务出口的占该国总出口的比例/世界服务出口总额的占世界总出口额的比例。其取值大于2.5时，表示国际竞争力极强；介于〔1.25，2.5〕时，表示具有很强的国际竞争力；介于〔0.8，1.25〕时，表示具有较强的国际竞争力；小于0.8时，表示国际竞争力较弱。

资料来源：汤婧、夏杰长：《我国服务贸易发展现状、问题和对策建议》，《国际贸易》2016年第10期。

究其原因，主要是随着我国经济社会的快速发展和居民收入水平的提高，居民对境外高端服务（如旅游、医疗服务、高等教育）有着巨大的需求，但国内相关服务行业的供给又无法满足其高端需求，导致了国内高端需求的外溢。此外，在我国经济转型升级过程中，对知识版权、专业技术服务等智力密集型服务业的需求不断增长，发达国家在这些领域发展水平较高，在全球产业链分工中对国内相关服务产业形成了强势挤压，只有通过对境外服务的较大规模购买才能满足国内需求。

(三) 服务贸易领域开放度有待提升

服务业对外开放对服务业、制造业的正溢出作用已经被实践所证实。在我国对外开放的过程中,由于服务业发展起步较晚,部分行业尚处于幼稚期,加之综合考虑国内就业、幼稚产业保护、国家经济安全等多种因素,我国服务贸易对外开放程度与西方发达国家相比有不小的差距,部分行业的保护程度还比较高。从量化指标研究来看,Hoekman 等 (1995) 最早提出了对各国服务业开放度进行衡量的方法,称为"豪克曼法",其将各国开放程度区分为三类,即完全自由化、不开放、其他,每一类的计分分别为 1、0、0.5,总分越大,开放度越高。[①] 而在服务贸易领域,为了衡量各经济体的服务贸易开放程度,经济合作与发展组织 (OECD) 及世界银行先后推出了服务贸易限制指数 (Services Trade Restrictiveness Index,STRI)。

我们选取了 OECD 国家的 STRI 指数,以我国服务贸易限制性指数与 OECD 国家平均数比较为例,在 2015 年,我国除了在建筑服务、内陆货物运输两个行业服务贸易限制性指数与 OECD 国家平均数接近外,在法律服务、文化娱乐等其余 11 个细分行业,我国服务贸易限制性指数都远远高于 OECD 国家平均数。其中,限制指数最高的为快件快递行业。此外,文化娱乐、电信服务、商业银行、保险服务等行业的服务贸易限制性指数也相对较高。

(四) 缺乏对服务贸易国际规则的话语权

由于有影响的国际组织基本被西方发达国家所掌控,在全球化过程中,我们通常需要被动遵从发达国家已经制定的国际规则,而发达国家也常常依靠先发优势,在国际市场向发展中国家发难,以维护自己的利益。据 WTO 统计,自 1995

[①] Hoekman and Kostecki, The political economy of the world trading system from GATT to WTO, Oxford: Oxford University Press, 1995, p.267.

年至今，在全球服务贸易领域争端中，发起争端的原告方主要为发达国家，发展中国家作为被告的比例为86.49%，发达国家作为被告的比例仅为13.51%。在服务贸易市场，发达国家常常要求发展中国家开放国内市场，放开进入限制，发展中国家往往只能被动应对。

从与中国相关的服务贸易摩擦案例来看，2005~2017年，WTO贸易争端案例库主要收录了与我国相关的七起服务贸易争端，其内容主要集中于不恰当税收返还、金融领域的准入限制和信息公开、知识产权保护和其他市场主体准入限制等问题。在一系列服务贸易争端中，原告方主要为美国、加拿大、日本、欧盟（含原欧共体）等发达国家和地区。而作为被告方，我国基本上是全部被动接受西方发达国家的诉讼需求，在部分意见突出的领域，如知识产权保护，我国甚至对相关国内法律法规进行了修订。在外国投资者的要求下，我国被动接受了金融服务、零售等领域的对外开放，在国际市场上话语权缺失问题比较严重。

三、服务贸易发展新趋势

（一）新兴经济体在全球服务贸易市场强势崛起

从经济全球化的发展历程来看，工业革命以来，西方发达国家依托科技、资本、人力等优势牢牢占据全球经济制高点，向外输出资本、技术和行业标准。而广大发展中国家在经济全球化过程中，只能被动处于全球产业链分工附加值"微笑曲线"的底部。在全球贸易中，西方发达国家在国际分工中占据着附加值较高的研发、设计和品牌推广、管理等环节。发展中国家则输出原材料，承接附加值较小的制造环节，长期以来锁定在全球分工中低端。

随着资本技术的外溢和广大发展中国家经济社会发展水平的不断提高，尤其是以中国为代表的新兴市场力量的奋力赶超，加之部分西方发达国家在国家治理、社会政策等方面的弊端，这一传统的国际分工格局正在发生一些积极的变化。在全球服务贸易市场，长期以来发达国家和地区占据绝对优势地位的格局正在逆转。

根据联合国贸发会议数据库（UNCTAD）有关数据，除转型经济体数据表现平稳外，2005~2015年，发达经济体在全球服务贸易中的占比逐年下降，由2005年的71.95%下降至2015年的63.31%。从占比趋势线来看，发达经济体逐年下降。而与之相对应，则是新兴经济体在全球服务贸易中的占比迅速提升。2005年，新兴经济体在全球服务贸易中的占比仅为25.74%；到了2010年，其首次突破30%大关，达到了31.24%；到了2015年，新兴经济体在全球服务贸易中的占比已经上升至34.09%。

（二）数字贸易正在成为国际服务贸易的主要形式

随着以电子互联网与计算机技术为代表的数字经济的发展，新兴技术正在深刻地改变着原有服务贸易的四种形态（自然人流动、跨境交付、境外消费、商业存在），人们足不出户便可在计算机或手机上完成一系列服务的生产、交换、购买和消费等环节。数字内容服务、社交网站服务、搜索引擎服务等数字贸易，正在成为国际服务贸易的新趋势和新形式。

以中国为例，根据商务部官网提供的资料，在居民的消费购买中，2016年全年实现网上零售额51556亿元，环比增长26.2%。到2020年，我国电子商务交易规模将逼近50万亿元，其中网络零售交易额将超过10万亿元，占社会零售总额的比重达到16.3%。近些年，依托电商平台的海淘业务正在成为我国居民消费的重要方式。再看世界第一服务贸易出口国美国，根据中国商务部政策研究室在《全球数字贸易规则新动向值得关注》（2016年5月10日）中提供的数据，2011年美国通过数字传输的数字交付服务贸易出口3574亿美元，进口2219亿美元，占全部美国服务出口的比重超过60%，占货物和服务出口的比重为17%。从数字产品服务出口的增加值看，其在美国出口增加值中的比重更高，占整个国际贸易的比重超过1/3。上述变化也深刻地体现在全球主要跨国公司的市值中，截至2017年6月，全球市值最大的前十大公司中，除了强生、埃克森美孚外，苹果、Alphabet、Microsoft、Amazon、Facebook，以及中国的腾讯和阿里，无一例外都是数字经济蓬勃发展的产物。

2016年12月，我国政府出台了《"十三五"国家战略性新兴产业发展规划》，首次把数字创意产业纳入国家战略性新兴产业发展规划，使其成为与新一代信息技术、生物、高端制造、绿色低碳产业并列的五大新支柱。由此可以预见，在不久的将来，数字经济以及由此衍生出的数字贸易，势必将成为国际服务贸易新的发展方向，值得我们高度关注。

（三）在波动起伏中走向开放将成为服务贸易的新常态

2016年，英国脱欧、欧洲难民潮、恐怖袭击等"黑天鹅"事件频发，国际社会逆全球化思潮暗流涌动。部分发达国家把国内生产率增速放缓、收入分配恶化、失业等问题归咎于贸易自由化。在长期标榜自由主义的美国，特朗普当选总统后，彻底退出TPP谈判，明确提出要重新审视与多个国家的自由贸易协定。

在部分主要发达国家的主导下，G20会议公报中删除了关于竞争性贬值、抵制一切形式的保护主义等关键的三句话，这是十多年来首次。种种迹象表明，国际社会贸易保护主义沉渣泛起，世界经济在深度调整中曲折复苏，服务贸易面临的国际形势更加复杂。

但是，全球化的潮流已经很难逆转，基于一系列多边协议的贸易投资体系仍在发挥着积极作用。在全球主要经济体中，依然有不少国家旗帜鲜明地表明了坚持自由贸易、反对保护主义的立场。作为世界第一大货物贸易出口国和全球第二大对外投资国，中国也在多种国际场合做出了坚持开放的庄重承诺。但不容否认的是，我们面临的贸易争端在短期内可能会有上升的趋势。

据WTO统计，1997年的亚洲金融危机与2008年的美国次贷危机前后，贸易摩擦相应较多，这说明贸易摩擦在很大程度上与全球的经济发展环境和当事国的经济发展状况息息相关。当全球经济发展平稳时，贸易摩擦较少；反之，则可能面临着较大的贸易摩擦。考虑到服务贸易在一国经济社会发展中的重要性和特殊作用，在全球经济下行期，我们面临的服务贸易摩擦压力仍不容小觑。但世经济发展的历史已经证明,开放是不可逆转的大趋势。世界经济终将会在深度调整中走向开放。以服务贸易为例,1996年,诉诸世界贸易组织争端解决机构(DSB)的全球主要国家服务贸易摩擦为13起,到了2000年,该数据下降到了6起,并随之一路走低至2006年和2007年的0起。[①] 2008年后,该数据虽然再次呈现出递增态势,但从长期趋势线来看,全球服务贸易摩擦呈现出明显的递减态势。

总之,服务开放是大势所趋,但开放的道路不会平坦,在波动起伏中走向开放将成为服务贸易的新常态。

(四) 国际服务贸易大众化趋势将会更加明显

在我国外贸发展的历史上,广大民营中小企业是一支不容忽视的市场力量,特别是在以长江三角洲和珠江三角洲为代表的东南沿海地区。自我国启动市场化改革以来,这些地区依托便利的交通区位条件和人力、资金、科技优势,充分吸收境外资金和先进的技术、管理文化,成为了我国外贸发展的主力军。"十二五"期间,民营企业在我国出口中的比重首次超过外资企业,由2001年的7.3%提高到2015年的45.2%,比"十一五"末提高14.7个百分点。[②]

事实上,从出口数据来看,自2011年以来,民营企业出口占出口总额的比重始终高于外商及国有企业,且占比逐年上升,由2011年的46.6%上升至2015年的58.9%;反之,外商投资企业、国有企业在出口总额中的占比均呈逐年下降趋势。在进口主体中,经过几年的调整,已经形成外商、国有、民营企业"三分天下"的局面。以"一带一路"沿线国家为例,截至2016年末,在中国向"一带一路"沿线国家出口的企业主体中,民营企业占了58.9%,外商投资企业和国有企业分别占27.8%和13.1%。同时,在中国从"一带一路"沿线国家进口的企业主体中,民营企业占比为28.2%,基本接近外商和国有企业的占比,整体呈现出明显的"三足鼎立"格局。[③]

---

① 杨艳红:《中国积极利用WTO争端解决机制的战略选择》,《宏观经济研究》2009年第7期。
② 商务部:《对外贸易发展"十三五"规划》(商贸发〔2016〕484号),2016年12月。
③ 国家信息中心:《"一带一路"贸易合作大数据报告2017》,2017年3月。

在服务贸易领域,考虑到较高的准入门槛、较多的民营资本投资限制,如在电信、金融等具有较高附加值的服务行业,民营资金面临着这样或那样的制约,民营企业参与服务贸易的门槛较高、难度较大。服务贸易的大众参与度并不高,仅以金融为例,全国银行业里能在全球布局的商业银行中,股份制商业银行的占比寥寥无几。随着我国经济体制改革的全面推进,民营企业进入服务行业、参与服务贸易的门槛正在逐年降低。尤其是随着互联网技术及电子商务技术的发展,广大民营企业参与服务贸易的优势正在被激活,一度成为我国参与全球服务贸易的重要力量。例如,以BAT(百度、阿里、腾讯)、华为、小米等为代表的新兴企业,依托自身的技术和商业模式创新,紧跟时代脉搏,实现了跨越式发展,腾讯和阿里甚至在2017年6月跻身全球市值前十大公司行列。

在"大众创业、万众创新"政策的引领下,服务贸易进入门槛势必会进一步降低,民营企业参与国际服务贸易的政策桎梏将被打破。可以预见,我国服务贸易参与主体的民营化、小型化趋势将会逐步显现,甚至可能成为我国服务贸易发展的主力军。

四、新时代服务贸易发展战略举措

(一)多管齐下扭转逆差扩大的趋势

1. 加快发展高附加值服务业

从主要服务贸易强国的出口构成来看,据美国商务部经济分析局数据显示,2006年以来,在美国服务业出口构成中,除旅游和运输外,顺差来源行业主要集中在金融服务、知识产权、计算机和信息服务等资本和技术密集型行业。而同为服务贸易强国的英国,其金融服务占比遥遥领先于其他行业,运输和旅游占比旗鼓相当,此外专利和许可证使用费所占比例也较高。在日本服务贸易出口中,运输业虽然是其占比第一高的行业,但从增长率看,专有权利使用费和特许费贸易一直在持续增长，旅游和金融是其服务贸易顺差的主要来源。

在排除了地理区位、历史条件的影响后，服务贸易强国顺差来源行业主要集中在附加值较高的金融、技术研发等领域。而反观我国服务贸易构成，运输、旅游等传统行业依然占据较强的主导地位，占比多年接近60%。相比之下，金融服务、技术研发、信息、商务服务等行业虽然也实现了快速增长，但占比依然不高，高附加值服务业没有成为拉动我国服务贸易出口增长和缩小服务贸易逆差的有力抓手。因此，发展高附加值服务业，致力于金融、知识产权、商务服务等领域，是遏制我国服务贸易逆差持续增大的重要出路。

2. 大力发展服务外包，提高服务外包层次

服务外包是我国参与国际分工和经济全球化的最主要方式。我国政府早在2009年就提出了在全国范围内鼓励服务外包发展的政策建议，在一系列政策的扶持下，近年来，我国服务外包进入了飞速发展的快车道。在此过程中，我国通过承接产业链分工、吸收借鉴发达国家在技术研发和管理方面的先进经验，实现了后发赶超。2016年，我国承接离岸服务外包的执行金额达到了704.1亿美元，2010~2016年年均增长24.2%，增速均超过同期全国外贸增速，成为对外贸易及服务贸易中的一大亮点。[①] 但是在服务外包领域，低端发展的现象依然没有明显改善，在附加值较高的专业服务、管理咨询等行业，我国竞争力仍然较弱。推动服务外包发展，提高服务外包的市场竞争力，是逐步解决服务贸易逆差的重要途径。国家层面已经出台了多项鼓励承接服务外包的政策措施，成效显著。下一步的工作重点是，高水平推动数字中国建设，提高全社会宽带普及率，借助现代化的移动互联网、云计算、大数据、物联网等新兴技术，为承接国际服务外包奠定坚实的硬件基础。

---

① 邢厚媛、涂舒：《2016年中国服务外包发展回顾和2017年七大发展趋势》，2017年2月。

(二) 夯实服务贸易发展的基石

1. 推动服务业供给侧结构性改革,提高服务业发展水平

服务业快速高质发展是提升服务贸易国际竞争力、建设服务贸易强国的根本出路。近些年,我国服务业发展进步显著,但服务业整体发展水平与西方发达国家相比还有较大差距,面临着诸多问题和挑战。例如,行业附加值率偏低,以劳动密集型服务业为主,传统服务业比重偏高,附加值高的知识密集型服务业和专业服务业严重滞后;制造业和生产性服务业发展严重脱节,生产性服务业对制造业转型升级的推动不足;服务业领域竞争不够充分,服务业管制过多,监管与治理不能适应新经济、新服务的发展;等等。积极推进服务业领域的供给侧结构性改革,补齐发展短板,提高服务业供给水平,增加服务业知识含量和附加值,推动服务业高质发展,是摆脱高端服务业被发达国家和跨国巨头掌控局面、扭转服务贸易低端锁定的根本出路。要从加大政策扶持、吸引外资、培养人才、推进跨界融合等角度做大服务业体量,鼓励制造业企业服务化及生产性服务业和高端服务业发展,从而持续夯实服务贸易发展根基,在量变中实现服务贸易国际竞争力提升的质的改变。

2. 积极稳步推进服务业开放

深入推进对内对外双向开放战略,是我国改革开放的重要战略部署,必须毫不动摇地执行。对内,鼓励和支持民间资本进入服务业领域,充分发挥民间资本的"鲶鱼效应",激发服务贸易领域的市场活力;对外,在逆全球化思潮反扑的背景下,坚持对外开放基本国策不动摇,继续加强吸引外资的力度,加大对国外先进科学技术、人才等生产要素的吸收引进力度,以开放促发展。把"引进来"与"走出去"相结合,通过平台搭建、政策扶持、市场主体培育等,逐步扭转我国服务贸易逆差持续扩大的趋势,最终实现服务贸易与货物贸易平衡发展。扩大服务业开放是大势所趋,但任何国家都是在开放中限制和在限制中开放,闭关锁国和盲目开放都不可取。要在综合权衡国家经济安全的基础上,稳步推进银行、证券、保险、医疗、航运、旅游、软件、零售、支付、文化等行业的双向开放,通过加强国际合作,鼓励外资进入我国短缺的服务业领域,鼓励国内服务业企业"走出去"。扩大服务业对外开放,必须有序进行,分步实施。即便是发达国家,其现代服务业特别是金融、电信、快递、零售等也是逐渐开放的。

(三)确立"服务先行"的对外贸易战略

1. 将服务出口上升为国家战略

从对外贸易的发展历程来看,我国虽然早已制定了较为完善的对外贸易发展战略,但对服务出口的重视程度还不够。在服务贸易领域,缺乏一个全国性的纲领性发展规划。建议我国针对服务贸易逆差不断扩大的严峻形势,把发展服务贸易放在整个对外贸易的优先地位,制定"服务先行"战略,就服务贸易发展战略目标、基本方针、基本原则、重要任务、支撑保障等予以明确。全面提升全社会对服务贸易的关注程度,完善各项机制、激活社会活力,给服务贸易大发展插上腾飞的翅膀,最终实现服务贸易与货物贸易的平衡发展。

2. 鼓励扶持新兴业态

秉持开放包容的心态,吸收借鉴服务贸易竞争力较强国家的发展经验,积极关注服务贸易领域的新变化,容忍并保护新业态发展,重点关注在电子计算机技术、手机等移动终端大发展基础上服务贸易呈现出的新特征、新苗头。一方面,加大对电子计算机技术的研发、投入和应用力度,鼓励国民经济各产业部门实现"互联网+"和"手机+",积极探索基于互联网技术的商业模式创新,鼓励腾讯、阿里、华为等一批在国际市场上具有竞争力的企业做大做强,到国际服务贸易市场参与竞争。另一方面,高度重视中小企业发展,鼓励基于互联网技术的创新创业发展,可在全国范围内设置一定额度的服务贸易创新发展基金,发挥财政资金的杠杆引领作用,鼓励风险投资基金和天使投资进入服务贸易领域,甚至在必要条件下,鼓励地方国资控股企业对服务业创投企业进行战略投资,扶持创新创业类企业发展。

3. 做好合作交流平台搭建

根据"政府搭台、企业唱戏"的原则,在京交会成功模式的基础上,在服务贸易试点地区定期组织开展全球范围的服务贸易交易博览会，创造一切条件为服务类企业"走出去"和外资企业"引进来"搭建好平台。同时，为服务业各类协会、商会的成立创造更好的条件，充分发挥好行业协会在凝聚行业合力、与政府做好沟通协调、提供政策建议、维护行业利益方面的重要作用，并鼓励各类性质的行业协会跨境交流与合作等。在相关产业园区、孵化器、加速器，不仅是对制造业企业，也要对服务业企业创造一定空间。以"大众创业、万众创新"为契机，鼓励个人参与服务贸易发展创新，把商业模式创新和技术创新结合起来，在每年的高新技术企业认定中，设置一定的服务业企业比例，既要培育一批具有国际竞争力的大型国有企业，也要鼓励中小企业做大做强和个人创新创业。不断创新政府服务模式，如对于蓬勃兴起的数字贸易，可扶持壮大一批具有差异化竞争优势的区域或行业电商平台。尽可能做到鼓励服务贸易与财税金融政策协调同步，在服务类企业出口退税、金融机构贷款财政贴息等方面向服务类企业倾斜，对于优质服务类企业做到出口信用保险全覆盖，鼓励市场主体到国际市场参与竞争。

（四）增强对服务贸易国际规则的话语权

从历次全球化浪潮来看，基本上是西方国家在主导全球化。西方国家通过自己主导的全球化，设定了符合自己利益需求的游戏规则，实现了全球范围内资源最优配置，汲取了大量的全球化利益。中国作为发展中国家，通常是全球游戏规则的被动接受者，在全球产业链分工中，低端锁定与被动接受非常明显。国际规则的制定是一国参与全球经济治理的重要体现。发达国家掌握国际游戏规则的话语权，主要是通过WTO、世界银行、IMF等各类国际经贸和金融机构来实现的。它们依托强大的政治经济实力，对后加入的新兴市场国家施加影响，从而牢牢掌握着国际经济规则的话语权。自己主导或者牵头组建国际组织，是掌握话语权的重要途径。在这方面，我们已经积累了初步经验，如"亚投行"的成立就是一个积极的试验。随着中国国力的增强，在全球治理方面的影响明显提升，可牵头组建有广泛影响、多边参与的国际组织，从而掌握国际规则话语权。

(五）实施更加灵活多元的规制措施

1. 加强规则的研究和预判

首先，着手完善国内服务贸易统计制度。建议在目前我国现行服务贸易统计体系的基础上，参考主要国际组织和部分发达国家的服务贸易统计方法，逐步完善服务贸易统计体系，实现统计数据的国际接轨。建议参考部分发达国家和地区的做法，在服务贸易统计中增加附属机构服务贸易（FATS）数据，以便更全面地反映我国服务贸易的概况。此外，还要重点参考国际货币基金组织和 WTO 的口径，统筹协调国内涉及相关服务贸易的统计机构，对目前不适应国际社会主流的方法进行修正。及时根据国内行业发展变化和政策研究需要，调整增加部分反映当今行业变化的新指标，如尝试增加跨国公司等商业存在领域的相关数据、制造业服务化增加值、数字贸易核算等。

其次，加强国际规则发展趋势研判。最重要的是高度熟悉国际服务贸易主要规则和主要服务贸易强国与大国的服务贸易政策。以服务贸易自由化进程为例，服务贸易总协定（GATS）生效后，WTO 主导的服务贸易自由化谈判各方意见分歧较大，从美国的立场来看，其最为关注的是市场准入、国民待遇、跨境数据流动、国有企业四个领域；而综合考虑我国服务发展水平，这些都是我国开放难度大、尚处幼稚期的行业，一旦开放，势必直接面临发达国家优势产业的强势冲击。因此，在我国服务贸易发展过程中，一个重要的任务就是，及时掌握西方发达国家尤其是服务贸易强国的行业发展动态、最新贸易政策。在必要情况下，要继续加强对服务贸易研究的投入，鼓励科研院所、高校或企业加大对国际规则的研究，培育一批服务贸易领域专家，不断增强研究实力，做到知己知彼、百战不殆。

2. 以立法代替行政管制

在服务贸易领域国际争端中，由于我国服务业发展相对滞后，部分行业立法滞后或直接存在真空，不仅为西方国家起诉我国提供了口实，也与我国已加入国际组织的部分要求不符，没有起到为服务贸易保驾护航的目的。

反观部分服务贸易强国,以美国为例,早在1974年就颁布了专门针对服务贸易的《1974年贸易法》,随后颁布了促进服务贸易发展的《1984年贸易与关税法》《1992年出口促进法》等一系列配套法律。除此之外,在各行业都制定了十分详细的法律法规,如《信息自由法》(1967)、《国际银行法》(1978)、《航运法》(1984)、《电信法》(1996)、《计算机软件保护法》、《版权法》等。针对服务贸易统一问题,美国颁布了《国际投资与服务贸易调查法》(1985)。甚至,还有针对家庭娱乐行业的立法,如《家庭娱乐和版权法》(2005)。

为顺应加入WTO的需要,我国在2001年10月后颁布了大量调整国际服务贸易关系的行政法规。如《旅行社管理条例》《国际海运条例》《外国律师事务所驻华代表机构管理条例》《外资保险公司管理条例》《外商投资道路运输业管理规定》《外商投资电信企业管理规定》等。截至目前,我国涉及服务领域的法律法规主要有《对外贸易法》《商业银行法》《保险法》《海商法》《广告法》《民用航空法》《注册会计师法》《律师法》《外资金融机构管理条例》《计算机软件保护条例》等。

但是,与西方服务贸易强国相比,我国服务贸易立法仍然相对滞后,一旦涉及贸易争端,不少行业将面临无法可依的尴尬境地,部分行业也只能用行政管理条例来镶套。因此,建议我国针对服务贸易现状,颁布一部关于服务贸易发展的法律。同时,加快立法进度,将各行业管理条例上升到法律层面,进一步通过立法明确内外资准入、外商监管、争端解决等机制,最终形成管理有序、层次分明的服务贸易法律体系。

参考文献

[1] Hoekman and Kostecki, *The Political Economy of the World Trading System from GATT to WTO*, Oxford: Oxford University Press, 1995.

[2] 商务部:《中国对外贸易形势报告》(2017年春季),2017年。

[3] 程大中、郑乐凯、魏如青:《全球价值链视角下的中国服务贸易竞争力再评估》,《世界经济研究》2017年第5期。

[4] 夏杰长、倪红福:《服务贸易作用的重新估算:全球价值链视角》,《财贸经济》2017年

第 11 期。

［5］杨艳红：《中国积极利用 WTO 争端解决机制的战略选择》，《宏观经济研究》2009 年第 7 期。

［6］商务部：《对外贸易发展"十三五"规划》（商贸发〔2016〕484 号），2016 年 12 月。

［7］国家信息中心：《"一带一路"贸易合作大数据报告 2017》，2017 年 3 月。

［8］邢厚媛、涂舒：《2016 年中国服务外包发展回顾和 2017 年七大发展趋势》，2017 年 2 月。

第十章　新时代服务消费发展战略

摘　要：发达国家消费结构升级的经验表明，服务消费占比提升是消费结构转型升级的主要特点和基本趋势。服务消费快速发展，既有利于满足新时代人民群众的美好生活需要，也有利于经济增长和产业结构优化升级。我国正处于工业化后期阶段，也是消费结构由物质消费向服务消费转型升级的关键时期。人均可支配收入持续提高、中产阶层迅速崛起、人口结构深刻变化、"互联网+"商业模式创新和宏观政策积极引导等因素驱动了消费结构向服务消费升级。引导服务消费升级要从改善收入水平、有效扩大服务供给和完善服务环境等方面着手。

一、问题的提出

消费结构升级是消费理论中广受关注的核心问题之一。所谓消费结构升级，就是从温饱型消费向享受型消费，以及从享受型消费向发展型消费变迁的过程。消费结构升级反映了居民从较低生活质量标准向较高生活质量标准的演变，是消费结构随着时代的进步逐渐优化的过程。以教育、医疗和艺术为代表的服务消费比重支出不断上涨是经济发展和社会进步的必然趋势。这是因为相对于制造业，这些"停滞行业"的劳动生产率很难提高，而两大行业的工资增长基本一致，从而导致以教育、医疗和艺术为代表的服务业成本和价格上涨快于制造业，即鲍莫尔提出的"成本病"问题。张翼（2016）的研究中也提到，从生存性消费向发展性消费转型，在发展性消费中从耐用消费品向服务类消费品转型，是一个必然的过程。他从社会学角度探讨了服务消费存在和发展的社会文化基础。张颖熙、夏杰长（2011）总结发达国家消费结构升级的经验发现，消费结构主要按照"衣食—住行—康乐"的路径进行，服务消费代表了消费结构升级的最终趋势。

服务消费不仅代表了消费结构升级的方向，更重要的是服务消费扩大有助于经济增长和产业结构优化升级。对此，国内外学者的研究已经充分证实了这一点。如 Pugno（2006）通过构建一般均衡模型，从供给角度发现服务消费有助于提高人力资本的累积效应。王晶晶和黄繁华（2014）利用中国数据的实证研究进一步验证了 Pugno 的结论。Buera 和 Kaboski（2012）的研究发现，服务消费的增长是 1950~2000 年美国服务业高速发展的主要原因。

当前中国经济步入新常态，消费需求在经济转型中扮演着重要角色。从国际产业结构演进的经验看，低附加值的传统工业逐步让位于高附加值的现代服务业，是一个国家由工业化中期走向工业化中后期这个特定历史阶段的客观趋势，也是发展中国家成功迈向高收入国家的必由之路。收入水平提高和产业结构转型必然带来消费结构转型升级，即以物质型消费为主向服务型消费为主转变，并形成经济服务化的内在动力和经济持续增长的重要支撑。党的十八大明确指出，中国需大力发展服务业，稳步释放服务消费的巨大潜力，将服务消费的增长作为扩大内需战略的重点。国家"十三五"规划进一步提出，"着力扩大居民消费，引导消费朝着智能、绿色、健康、安全方向转变，以扩大服务消费为重点带动消费结构升级"。扩大服务消费是中国未来转变经济发展方式、满足人们对生活品质提升需求和增强幸福感的重要途径。

二、服务消费比重提升是消费结构升级的重要趋势：基于发达国家的经验

消费结构升级与一个国家或地区的经济社会发展水平和阶段密切相关。罗斯托（1971）在《政治和成长阶段》中明确提出，一个国家的经济发展过程分为五

个阶段，即"传统社会阶段、准备起飞阶段、走向成熟阶段、大众消费阶段和超越大众消费阶段"。所谓"超越大众消费阶段"，即这个阶段的主导部门不再是生产有形产品的工业部门，而是提供劳务和改善生活质量的服务部门。进入这一阶段，人们在休闲、教育、保健和社会保障领域的花费将增加。丹尼尔·贝尔（1985）认为，进入后工业社会，经济结构将从商品生产经济转向服务型经济。随着经济结构转型和国民收入提高，人们用于食物的支出将减少，更多的收入将花费在耐用消费品以及以休闲娱乐为代表的服务消费领域。罗斯托和丹尼尔·贝尔对经济社会发展的不同阶段做了定性描述。钱纳里依据人均GDP发展水平，从定量角度将经济社会发展设定为五个阶段。参照钱纳里的标准，我们将消费结构升级依次划分为五个阶段：当人均GDP在1500美元以内时（即工业化前期），人们追求的是基本的生理和物质需求；当人均GDP在1500~3000美元时（即工业化初期），物质消费需求高速成长；当人均GDP在3000~5000美元时（即工业化中期），以耐用消费品为主的物质消费占据主导，而且伴随着物质消费的高度繁荣，人们对以休闲娱乐、教育和医疗为代表的服务消费的需求日益增多；当人均GDP在5000~10000美元时（即工业化后期），随着经济结构服务化转型和中产阶级崛起，服务消费的需求快速成长并开始占据主导地位；当人均GDP超过10000美元时（后工业化阶段），服务业高度发达，服务消费需求占据绝对主导地位。[①]

从美国、日本、韩国经济发展阶段与服务消费比重的变化趋势来看（见表10-1），与我们之前对消费结构升级五个阶段的判断基本一致。当人均GDP超过3000美元后，以美国、日本为代表的发达国家服务消费的比重均达到30%以上。当人均GDP超过5000美元后，消费结构变化的驱动力主要来自服务消费的快速增长。我们把这种通过新的消费增加引起的消费结构变化称为"增量消费升级"。由此可见，工业化后期是服务消费快速增长的关键阶段。当人均GDP达到10000

[①] H. 钱纳里、S. 鲁滨逊、M. 塞尔奎因：《工业化和经济增长的比较研究》，上海三联书店、上海人民出版社1995年版。

美元后,三个国家服务消费的比重基本达到并超过40%,服务消费开始占据主导地位。当人均GDP超过10000美元并趋向30000美元时,消费增速显著放缓,"增量消费升级阶段"基本结束,居民消费结构开始趋于稳定,我们称为"消费结构稳态"(服务消费占比达到甚至超过50%)。从数据来看,以美国、日本、韩国为代表的发达国家均在20世纪90年代末期完成了增量消费升级,达到消费结构稳态。消费从增量升级到结构稳态的过程恰恰是产业结构升级的反映。从产业结构转型升级角度看,这些发达经济体完成深度工业化进程后,第三产业迅速发展,直到实现新的产业结构平衡,体现在下游则是新的稳定的消费结构。总之,从发达国家消费结构升级的经验中可以发现,服务消费代表消费升级的最终趋势,服务消费比重不断提升是消费结构转型升级的重要表现。

表10-1 中美日韩四国经济发展水平与服务消费比重比较

		人均GDP (3000~5000美元)	人均GDP (5000~10000美元)	人均GDP (10000~30000美元)	人均GDP 30000美元以上
美国	时间阶段	1960~1969年	1970~1978年	1979~1996年	1997年至今
	服务消费比重	46%~50%	50%~54%	55%~63%	64%~67%
日本	时间阶段	1973~1976年	1977~1981年	1982~1992年	1993年至今
	服务消费比重	30%~33%	33%~35%	35%~40%	40%~50%
韩国	时间阶段	1987~1989年	1990~1994年	1995~2006年	2007年至今
	服务消费比重	—	—	42%~45%	45%~50%
中国	时间阶段	2008~2011年	2012年至今	—	—
	服务消费比重	26%~33%	31%~34%	—	—

资料来源:人均GDP数据来自世界银行数据库(http://data.worldbank.org/);国外服务消费数据来自CEIC全球数据库和Wind咨询;中国服务消费数据来自《中国统计年鉴》(2015)。

相比之下,中国人均GDP在2008年突破3000美元,2012年突破5000美元,2016年达到8600美元,但我国城乡居民服务消费的比重仍然没有达到40%,与美国、日本、韩国为代表的发达国家的服务消费水平相比差距较大。中国服务消费比重严重偏低在客观上证实了我国的确存在"消费抑制"的事实,也反映了"消费抑制"一旦被矫正的巨大潜力。本章将在后文具体阐释推动我国消费结构升级的动力因素。

三、中国服务消费发展趋势

消费结构升级包含"支出结构升级和消费品质升级"两个方面,既包括各类消费支出在消费总支出中的比重变化,也包括消费层次提高的过程。这种变化直接反映了一个国家和社会的消费水平和发达程度。下面我们从这两个方面探讨消费结构升级的现状与趋势。

(一)从消费支出结构变化看服务消费趋势

消费支出结构升级反映了生活必需品消费和非生活必需品消费在消费结构中的比重变化。从恩格尔系数来看,自 1995 年以来,中国城乡居民家庭的恩格尔系数均呈现出下降趋势。城镇居民家庭的恩格尔系数从 1995 年的 50.1% 下降到 2016 年的 29.3%,农村居民家庭的恩格尔系数从 1995 年的 58.6% 下降到 2016 年的 32.2%。[①] 这说明中国居民消费已不再仅仅是以保障基本生活为主,而是逐渐扩展到教育培训、健康管理、金融、旅游等各个环节的生活性服务,服务型消费在不断增长。

历年《中国统计年鉴》的相关数据显示,从服务消费占总消费支出的比重来看,1995 年以来,城乡居民家庭的服务消费占比逐年提升,到 2015 年,城镇居民家庭年人均服务消费占总消费支出的比重为 31.4%,比 1995 年提高了近 14 个百分点(见表 10-2);农村居民家庭的服务消费比重为 32.3%,比 1995 年提高了近 19 个百分点(见表 10-3)。1995 年以来,城乡居民家庭人均服务消费均保持 13% 左右的年复合增长率。2015 年,城镇居民家庭人均年服务消费支出达 6721.6 元,农村居民家庭人均年服务消费支出达 2978.4 元。城镇居民家庭的服务消费水平是农村家庭的 2 倍多,城乡居民家庭服务消费水平的差距在缩小。

---

① 数据来源于国家统计局《2016 年国民经济和社会发展统计公报》。

表 10-2　1995~2015 年中国城镇居民家庭人均年消费支出结构

单位：%

年份	食品	衣着	家庭设备及服务	居住	杂项商品及服务	服务消费
1995	50.1	13.5	7.4	8.0	3.2	17.6
2000	39.4	10.0	7.5	11.3	3.4	28.3
2005	36.7	10.1	5.6	10.2	3.5	33.9
2010	35.7	10.7	6.7	9.9	3.7	33.3
2015	29.7	8.0	6.1	22.1	2.7	31.4

注：依据国家统计局的统计口径，这里的服务消费只包含交通通信、医疗保健、教育和文化娱乐服务四大项。因"食品"支出项中的"在外用餐服务""衣着"支出项中的"加工服务""居住"支出项中的"物业管理服务""家庭设备用品及服务"支出项中的"家庭服务"缺乏连续的统计数据，并且这一部分支出相对于总消费支出比重较小，对整体统计结果不会产生较大影响，所以不予统计。

资料来源：《中国统计年鉴》（1996~2016）。

表 10-3　1995~2015 年中国农村居民家庭人均年消费支出结构

单位：%

年份	食品	衣着	家庭设备及服务	居住	杂项商品及服务	服务消费
1995	58.6	6.9	5.2	13.9	1.8	13.6
2000	49.1	5.7	4.5	15.5	3.1	22.0
2005	45.5	5.8	4.4	14.5	2.1	27.7
2010	41.1	6.0	5.3	19.1	2.1	26.3
2015	33	6	5.9	20.9	1.9	32.3

资料来源：《中国统计年鉴》（1996~2016）。

从服务消费内部结构来看，对城镇家庭来说，交通通信领域的消费支出上涨最为明显，占总消费支出的比重从 1995 年的 5.2% 上升到 2015 年的 13.5%；对农村家庭来说，交通通信和医疗保健两大领域的消费支出上涨最为突出，交通通信占总消费支出的比重从 1995 年的 2.6% 上涨到 2015 年的 13%，医疗保健支出从 1995 年的 3.2% 上涨到 2015 年的 9.2%。[①] 这说明，随着经济发展、交通基础设施的日益完善以及居民收入水平的不断提高，城乡居民在交通出行方面的开支显著增加。由于城市基础设施和公共服务更加完善，城镇家庭在教育和文化娱乐方面

---

① 数据来源于《中国统计年鉴》（1996~2016）。

的支出增长相对显著,而对农村居民来说,随着新农合的广泛覆盖,极大地释放了农村居民的看病需求。

总之,随着收入水平的不断提高、城镇化进程的加快、"互联网+"对行业的渗透以及社会保障程度的日益提高,未来中国服务消费支出将持续增长。据麦肯锡预测,到2020年,中国城乡居民家庭在医疗保健、休闲和文化服务、交通领域的消费支出增长均呈上升趋势(见表10-4)。

表10-4 2000~2020年中国家庭各类消费品增长率

单位:%

	2000年	2010年	2020年(预测)
食品	43	28	20
服装	8	12	10
医疗保健	6	9	10
家具产品	6	6	5
住房及公用事业	12	10	12
个人用品及服务	3	4	5
休闲娱乐用品	2	5	8
休闲和文化服务	2	3	4
教育	10	5	5
交通	3	7	13
通信	4	9	8

资料来源:麦肯锡研究报告:《"会面"2020中国消费者》。

(二)从消费品质升级角度看服务消费新趋势

消费品质升级表现为消费者用于自身发展、休闲享受的服务消费的比重、内容方式不断增多,居民消费质量不断提高。进入服务消费阶段后,消费者的购物习惯日益呈现碎片化、个性化和体验化的趋势。消费者越来越注重生活品质及消费体验,体现在消费支出上就是用于医疗美容、文化旅游、休闲娱乐和体育健身领域的支出逐渐增加。以体育行业为例,近年来体育行业开始成为城市中产阶级会追求的一种时尚生活方式,从最初强身健体的基础认知上升到追求自我完善的生活方式。特别是社交平台的出现,让人们更乐于展示自己,并在展示的过程中使运动成为一种时尚追求。据调查数据显示,近六成消费者会在社交平台晒出运动时的照片,"强身""爱秀"和"观察"成为体育消费人群的三大标签。研究发现,体育人群相对来说具有高学历、高收入和高职位的特点,其家庭月收入达到10699元,比非体育人群高出36个百分点;67%持有本科以上学历,其中接近三成是企业管理层人员。从宏观角度考察体育行业,2015年,我国体育总产值1.7万亿元,产业增加值占当年GDP的比重为0.8%,远低于全球平均值(见图10-1)。国家体育"十三五"规划提出,到2020年,我国体育产业总规模超过3万亿元,体育产业增加值的年均增长速度明显快于同期经济增长速度,在国内生产总值中的比重达到1%,体育服务业增加值占比超过30%,体育消费额占人均居民可支配收入的比例超过2.5%。

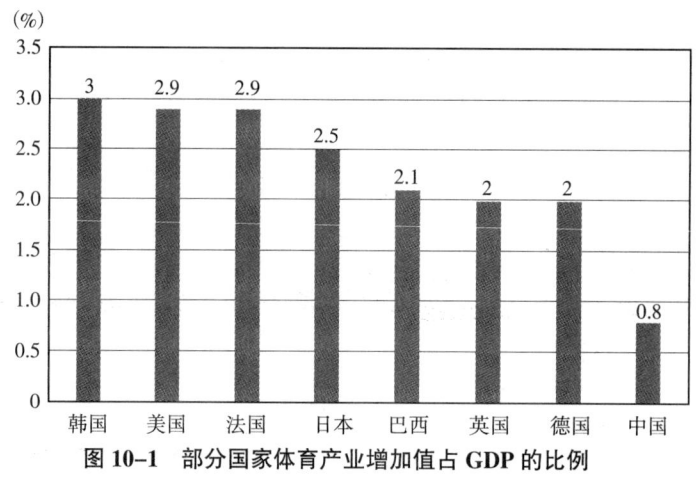

图10-1 部分国家体育产业增加值占GDP的比例

资料来源:中国体育产业数据来自国家统计总局(http://www.stats.gov.cn/tjsj/zxfb/201612/t20161227_1446406.html);其他国家体育产业数据基于2013年统计,数据来自长江证券研究报告《体育产业深度研究之一:爆发点已至,掘金当选赛事运营》,2017年1月19日。

四、中国服务消费增长的驱动因素

关于促进消费结构升级和服务消费增长的因素,国内外学者做了大量的理论和实证研究。总体来说,收入和人口年龄结构是影响服务消费的重要因素。无论是凯恩斯的"绝对收入假说",还是 J. 杜森贝利的"相对收入假说"(1949),抑或是弗里德曼的"持久收入假说",毫无疑问,以往的经典消费理论一致认可"收入是影响消费的核心因素"。Ferrer 和 Dardis(1991)采用 Tobit 模型和 1984~1985 年美国消费者支出调查数据分析家庭服务消费支出的决定因素,发现家庭收入对服务消费支出存在显著的正影响。Viera Kollárová 等(2009)的研究发现,斯洛伐克家庭消费结构向发达国家收敛的过程中主要受收入和经济发展水平的影响。国内学者孙凤和易丹辉(2000)、林文芳(2011)、陈建宝和李坤明(2013)、邹红和喻开志(2013)、杨碧云等(2014)利用中国数据的实证研究均发现,收入或收入差距对居民服务消费有显著的影响。除了收入外,一个社会的消费结构也会随着人口年龄结构的变化而改变。Melanie Luhrmann(2004)分析人口老龄化如何影响德国的消费结构需求时发现,人口老龄化使必需品支出下降,住房和休闲产品的消费支出显著增加。国内学者李洪心和高威(2008)、夏杰长(2012)、冷建飞和黄施(2016)、徐国祥(2016)及张忠根等(2016)的研究发现,人口年龄结构变化对消费结构有显著影响,特别是少儿抚养比的下降和老年抚养比的提高增加了对服务消费的需求,促进了消费结构升级。如果说收入和人口结构变化是消费结构升级的内生动力,那么以创新和技术进步为代表的互联网技术则是助推消费升级的外部动力。近年来,互联网技术在生产和流通领域的广泛应用为消费升级提供了广阔的空间。国内学者杜丹清(2017)详细探讨了互联网技术助推消费升级的内在机理。除了互联网技术的推进外,政府宏观政策的大力支持和培育引导也是促进消费升级的又一外生动力。综合以往研究,本章将围绕收入增长、人口年龄结构、互联网商业模式创新和宏观政策扶持这四个方面,结合国内当前形势,阐述加快中国服务消费增长、促进消费结构升级的驱动因素。

(一)收入水平提升,中产阶层迅速崛起

收入是消费的前提,收入水平的高低决定着消费能力的高低,并直接影响着居民的消费信心、消费欲望和消费潜能。国家统计局《2016 年国民经济和社会发展统计公报》有关数据显示,我国居民的人均可支配收入 2003~2016 年呈现直线

上升的趋势。城镇居民人均可支配收入从 2003 年的 8472 元上升到 2016 年的 33616 元，年复合增长率达到 10%以上；农村居民家庭人均纯收入从 2003 年的 2622 元上升到 2016 年的 12363 元，年复合增长率达到 12%以上。考虑到我国城乡二元化结构明显，城镇居民和农村居民在绝对水平上还相差较大，目前城镇居民人均可支配收入是农村居民的近 3 倍。农村居民增收潜力巨大，加快提升城乡居民收入水平、缩小城乡差距，将为我国消费升级提供持久动力。

中产阶层是发达国家经济持续发展的重要支撑，对人均 GDP 向更高阶段跨越发挥了重要作用。随着居民收入水平的稳定增长，我国的中产阶层正在迅速崛起。根据麦肯锡的报告，2000 年中国的城市中只有 4%的家庭属于中产阶层，到 2012 年，这一比例上升至 68%，预计到 2022 年将增至 6.3 亿人，占城市家庭总量的 76%和全国人口数量的 45%。中产阶层虽然拥有稳定的收入和相对宽裕的经济生活条件，却同时面临着购房、子女教育、医疗和养老的压力。中产阶层对追求高品质生活有着强烈的欲望，也愿意为优质产品和服务支付溢价。因此，中产阶层表现出的消费能力、消费欲望以及日益增大的群体规模，将成为消费升级的重要驱动力。

（二）人口老龄化加深，"80 后""90 后"成为新一代消费主体

人口因素能够决定消费结构升级的强度和持久度。我国人口年龄结构的突出特点表现在人口老龄化程度加深和以"80 后""90 后"为代表的新一代消费主体崛起两个方面。

据调查，2015 年中国 60 岁以上的人口比重达到 15.2%，预计到 2050 年，60 岁以上人口比重将达到 36.5%。[①] 随着老龄人口数量的上升，对养老、家政和医疗保健等服务的消费需求势必日益增加。居家养老是中国目前普遍接受、切实可行的主要养老模式。大多数有自理能力的老人都愿意选择居家养老，并乐意生活在一个正常的社区环境里，对自己的生活区域有一定程度的掌控。这样的生活习惯

---

① United Nations Report. World Population Prospects: Key Findings and Advance Tables, 2015: 1-66.

在需求层面表现为老人的第一需要不是养老院式的集中养老,而是能够24小时存在的有效支持服务体系,是需要的时候可以随叫随到的家政、医疗、保健、社交活动等相关服务。

20世纪八九十年代出生的第二代婴儿潮人口取代第一代婴儿潮,逐渐开始成为社会生产和消费的中坚力量。"80后"正处于结婚、买房、生子的人生阶段,对住房、早教、家庭服务等领域的消费需求较大。而"90后"这一代目前的年龄在18~27岁,他们的父母往往有一定的财富积累,而且随着步入职场人数的增加,这一群体的消费能力将进一步增强。研究表明,"90后"人口总数比"80后"缩减了23%,但"90后"的平均消费倾向达到88%,相比之下,"80后"家庭的平均消费倾向为74%,而全国平均水平是77%。[1]与此同时,追求个性和自我感受使"90后"更容易为情感互动和价值认同埋单,从而带动文化娱乐、社交媒体等领域的消费。

(三)"互联网+"商业模式创新,助推消费升级

信息化时代,技术进步与创新在推动消费升级中的作用与日俱增。"互联网+"助推消费升级主要体现在两个方面:

一是消费对象升级,即消费结构从生产型向发展型进而向享受型转变,由此引发服务性消费占比大幅提高,这是消费升级的核心。互联网技术的出现与普及,提升了研发、生产、流通等各个环节的效率,降低了服务提供的成本,改善了传统服务行业的服务深度和质量,刺激了服务消费需求。在互联网工具的有效改造下,一系列生活服务,诸如打车、点餐、蔬果外卖、上门洗衣、找家教,甚至定制家装等一系列新兴消费方式都已是触"网"可及,极大地满足了人们的日常生活需求,令消费市场蕴藏的巨大潜力得以充分释放。

二是消费体验升级,即人们消费的互动性、个性化和智能化程度越来越强。目前,越来越多的行业通过互联网改造消费体验、培养用户习惯。"互联网+"将

---

[1] 中金公司:《不一样的消费升级——可消费篇》,2016年10月26日。

商品消费延伸到服务消费，从而拉动整个消费增长。例如，"互联网+专车"使人们的出行更为便利，"互联网+医疗"使公众的看病过程大大简化，"互联网+金融"使消费更加便捷。在互联网时代，商品消费者与生产者之间的沟通迅速而直接，生产者能够敏锐地发觉消费者的消费偏好。在大数据分析的支撑下，可以提前预知消费者未来的个性化消费需求，甚至可以实现私人定制。

（四）国家重视扩大消费需求，宏观政策积极引导

当前中国经济进入结构性减速和新常态时期。在这样的背景下，为保持经济稳定持续增长，提高增长质量与效率，政府将消费需求的重要性提到前所未有的高度，特别强调要发挥新消费的引领作用，从而促进消费升级，创造新的空间。2015年下半年，国务院同时印发了《关于积极发挥新消费引领作用 加快培育形成新供给新动力的指导意见》和《关于加快发展生活性服务业 促进消费结构升级的指导意见》。关于"新消费"的文件中，将服务消费列于消费升级的第一重点领域，引导教育培训、医疗保健、养老、文化创意、旅游服务相关产业、基础设施和公共服务投资迅速成长，扩展未来发展空间。关于"生活性服务业"的文件中，强调要重点发展健康、养老、旅游、体育、文化、法律、批发零售、住宿餐饮、教育培训等贴近人民群众生活、需求潜力大、带动作用强的生活性服务领域，推动生活消费方式由生存型、传统型、物质型向发展型、现代型、服务型转变。2017年，商务部发布的《居民生活服务业"十三五"规划》再次明确提出了"加快构建多层次、全方位的居民生活服务体系，扩大服务消费，促进消费结构升级"的目标。可以预期，在外需不足，投资低迷的大背景下，培育以服务消费为主的"新消费"、引领消费升级的这条政策主线在未来较长的一段时间内都不会改变，甚至有可能加强和不断完善。

五、以扩大服务消费引领消费结构升级的政策建议

（一）提高居民的收入水平，加快收入分配制度改革

扩大服务消费的关键是提高居民收入水平，而提高居民收入水平的一个重要环节就是有效促进服务业就业。IMF 的研究报告指出，解释中国居民消费率的三大变量是居民可支配收入、服务业就业占比和资本市场自由度。收入决定消费，而收入提高却由服务业就业占比制约。当服务业从农业中吸纳更多的人口就业时，必将提高家庭的收入，进而提高居民消费。目前，中国外出农民工数量在 1.4 亿~1.7 亿人，这个群体在 2008~2015 年的增速由 5.5%下降到 0.4%。[1] 其原因在于越来越多的农民工开始从大城市流出，流回到来源地或二线省会城市，转向餐饮住宿、批发零售等中低端服务行业。因此，鼓励发展贴近民生的生活服务业，积极促进二、三线城市服务业就业是提高城乡居民收入水平的重要途径。

收入分配的严重失衡对经济发展和社会和谐正在产生越来越不利的影响。一方面，收入分配不合理制约了居民的消费能力；另一方面，行业垄断阻碍了公平竞争，挫伤了人们工作的积极性。完善初次分配是我国收入分配制度改革的核心，具体包括实行减税、控费，降低中低收入人群税负，并实行超收税费退税制度，控制各级政府超收税费的冲动；打破行业壁垒，严查灰色收入，缩小行业间收入差距，实现收入平等化；加快国有企业改革，真正解决软预算约束，形成有效的成本控制和利润激励机制，并建立机制让全民分享国有企业盈利。

（二）加大政府的社会福利投入，提高公共服务水平

人口老龄化趋势加剧以及"80 后""90 后"新生消费主体的崛起，对服务消

---

[1] 国家统计局：《2016 年中国农民工监测调查报告》，2017 年 4 月 28 日，http://www.stats.gov.cn/tjsj/zxfb/201704/t20170428_1489334.html。

费的需求越发多元化,同时也考验着社会对服务消费的有效供给能力。从现实情况看,"有需求而缺供给"成为当前进一步扩大服务消费需求的突出问题。以养老服务为例,在一些大城市,要进公立养老机构,如果从50岁开始排队,要排上30年,甚至40年,养老服务供给严重不足。因此,扩大服务消费供给必须要高度重视如何有效增加服务供给。2016年,国家发布的《居民生活服务业"十三五"规划》明确提出,"要以供给侧改革为主线,全面提升服务的供给能力"。笔者认为,扩大服务消费的供给能力关键在于如何定位政府与市场的角色以及如何有效地调动资本的力量。服务消费的很多领域带有公益性、必需品的特质,如养老、教育、医疗和社区服务等。政府应加大公共服务领域的投入,同时善于调动市场和资本的力量,鼓励和支持民间资本进入服务业,增加教育、医疗、社保等公共服务业和社区服务、养老服务等生活性服务的供给。鼓励服务性企业采用新技术和新设备、运用现代经营方式和管理理念改造提升传统消费性服务,促进休闲娱乐、文化创意等现代消费性服务业发展;注重扶持新兴服务行业,积极拓展动漫游戏、移动增值、数字新媒体等新型服务业态,开拓新的服务消费热点,满足居民消费结构升级的需要。

(三)深化服务业体制改革,完善服务消费环境

中国服务业经过多年改革,形成了服务业产权主体多元化的格局,但是新旧体制的矛盾还很多,需要通过体制改革,调动社会各方面的力量发展服务业。应以市场化为导向发展现代服务消费产业,允许更多的企业进入垄断经营的服务领域。把破除行政垄断作为加快服务业市场开放的重点,在加强服务业领域反垄断的同时,尽快放开服务业领域的价格管制,以形成市场决定服务业领域资源配置的新格局。在完善消费市场环境方面,重要的是规范服务市场支出,对于新兴的、暂不能实现标准化的服务领域,应广泛推行服务承诺、公约和规范等制度;建立社会信用体系,健全消费维权机制,加大违法惩治力度,切实维护消费者的合法权益。

（四）改善消费条件和环境，提高消费意愿

较长时间以来，我国城镇居民消费中商品消费比重偏大，服务消费所占份额偏小。但随着我国经济快速增长，居民消费结构也将转型升级。目前，城市居民对吃、穿、用等的物质性需求渐趋刚性，物质消费发展空间较为有限。相比之下，服务消费有较大的发展空间，有望成为未来我国居民消费的支出重点。随着经济发展和收入水平提高，居民的消费观念已发生较大变化，花钱买享受、买时尚、买轻松、买健康等正成为城镇居民消费的新趋势。生活质量的提高已带动消费结构发生变化，住房、汽车等高档消费品的有效需求上升，居民消费意愿明显改善。我国政府对扩大服务消费需求也非常重视，"十二五"规划中已将文化、旅游产业定位为国民经济支柱性产业。2012年的中央工作会议也提出要"拓宽和开发消费领域，促进居民文化、旅游、健身、养老、家政等服务消费"。在具体的实施过程中，政府应加快城市公共交通业发展，创造良好的基础设施环境；推广开发网络信息服务，拓宽居民的信息来源渠道；落实既有的鼓励服务消费的措施，如文化消费、旅游消费和家庭消费等；大力建设文化娱乐休闲场所，满足居民的服务消费需求；规范餐饮行业发展，保障食品安全，提高经营管理水平，解决消费者后顾之忧；规范消费市场秩序，打击假冒伪劣产品（服务），尽快出台各类服务标准，增强服务品牌意识，稳步提升服务质量。

（五）加快城镇化进程，培育消费需求增长的长效机制

我国"十二五"规划建议把扩大内需作为十项任务的首要任务。在扩大消费需求中，又把稳妥地推进城镇化作为扩大内需的重要战略。辜胜阻（2011）曾经测算过，城镇化每提高一个百分点，会使最终的消费提升1.6个百分点。显然，城镇化是提高我国最终消费需求的强劲动力，也是我国消费需求增长的长效机制。我们必须把加快城镇化进程、提高城镇化水平作为促进消费需求增长的重要抓手。推进城镇化，不是简单地提高城市人口数量，而是重在体制机制创新和经济发展方式转变。从扩大居民消费需求的角度看，还要让进城的农民接受城市生

活理念和消费方式，具备城市居民的消费能力。这就需要提高进城农民的人力资本素质和适应城市产业结构的劳动能力。

（六）加快发展现代服务业新领域、新业态，满足国民消费新需求

我国大多数居民的消费结构正在发生重大变化，即从温饱型向享受型和发展型转变，亦即从"衣食住行"向"康体娱乐"转变。如果说，"衣食住行"主要是工业化的产物，那么，"康体娱乐"则是服务业或者经济服务化的产物。显然，要满足消费结构转型的需要，就必须把大力发展现代服务业作为促消费、扩内需、保增长的重要途径。发展现代服务业，既是从供给上满足城乡居民消费新要求，也是扩大劳动就业、增加居民收入和消费能力的重要途径，可谓一箭双雕。现代服务业的发展，主要取决于制度环境和人力资本素质。所以，要从营造良好的制度政策环境、创造公平竞争机制、降低准入门槛、加快对内对外开放力度、提高从业人员素质、强化科技元素特别是信息技术在服务业领域的运用等几个方面入手，推进现代服务业跨越发展。

参考文献

［1］李方正：《消费升级视野的需求结构再平衡》，《重庆社会科学》2015 年第 9 期。

［2］William J. Baumol, *The Cost Disease-Why Computer Get Cheaper and Health Care Doesn't*, Yale University Press, 2012.

［3］张翼：《当前中国社会各阶层的消费倾向——从生存性消费到发展性消费》，《社会学研究》2016 年第 4 期。

［4］张颖熙、夏杰长：《服务消费结构升级的国际经验及启示》，《重庆社会科学》2011 年第 11 期。

［5］Pugno, "The Service Paradox and Endogenous Economic Growth", *Structural Change and Economic Dynamics*, Vol.17, No.1, 2006.

［6］王晶晶、黄繁华：《我国服务业发展滞后和生产率增长悖论的解析——基于服务消费视角》，《上海财经大学学报》2014 年第 1 期。

［7］Francisco J. Buera, Joseph P. Kaboshi, "The Rise of the Service Economy", *American*

Economic Review, Vol.102, No.6, 2012.

[8] [美] 华尔特·罗斯托:《政治和成长阶段》,剑桥大学出版社 1971 年版。

[9] [美] 丹尼尔·贝尔:《后工业社会》,科学普及出版社 1985 年版。

[10] [美] H.钱纳里、S.鲁滨逊、M.塞尔奎因:《工业化和经济增长的比较研究》,上海三联书店、上海人民出版社 1995 年版。

[11] Kai Guo, Papa N'Diaye, "Determinants of China's Private Consumption-An International Perspective", IMF, 2010.

[12] 夏杰长、张颖熙:《我国城乡居民服务消费现状、趋势及政策建议》,《宏观经济研究》2012 年第 4 期。

[13] [美] 尼尔森:《2015 年中国体育人群调查研究报告》,www.nielsen.com,2015 年 12 月 10 日。

[14] 信达证券:《产品消费稳健成熟,服务消费高速增长》,2016 年 6 月 27 日。

[15] Kenes John M., *The General Theory of Employment, Interest and Money*, London: Macmillan, 1936.

[16] James S. Duesenberry., *Income, Saving and the Theory of Consumer Behavior*, Economic Studies, Harvard University Press, 1949.

[17] Friedman Milton., *The Permanent Income Hypothesis-Theory of the Consumption Function*, Princeton University Press, 1957.

[18] Ferrer H. S., Dardis R., "Determinants of Household Expenditures for Services", *Journal of Consumer Research*, Vol.17, 1991.

[19] Viera Kollarova, Anna Vladova, Narodna Banka Slovenska, "The Structure of Private Consumption in Slovakia and a Comparison with European Countries", *Macroeconomic Development*, Vol.17, 2009.

[20] 孙凤、易丹辉:《中国城镇居民收入差距对消费结构的影响分析》,《统计研究》2000 年第 5 期。

[21] 林文芳:《县域城乡居民消费结构与收入关系分析》,《统计研究》2011 年第 4 期。

[22] 陈建宝、李坤明:《收入分配、人口结构与消费结构:理论与实证研究》,《上海经济研究》2013 年第 4 期。

[23] 邹红、喻开志:《收入结构视角下扩大居民服务消费的实证研究——基于广东省城镇

住户调查数据》,《财经科学》2013年第5期。

[24] 杨碧云、张凌霜、易行健:《家庭服务性消费支出的决定因素——基于中国城镇住户调查数据的实证检验》,《财贸经济》2014年第6期。

[25] Melanie Luhrmann, "Population Aging and the Changing Composition of Consumption Demand", MEA, Universität Mannheim, 2004.

[26] 李洪心、高威:《中国人口老龄化对消费结构影响的灰色关联度分析》,《人口与发展》2008年第6期。

[27] 夏杰长:《以扩大消费需求为着力点调整我国总需求结构》,《经济学动态》2012年第2期。

[28] 冷建飞、黄施:《中国人口年龄结构变动对城镇居民消费结构的影响研究》,《消费经济》2016年第12期。

[29] 徐国祥:《人口老龄化与居民消费结构的统计检验》,《统计与决策》2016年第1期。

[30] 张忠根、何凌霄、南永清:《年龄结构变迁、消费结构优化与产业结构升级——基于中国省级面板数据的经验证据》,《浙江大学学报》(人文社会科学版)2016年第5期。

[31] 杜丹清:《互联网助推消费升级的动力机制研究》,《经济学家》2017年第3期。

[32] 中国发展研究基金会、麦肯锡:《下一个十年的中国中产阶级——他们的面貌及其制约因素》,2014年5月8日。

[33] United Nations Report, World Population Prospects: Key Findings and Advance Tables, 2015.

[34] 中金公司:《不一样的消费升级——可消费篇》,2016年10月26日。

[35] 国家统计局:《2016年中国农民工监测调查报告》,2017年4月28日。

[36] 迟福林:《以转型改革加快"十三五"服务型经济发展》,《光明日报》2015年10月28日。

[37] 辜胜阻:《城镇化是投资需求和消费需求最好的结合点》,人民网,2011年1月24日。

第十一章　新时代生活性服务业发展战略

摘　要：生活性服务业是提高民生福祉和满足人民群众美好生活需要的基础条件。在发展环境不断优化、供给日益丰富以及消费转型升级的背景下，我国生活性服务业依然存在部分行业服务供给缺口较大、服务质量偏低、经营成本过高、行业竞争激烈白热化等问题。要结合新时代社会主要矛盾的变化，以满足人们日益增长的美好生活需要为出发点，充分运用市场力量，科学运用政府政策手段，推动生活性服务业高质量发展。要以生活性服务业集聚示范区建设为抓手，构建城乡结合的特色生活服务业体系；鼓励生活性服务龙头企业连锁化经营，降低生活性服务业成本；以行业为主导，放开市场准入制度，实现生活性服务业开放式发展。

一、问题的提出

关于什么是生活性服务业，其内涵与范围边界在哪里，学界众说纷纭。我们这里借鉴国务院发展研究中心市场经济研究所课题组的定义：生活性服务业是直接满足居民物质文化生活需要的服务行业的总称，包括零售、餐饮、住宿、文化体育、旅游、健康养老、教育培训、房地产服务及法律服务等。[①]自国家"十三

[①] 国务院发展研究中心市场经济研究所课题组：《释放生活性服务业发展新动力》，载何立峰：《服务业创新发展研究报告》，中国计划出版社2017年版。

五"发展规划纲要颁布之后,特别是 2015 年《国务院办公厅关于加快发展生活性服务业 促进消费结构升级的指导意见》(国办发〔2015〕85 号)出台之后,我国生活性服务业发展环境不断优化,政策支持力度不断加强,服务消费快速增长,服务供给和服务质量显著提升,消费结构升级趋势显著,但也必须正视生活性服务业发展面临的一些问题,并采取切实有力的改革举措,推动我国生活性服务业又好又快发展。

党的十九大做出了"中国特色社会主义进入新时代,我国社会主要矛盾已经转化为人民日益增长的美好生活需要和不平衡不充分的发展之间的矛盾"的重大政治判断。习近平总书记在十九大报告中指出:"我国稳定解决了十几亿人的温饱问题,总体上实现小康,不久将全面建成小康社会,人民美好生活需要日益广泛,不仅对物质文化生活提出了更高要求,而且在民主、法治、公平、正义、安全、环境等方面的要求日益增长。"生活性服务业是提高民生福祉和满足人们美好生活需要的基础保障。

中国特色社会主义进入了新时代,对生活性服务业的发展提出了更高的要求。我们必须按照党的十九大精神,顺应社会主义主要矛盾转化的现实需要,找准生活性服务业发展的短板,释放生活性服务业发展的新动力,推动生活性服务业向高端化、便利化和精致化方向发展,最大限度地满足广大群众多样化、个性化的生活服务需要。生活性服务业的重要性,不仅在于它是满足人民生活需要的基本条件,而且在于它是扩就业、稳增长的最直接抓手。国民经济服务化现象越来越凸显,消费升级趋势更强烈,意味着生活性服务业在国民经济中的份额越来越重,而大多数生活性服务业又是劳动密集型产业,如果有效释放其动力和潜能,加快生活性服务业发展进程,将会实现提升民生福祉、增加劳动就业和促进经济增长的多重效应。

二、中国生活性服务业发展现状、问题与趋势

（一）生活性服务业发展现状

1. 发展环境持续优化

从经济发展背景看，2015年第三产业增加值占国内生产总值的比重首次突破50%的关口，达到50.5%。根据国家统计局初步核算的数据计算，2017年第三产业增加值为427032亿元[①]，占国内生产总值绝对值的比重达51.63%左右，服务业发展的经济环境越来越好（见图11-1）。从固定资产投资增幅来看，2016年第三产业投资增幅较2015年增长10.9%，2017年较2016年增长9.5%，连续保持较高的增长比例，服务业已成为全社会固定资产投资的主要阵地。从政策支持力度看，自下发《国务院办公厅关于加快发展生活性服务业 促进消费结构升级的指导意见》（国办发〔2015〕85号）之后，全国已有北京、上海、河北等24个省份公布了专门的实施方案并付诸实施，形成了促进生活性服务业消费的一整套从国务院到地方政府的政策支持体系，助推生活性服务业发展，助力居民消费升级。从行业发展大环境看，基于互联网的O2O新兴生活性服务行业蓬勃发展，极具代表性的有网络零售、快递、移动电子商务、跨境电子商务、健康服务、互联网金融、在线旅游、在线教育等。据国家统计局数据显示，2017年全年网上零售额度为71751亿元，占社会零售总额的15.0%，相比2016年增长达32.2%[②]，网上零售额的持续高速增长带动了导购服务、数据分析、电子商务代运营服务、第三方支付等新兴服务业的快速发展，为生活性服务业发展提供了新的土壤。

[①] 国家统计局：《2017年经济运行稳中向好、好于预期》，http://www.stats.gov.cn/tjsj/zxfb/201801/t20180118_1574917.html。

[②] 孟庆欣：《消费市场平稳增长 消费结构持续优化》，http://www.stats.gov.cn/tjsj/sjjd/201801/t20180119_1575470.html。

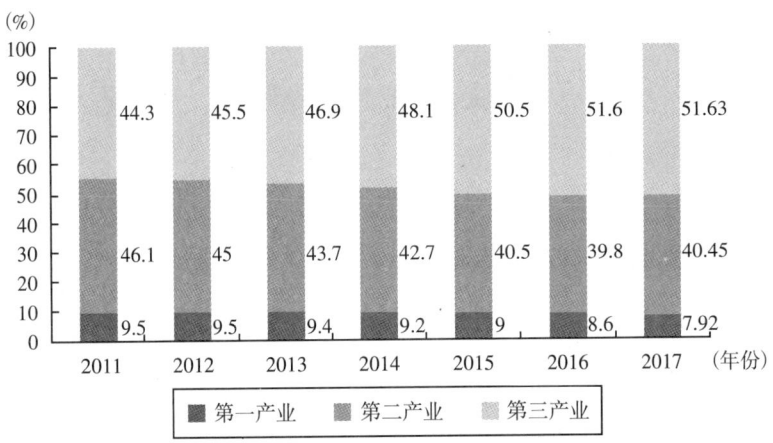

图 11-1　2011~2017 年三次产业增加值占 GDP 比重

资料来源：根据历年《国民经济与社会发展统计公报》数据计算，其中 2017 年数据为根据国家统计局公布的初步核算数据计算得出。

2. 生活性服务消费快速增长

2015 年至今，生活性服务消费呈显著增长态势，旅游、快递、保健、文化及体育等消费领域表现突出。中国饭店协会发布的《2016 年中国餐饮业年度报告》显示，2015 年，全国餐饮收入实现 32310 亿元，同比增长 11.7%，正餐、火锅、快餐、团餐、西餐及休闲餐饮的人均消费增长分别为 10.76%、4.85%、8.29%、2.13%、13.33%，大众消费增长迅猛。根据前瞻网的数据，2016 年 2~12 月，每个月餐饮消费同比增长均保持在 10% 以上，2016 年全年，全国餐饮收入 35799 亿元，同比增长 10.8%，彰显出强大的消费力。2016 年全年国内游客 44.4 亿人次，比上年增长 11%，国内旅游收入 3.94 万亿元，增长 15.2%。[①] 2016 年全国快递业务量 313.5 亿件，快递业务收入 4005 亿元。国家邮政局数据显示，2017 年全国快递服务企业业务量累计完成 400.6 亿件，同比增长 28%；业务收入累计完成 4957.1 亿元，同比增长 24.7%，快递业务量以及业务收入均连续创新高[②]。

[①] 数据来源：《2016 年中国旅游业统计公报》，http://www.cnta.gov.cn/zwgk/lysj/201711/t20171108_846343.shtml。

[②] 数据来源：《国家邮政局公布 2017 年邮政行业运行情况》，http://www.spb.gov.cn/xw/dtxx_15079/201801/t20180112_1467556.html。

从生活性服务业占居民生活消费的比例看，2016年全国居民人均消费中，医疗保健、教育文化、生活用品及服务消费占人均消费支出的比例为24.9%，而除去食品烟酒和居民居住消费支出外，其他服务消费支出总额占总支出的比例达48.0%，生活性服务消费增长可见一斑（见图11-2）。

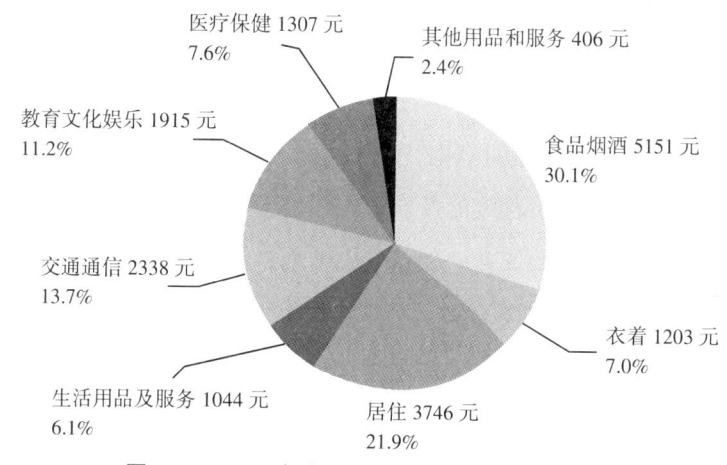

图 11-2　2016年全国居民人均消费支出及其构成
资料来源：《2016年国民经济和社会发展统计公报》。

3. 服务供给与服务方式日益完善创新

在物联网、云计算、移动互联网等新一代信息技术的推动下，我国生活性服务业从产品服务到商业模式再到管理方式，创新层出不穷。越来越多的企业将标准化的服务要素组合起来，以满足消费者灵活多变、时间碎片化的需求，与此同时，企业更加注重增强消费者的体验和参与度。随着互联网技术在生活性服务领域的深入运用，生活性服务供给日趋完善，越来越多的企业通过互联网技术将传统生活性服务产品与智慧服务模式相结合，形成了综合性的现代服务综合体系。在餐饮互联网平台蓬勃发展的今天，餐饮产业链整合平台企业加速发展，为企业提供人才培训与行业智库、金融资本运作、互联网电子商务等多项服务，使传统的餐饮供给企业更多地加入在线外卖领域中，为餐饮消费带来了更多的服务供给方式，引领餐饮行业供给的准时、方便、有效，实现了供给服务体系的完善。在旅游业发展方面，旅游类APP、虚拟现实技术、微信、微博、点评网站等即时通信工具平台已成为旅游企业广泛使用的新平台,为消费者带来了更好的出游体验。

4. 服务质量稳步提升

近年来,我国餐饮、住宿、旅游等生活性服务业适应新的发展环境,积极调整转型,逐步走出低谷,增长质量迈上了新台阶。以餐饮业为例,餐饮消费回归理性,经济实惠、方便快捷的大众化餐饮需求旺盛,特别是一些有品牌、有特色的中档餐饮得到消费者欢迎。《中国餐饮产业发展报告(2017)》显示,2014~2016年,在高端餐饮萎靡之际,大众化餐饮逆势增长,餐饮市场份额由2014年的75%增加到2016年的85%。[1]此外,随着城乡居民生活节奏的加快以及消费观念的改变,大众化餐饮呈现出巨大的发展潜力和市场空间。由于餐饮市场泡沫被打破,国内外投资商对中国餐饮业的发展信心倍增,纷纷选择投资或收购中国餐饮企业,如欧洲最大的私募基金CVC、路易威登集团旗下的私募股权基金等国际资本纷纷收购中国餐饮企业,促进了中国餐饮服务标准向国际标准看齐,服务质量得到显著的提升。与此同时,互联网在生活性服务业中的普及提升了消费者的即时服务体验感,增强了服务的便捷性,加之生活性服务行业服务人员素质的逐步提升,生活性服务业的整体服务质量也在不断攀升。

(二)分行业生活性服务业发展现状分析

1. 2015年以来分行业生活性服务业固定资产投资情况

从国家统计局发布的数据来看,生活性服务业固定资产投资的最大行业依然是房地产业,2015年房地产业投资总额为126674.25亿元,2016年为135283.69亿元,2016年相较2015年增长6.8%(见图11-3),其次是批发和零售业,投资额度在18000亿元左右,教育业的固定资产投资接近10000亿元。可喜的是文化、体育和娱乐业,文化艺术业以及教育业固定资产投资的增幅逐渐增大,2015年的增长值分别为8.9%、13.8%和15.2%,到2016年增长值分别达到16.4%、

---

[1] 世界中餐业联合会:《中国餐饮产业发展报告:餐饮回归大众化是行业趋稳回暖动力源》,http://news.cnfol.com/xiaofei/20170626/24898717.shtml。

10.7%和20.7%（见图11-4），增长速度得到大幅度的提高，这说明生活性服务业中文化、体育、艺术等行业受到投资者的青睐，也进一步反映出文化、艺术、

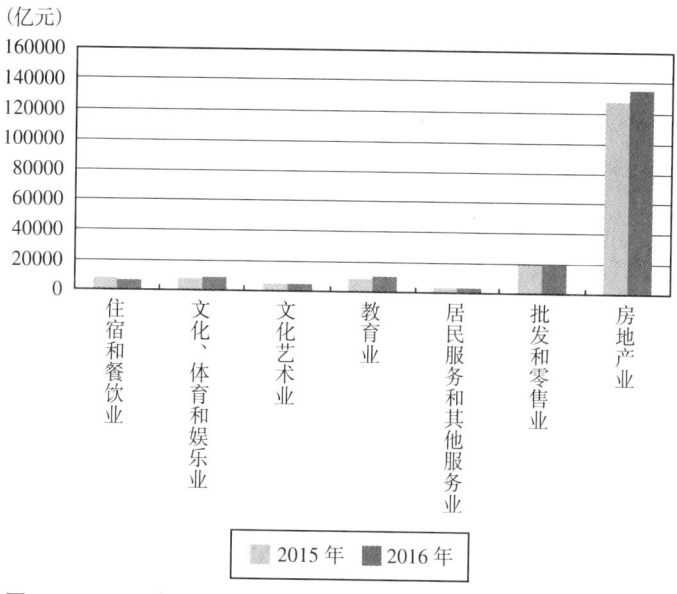

图11-3　2015年、2016年生活性服务业相关行业固定资产投资总额

资料来源：国家统计局统计数据库。

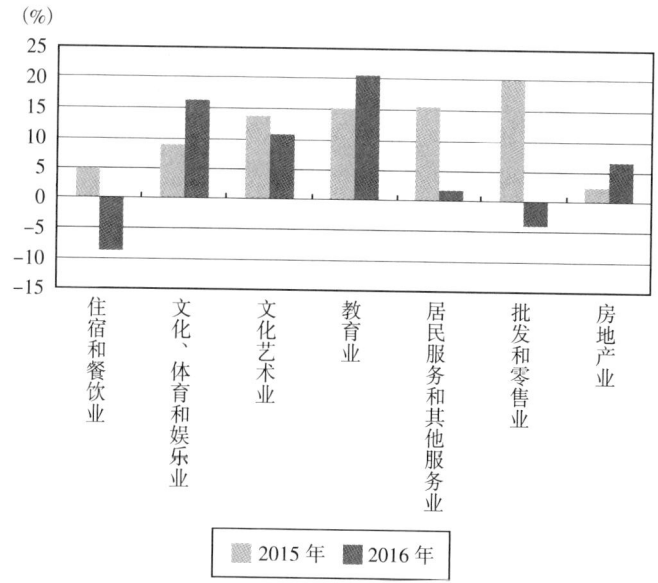

图11-4　2015年、2016年生活性服务业相关行业固定资产投资增长率

资料来源：国家统计局统计数据库。

体育等行业的消费态势良好,发展前景向好。值得注意的是,住宿和餐饮业、批发和零售业固定资产投资 2016 年相较于 2015 年均呈现出下降趋势,住宿和餐饮业固定资产投资较 2015 年降低 8.6 个百分点,这说明 2016 年住宿和餐饮业转型消费趋势明显,高端消费逐渐向中档亲民消费和大众消费转型,投资逐渐趋于理性;批发和零售业固定资产投资降低 4 个百分点,说明在线零售对实体批发零售企业产生的冲击逐渐加大,批发零售行业正在结合"互联网+"进行业态创新,行业转型升级的速度在加快。

2. 生活性服务业重点及新兴行业发展情况

2015~2016 年,生活性服务业各行业呈现出不同的发展趋势,尽管国家出台了一系列的抑制措施,房地产行业发展依然强劲,房价持续升温;旅游业继续保持强劲的发展势头;养老服务业需求量不断增加,产业地位越来越重要;批发零售行业的发展受高成本、高竞争、低回报等因素的制约,在经济增长放缓的大环境下,发展形势不容乐观;餐饮行业迎来了转型发展的新时期,品牌化的中端消费更受消费者青睐;法律服务业发展升温,发展前景向好;体育产业发展势头良好,国民体育休闲消费逐步增加,促进了体育产业的进一步发展;随着居民收入的进一步增长,文化娱乐产业发展势头强劲,人们的文化娱乐消费支出逐渐增加。囿于数据的可得性,本章重点介绍旅游业、餐饮业以及养老服务业的发展情况,以探究生活性服务业行业的发展态势。

(1)旅游业发展情况。旅游业在国民经济中占有重要地位,旅游业增加值占 GDP 的比重不断提高。2014 年 8 月,国务院发布《关于促进旅游业改革发展的若干意见》,进一步明确发展目标,即 2020 年旅游业增加值占 GDP 的比重超过 5%。据国家旅游局统计数据显示,2016 年,我国旅游业平稳较快发展。国内旅游市场持续高速增长,国内旅游人数 44.4 亿人次,收入 3.94 万亿元,分别比 2015 年增长 11% 和 15.2%。全年实现旅游业总收入 4.69 万亿元,同比增长 13.6%。全年全国旅游业对 GDP 的综合贡献为 8.19 万亿元,占 GDP 总量的比重为 11.01%。旅游直接就业 2813 万人,旅游直接和间接就业 7962 万人,占全国就业总人口的 10.26%。图 11-5 显示了 2009~2015 年旅游业总体规模发展情况。

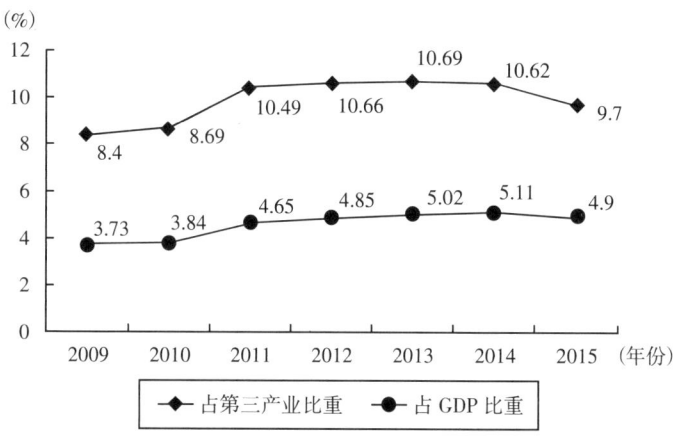

图 11-5　2009~2015 年旅游业发展规模情况

资料来源：根据历年旅游业发展统计数据计算而得。

（2）餐饮行业发展情况。2015~2017 年餐饮行业的发展逐渐回暖，2015 年餐饮行业收入突破 3 万亿元，达到 32310 亿元，较 2014 年增长 11.7%。国家统计局公布的消费数据显示，2017 年，餐饮收入 39644 亿元，较 2016 年增长 10.7%，餐饮行业回暖迹象较为明显。[①] 总体来看，近两年餐饮行业的发展呈现出以下主要特征：一是高端餐饮行业发展受阻明显，中端餐饮、大众餐饮更受消费者青睐，企业转型趋势明显；二是品牌化以及文化餐饮更受消费者的欢迎，越来越多的餐饮品牌行业在转向提供中端餐饮产品的同时，注重餐饮文化内涵的打造，取得了不错的消费业绩；三是信息化助推餐饮行业降低运营成本、提高管理效益、优化服务流程，各大网络平台的送餐服务明显提升了餐饮行业服务的便利性和服务质量；四是连锁化经营的趋势明显，连锁经营具有成本优势、价格优势、品牌优势，促使餐饮行业从单店竞争、单一业态竞争，发展到多业态、连锁化、集团化、大规模的竞争，提高了效率，降低了成本，更能帮助餐饮业突破发展中的管理瓶颈。

（3）养老服务业发展情况。中国产业信息网的研究报告显示，由于老龄化趋

---

① 国家统计局：《2017 年经济运行稳中向好、好于预期》，http://www.stats.gov.cn/tjsj/zxfb/201801/t20180118_1574917.html。

势明显（见图11-6），预测到2022年我国65岁以上的人口数将超过0~14岁的少儿人口数①，我国也将从儿童产业时代迈入养老产业时代，养老服务产业的地位越来越受到重视。目前，我国养老方式主要为居家养老、机构养老及社区养老，其中居家养老占96%，机构养老占3%，社区养老仅占1%。在未来，由于老年抚养比的逐年递增、老年人口中患病比例的上升以及老年人对生活质量的要求，社区养老，尤其是与医疗相结合的养老将会成为主要的发展方向。

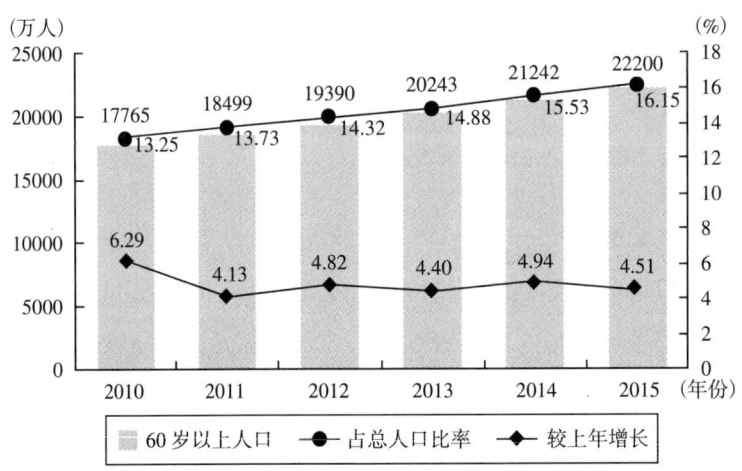

图11-6　2010~2015年我国老龄人口变化趋势

资料来源：2011~2016年《中国统计年鉴》。

（三）生活性服务业发展存在的问题

尽管我国生活性服务业的水平在不断提升，但总体来看，我国生活性服务业的发展方式仍然比较粗放，部分行业的服务供给能力和质量亟须提高，发展潜力有待进一步释放。当前，我国生活性服务业发展仍然存在较多的制约和问题，例如，行业标准有待完善，部分行业供给能力不足、结构不合理，相关基础设施和服务体系发展不足，企业的经营成本逐渐增加，线上线下融合程度不够导致竞争更加激烈，企业融资难、连锁化经营受限，高房价挤压下居民消费动能的下降导

---

① 中国产业信息网：《2016年中国养老产业市场规模及产业结构分析》，http://www.chyxx.com/industry/201609/452399.html。

致生活性服务业发展动力减弱等。

1. 部分行业缺口较大,服务提供不足

以家政服务行业为例,在消费升级的当下,人们愿意为能提高生活质量的服务埋单,由此对家政服务产生了巨大的需求。与此同时,我国社会老龄化加剧,居家养老又是主流的养老方式,因此更需要依靠家政服务业的养老服务来解决家庭养老问题。据前瞻产业研究院《中国家政服务行业市场研究与投资预测分析报告》数据显示,截至2015年底,我国家政服务市场企业营收达到3386亿元,从业人数达到2441万人,市场规模高达13500亿元。照此发展速度,2017年我国家政服务市场规模有望突破2万亿元。[①] 然而,家政服务行业的市场缺口仍较大,究其原因在于:一方面,家政服务业监管不到位,对企业和家政从业人员的责任划分不清;另一方面,家政从业人员素质参差不齐,培训体系不完善,这些都成为家政服务业的阻碍,使家政市场缺人现象始终存在。

2. 生活性服务业行业结构不合理

总体来看,我国生活性服务业目前的主要功能是满足居民的基本生活需求,不同层次的服务企业结构不合理。以北京市餐饮行业为例,高端及低档餐饮供应能力较大,但中档餐饮企业和门店相对不足,导致中档消费脱节,阻碍餐饮行业的进一步发展。此外,随着餐饮泡沫的打破,餐饮行业的发展呈现出新的特征:一是大品牌、小门店更受欢迎;二是连锁餐饮品牌迸发出勃勃生机;三是具有文化内涵的高端餐饮有待深耕细作。这些既是餐饮业发展的机会和新突破,也反映出餐饮行业在连锁化发展、高中低档协调发展等方面的结构不合理,亟待结合这些新的发展特征和方向来完善其产业结构,实现科学发展。

3. 服务质量仍然不高

生活性服务业是国民经济的基础性产业。作为"直接面向生活的服务",生活性服务业关乎百姓的衣食住行,关系到稳增长、扩内需、促就业、惠民生的大

---

① 杨帆:《中国家政服务市场规模预计 2017年突破2万亿》,https://bg.qianzhan.com/report/detail/459/160822-5aa58b75.html。

局,在经济社会中扮演着重要角色。然而,生活性服务业企业在准入、运营、退出等方面的法律法规和标准体系建设不健全,使低水平重复建设状况频现,这一方面导致了成本的提升,另一方面也导致生活性服务业的服务质量和水平难以得到提升,阻碍了生活性服务业的健康发展。另外,由于传统生活性服务业的比较优势逐渐减弱,而创新能力又难以在短时期之内得到有效的提升,所以生活性服务企业的供给和服务质量仍然不高。例如,家政、洗浴等生活性服务行业的管理标准和职业资质标准不完善,服务质量难以跟上大众的要求,导致整体服务质量偏低。

4. 生活性服务业实体企业经营成本过高

生活性服务业企业的经营成本一直是困扰其进一步发展的难题。首先,随着房租的不断增加,生活性服务业的成本也在不断上升;其次,生活性服务业企业员工的社会保险不完善,导致生活性服务企业的人力成本偏高;再次,行政事业性收费以及税收也是生活性服务企业成本的重要部分,这些因素的共同作用导致生活性服务业企业的经营成本过高,效益偏低;最后,原材料成本的上涨加重了生活性服务企业的经营成本。生活性服务业作为"直接面向生活的服务",其服务的广大对象是社区居民,因此大多数生活性服务业企业以门店居多,上述四大成本难以避免,降成本的需求迫切。

5. 线上线下融合程度不够导致竞争激烈

由于在经营成本,诸如租金、人力成本以及营销成本等方面与线上企业截然不同,线下企业在竞争上已经没有竞争优势,线上企业巨大的价格优惠加之在线购物的方便快捷,使越来越多的消费者选择网上购物,从而导致线上企业挤压传统实体企业,这种现象在生活性服务业行业体现得尤为明显,尤其是商贸服务业、批发零售业,实体经营受到了线上企业的严重打压。这种现象的直接结果是:一方面,在与线上企业竞争的时候,线上线下的营销和销售渠道难以协调;另一方面,实体企业相互之间的竞争越发激烈,总体经营情况难以向好,甚至导致一些城市的商场只剩下电影院、饮食企业和超市,结构不合理问题凸显。

6. 受制于高房价,居民生活服务消费动能难以有效释放

高房价对生活性服务业增长动能的制约主要集中在两个方面:一是高房价制约了居民的消费热情,尤其是"80后""90后"年轻人,为了攒钱买房,尽量减少自己的生活消费,使生活性服务业的消费动能难以得到有效释放,从而进一步削弱了生产性服务行业的市场需求。二是高房价影响生产性服务业的资金投资和运营,一方面,节节攀升的房价已然对实体经济的资金造成了挤压效应,使生活性服务业的投资趋紧;另一方面,高房价进一步造成商业地产价格高涨,商业零售业、餐饮业等生活性服务业面临极为高昂的租金压力,经营者只能把租金成本通过商品和服务价格转嫁给消费者,又进一步减弱普通消费者的消费能力。

(四)中国居民消费结构升级的事实描述

1. 最终消费对经济增长的贡献率显著提升

随着居民收入的稳步增长、各地对促进消费升级政策的逐步落实,消费对国民经济增长的贡献显著提升。2001~2010年,最终消费对国民经济增长的平均贡献率为41.22%,2011~2014年的平均贡献率为50.9%,2015年和2016年分别为66.4%和64.6%,最终消费继续领跑我国经济增长(见图11-7)。从消费对经济增长的贡献率数据可以看出,相较于以往年份,2015年和2016年消费对经济增长的贡献率上升到更高的台阶,促进消费的效果极为明显。可以预见,在促进消费升级转型政策的支持下,"消费抑制"的情况正在逐渐被矫正,消费潜力不断

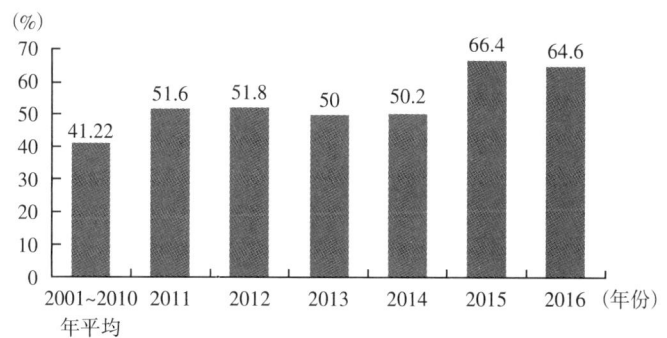

图11-7 历年最终消费对经济增长的贡献率

资料来源:根据国家统计局公开的数据整理而得。

释放，我国居民消费必将迎来广阔的上涨空间，从生存型向享乐型、服务型消费转型升级的趋势将愈加明显。

2. 消费支出结构逐渐优化

生活性服务消费的增长促进了消费支出结构的升级，这从居民恩格尔系数的变化以及居民在生活性服务业重点行业，尤其是发展与享受型服务业消费支出的提升上可以得到印证。

从居民恩格尔系数变化情况看，2014 年我国城镇居民家庭恩格尔系数为 35.6，农村居民家庭恩格尔系数为 37.9，2015 年分别为 34.8 和 37.1。据国家统计局公布的数据显示，2016 年，全国居民人均食品烟酒消费支出增长 7.0%，占消费支出的比重为 30.1%，比上年回落 0.5 个百分点。其中，城镇居民和农村居民的食品烟酒消费支出比重分别为 29.3% 和 32.2%，分别比上年下降 0.4 个百分点和 0.8 个百分点。全国居民人均衣着支出增长 3.3%，在消费支出中的比重为 7.0%，比上年下降 0.4 个百分点。[1] 居民恩格尔系数的下降进一步说明居民消费结构的不断优化，发展型和享受型消费支出逐渐成为居民消费的主要方向，消费结构升级态势明显。

从发展与享受型服务消费支出的情况来看，其增长迅猛。国家统计局发布的数据显示，2016 年我国居民人均用品及服务、医疗保健支出分别增长 9.7% 和 12.3%，增速比上年提高 2.8 个百分点和 0.8 个百分点，人均文化教育支出、体育健身活动支出、购买化妆品等个人用品的支出、美容美发洗浴支出分别增长 11.2%、13.7%、16.8%、12.2%，均保持 10% 以上的增速，居民用于购买汽车等交通工具的支出增长 19.8%。此外，社会化服务消费支出增长不断加快，如居民人均用于家政服务的支出增长 24.7%，用于旅馆住宿的支出增长 11.7%。

总之，从 2015~2016 年的消费结构情况，尤其是消费结构升级情况看，政策效应正逐步显现，居民消费结构转型升级态势明显。

---

[1] 中国经济网：《2016 年全国居民人均消费支出 17111 元　实际增长 6.8%》，http://www.ce.cn/xwzx/gnsz/gdxw/201701/20/t20170120_19761657.shtml。

3. 消费品质升级态势明显

居民消费结构转型优化促进了居民消费品质的升级，主要体现在居民对发展和享受型服务消费的增加上。2015~2016 年，旅游消费、文化与休闲娱乐消费以及绿色消费等增长较快，消费品质升级态势也越发凸显。

以旅游消费为例，2016 年，城镇居民旅游消费 3.22 万亿元，农村居民旅游消费 0.71 万亿元。全国国内旅游出游人均花费 888.2 元。其中，城镇居民国内旅游出游人均花费 1009.1 元，农村居民国内旅游出游人均花费 576.4 元。[①]

再看文化娱乐消费，2015 年，全国居民用于文化娱乐的人均消费支出为 760.1 元，比上年名义增长 13.2%，增速比全部人均消费支出高 4.8 个百分点；文化娱乐支出占全部消费支出的比重为 4.8%，比上年提高 0.2 个百分点。分城乡看，2015 年城镇居民人均文化娱乐消费支出 1216 元，增长 11.8%，占城镇居民人均消费支出的比重为 5.7%，比上年提高 0.3 个百分点；农村居民人均文化娱乐消费支出为 239 元，增长 15.4%，占农村居民人均消费支出的比重为 2.6%，比上年提高 0.1 个百分点。城乡居民文化消费水平稳步提高，对更多更好的文化产品和服务的需求有力地拉动了文化产业的发展。2016 年，我国居民用于文化娱乐的人均消费支出为 800 元，年均增长率达 11.5%[②]，文化娱乐消费水平显著提升。

得益于文化娱乐消费的稳步提升，文化及相关产业的增加值逐步增加。2015 年，全国文化及相关产业增加值 27235 亿元，比 2014 年名义增长 11%，比同期 GDP 名义增速高 4.6 个百分点，呈快速增长态势；对 GDP 增量的贡献达 6.5%，比上年提高 1 个百分点，文化产业发展活力凸显。从产业类型看，文化制造业增加值 11053 亿元，比上年增长 8.4%，占 40.6%；文化批发零售业增加值 2542 亿元，增长 6.6%，占 9.3%；文化服务业增加值 13640 亿元，增长 14.1%，占 50.1%，文化服务业的发展较快，占比超过一半。2016 年文化及相关产业增长快

[①] 数据来源：《2016 年中国旅游业统计公报》，http://www.cnta.gov.cn/zwgk/lysj/201711/t20171108_846343.shtml。
[②] 张漫子、李星月：《2016 居民文化娱乐人均消费支出 800 元》，http://life.cyol.com/content/2017-11/16/content_16695225.htm。

速,其中,实现两位数以上增长的行业有:以"互联网+"为主要形式的文化信息传输服务业增加值为 3687 亿元、增长 29.0%,文化艺术服务业增加值为 1443 亿元、增长 15.0%,文化休闲娱乐服务业增加值为 2270 亿元、增长 11.1%,广播电视电影服务业增加值为 1373 亿元、增长 11.9%,文化创意和设计服务业增加值为 5843 亿元、增长 18.0%。①

消费结构升级,旅游业、文化产业等生活性服务业消费提升进一步带动了行业其他消费品质的升级,如 2016 年,汽车类商品中升级型 SUV(运动型多用途乘用车)和环保型新能源汽车保持快速增长,2016 年 SUV 销量增长 43.6%,远高于普通轿车增速;新能源汽车销售 32 万辆,增长 84%,其中纯电动汽车销售 24 万辆,增长 116%。此外,与生活性服务业相关的品质消费、绿色消费、时尚消费等升级类相关商品销售亮点纷呈。2016 年,限额以上单位体育娱乐用品类比上年增长 13.9%,高出社会消费品零售总额增速 3.5 个百分点;限额以上单位通信器材类商品保持近 12% 的较快增长态势。②

总体而言,政策的指导与落实促进了生活性服务业的消费,生活性服务业的消费又进一步带动了其他行业消费的提升,并最终促进居民消费结构不断优化、消费品质不断升级,对经济增长的作用越发显现。

三、加快生活性服务业发展的战略举措

(一)鼓励有条件的城市和地区开展生活性服务业集聚示范区建设

生活性服务业集聚示范区建设能够有效引导生活性服务业发展,构建综合性生活性服务业消费升级的载体。具体而言,城市生活性服务业集聚示范区建设应

---

① 国家统计局:《2016 年文化及相关产业增加值同比增长 13.0%》,http://finance.people.com.cn/n1/2017/0926/c1004-29559662.html。
② 赵云城:《国家统计局五位司长解读 2016 年中国经济"年报"》,http://news.china.com.cn/2017-01/22/content_40156618_2.htm。

该重点做好以下工作：一是以城市片区为单位，加强特色商业街区和"中心主题"街区的建设，打造生活性服务业综合服务载体，形成特色和示范；二是以居民生活集聚区为支撑，推进生活性服务业企业连锁经营，促进社区服务便民化；三是要创新生活性服务业态和商业模式，对传统商圈进行改造，如现实中城市商圈中的实体企业（零售商业和实体服装等）在线上服务企业的挤压下销售能力和销售业绩难以提升，城市商圈亟待改造和升级为"餐饮+电影院+生活超市+X"，"X"代表体验和特色门店，其主要功能是满足商圈所在社区居民对生活性服务消费商品的体验需求，并辅以销售服务。

（二）以城镇化及美丽乡村建设为契机，建设城乡结合的特色生活服务业体系

乡村是生活性服务业发展的重要阵地，主要体现为庞大的乡村市场对生活性服务业发展的促进，与此同时，乡村也是促进生活性服务业消费升级的难点所在，这主要是因为乡村生活性服务业供给体系的脱节以及乡村市场的季节性特征明显等。因此，生活性服务业消费的提升应该重点考虑乡村生活性服务业体系建设。落到实处的措施为：一是以县、乡镇、行政村为单位建设三级生活性服务连锁企业，在县级城镇建设生活性服务综合体，在乡镇建设生活性服务企业门店，铺开行政村生活性服务企业供给网点。当然网点的建设应该注重功能的配套，包括供给功能（为城乡居民提供生活性服务消费产品）以及平台功能（能够集聚农副产品并以其为中转站销售农副产品）。二是借力"互联网+"，构建城乡一体化的生活性服务智慧网络，一方面为县、乡镇、村三级生活性服务供给网络提供互联网支持，另一方面通过智慧网络的普及搭建农村电商平台，创新农村生活性服务业供给模式，实现生活性服务供给在线化，普惠于民。

（三）优化结构，鼓励生活性服务龙头企业连锁化经营

从各省市生活性服务业发展的成功经验来看，生活性服务业发展应该深挖高端产品的供应体系，重点在于厘清生活性服务业企业与消费者之间的关系，即

生活性服务业企业应该"亲民"而不是只走高端路线,要发展中端亲民的产品体系以及因地制宜地发展低端产品体系。也就是说,合理的高、中、低端产品供应体系是生活性服务业企业转型发展、促进生活性服务消费转型升级的重要保障,而合理的高、中、低端产品供应体系的构建应该找准发力点,这个发力点就是连锁化经营。具体而言,生产性服务业企业连锁化经营应该以现有的龙头企业或者品牌企业为支撑,开展"大品牌,小门店"建设,实现"小门店、大能量、好质量",优化生活性服务业企业结构,实现服务消费大众化与品牌化并举,走角色转型、"亲民"之路。

(四)倡导融合发展,走"网店经营实体化体验展示,实体经营在线化营销"之路

走融合发展之路是生活性服务业发展的必然选择,具体而言,生活性服务业融合发展的路径有两个:一是生活性服务业与互联网融合发展,通过互联网经营实现在线销售和在线营销,拓宽生活性服务业的营销渠道。二是生活性服务业各行业之间的融合发展,生活性服务业各行业之间的融合发展应该明确融合发展的载体、融合发展的模式以及融合发展的方向。融合发展的载体是前述所说的生活性服务业集聚示范区或者生活性服务商圈;融合发展的模式应选择"混搭"模式,即改变传统商圈生活性服务业门店分层或者分类设置的局面,通过不同的生活性服务企业实体门店与体验门店相互穿插的形式带动商圈的发展;融合发展的最终方向是形成即时消费型生活服务企业实体店带动体验性生活性服务企业展示门店,生活性服务企业展示门店最后带动线上线下互动销售的一体化发展体系,促进生活性服务业发展。当然,这个模式的实现需要进一步深化宽带城市和无线城市建设,不断提升基础设施网络服务能力,为"互联网+生活性服务业"、线下生活性服务业体验展示以及线上营销推广营造高速可靠的基础网络环境。

(五)强化政策,降低生活性服务业成本

生活性服务业发展的主要制约因素之一是成本的逐渐增加,主要表现在房

租、人力成本、融资难等方面。因此，政策制定部门应该充分考虑在用地、税收、融资和行业标准建设等方面向生活性服务业倾斜，降低生活性服务业的经营成本。首先，可以通过推进生活性服务业"营改增"，针对生活性服务业"轻资产"、难以进行进项抵扣的特点，将养老服务、居民和家庭服务、餐饮服务、文化演出服务等生活性服务业纳入简易征收范围，统一实行3%的简易征收税率。其次，应该进一步厘清不合理的行政事业性收费，切实减轻生活性服务企业的成本负担。再次，鼓励商业银行将生活性服务企业的商标、品牌等无形资产纳入授信范围，创新信贷政策，完善无形资产、债券抵押、商业用地抵押制度，降低企业融资成本。最后，应该有针对性地完善餐饮、家政等生活性服务业的社会保险政策，降低企业人工成本，盘活企业的发展活力。

（六）以行业为主导，放开市场准入制度，实现生活性服务业开放式发展

关键要解决三个方面的问题：一是加快健全生活性服务领域的行业规范、标准体系，在重点领域开展服务质量认证示范工作，创新生活性服务业行业管理体制机制，释放制度红利。二是积极推进生活性服务行业监管信息平台建设，鼓励行业协会开展企业信用等级评定，促进企业规范化经营，提高服务质量。三是进一步放宽文化、健康、养老、体育等生活性服务行业的市场准入限制，着力打破垄断，探索在不同环节、不同领域建立负面清单的管理模式，鼓励社会资本参与生活性服务业发展。

参考文献

[1] 国务院办公厅：《关于加快发展生活性服务业 促进消费结构升级的指导意见》（国办发〔2015〕85号），2015年11月22日。

[2] 何立峰：《服务业创新发展研究报告》，中国计划出版社2017年版。

[3] 王微、王青、刘涛等：《消费性服务业新阶段发展实践与改革创新》，中国发展出版社2017年版。

［4］世界中餐业联合会：《中国餐饮产业发展报告：餐饮回归大众化是行业趋稳回暖动力源》，http：//news.cnfol.com/xiaofei/20170626/24898717.shtml。

［5］中国产业信息网：《2016年中国养老产业市场规模及产业结构分析》，http：//www.chyxx.com/industry/201609/452399.html。

［6］孟庆欣：《消费市场平稳增长 消费结构持续优化》，http：//www.stats.gov.cn/tjsj/sjjd/201801/t20180119_1575470.html。

［7］国家统计局：《2016年文化及相关产业增加值同比增长13.0%》，http：//finance.people.com.cn/n1/2017/0926/c1004-29559662.html。

［8］赵云城：《国家统计局五位司长解读2016年中国经济"年报"》，http：//news.china.com.cn/2017-01/22/content_40156618_2.htm。

［9］张漫子、李星月：《2016居民文化娱乐人均消费支出800元》，http：//life.cyol.com/content/2017-11/16/content_16695225.htm。

第十二章 新时代服务业发展的制度环境

摘 要：服务业具有制度密集型特征，它对制度高度敏感和依赖。基于2003~2016年世界银行公布的《全球营商环境报告》的实证研究表明，制度环境的确可以影响服务业占GDP的比重。全体样本国家回归结果显示，一国营商环境排名提升1%，可以使该国服务业占GDP的比重提升0.236个百分点。在营商环境的细分制度指标中，财产登记、获得信贷、投资者保护、缴纳税款、合同执行这几项指标对服务业占GDP比重的提高有显著的正向作用。全部样本国家回归结果显示，服务业发展受投资者保护这个指标的影响最大，财产登记这个指标对OECD国家服务业发展的促进最大，合同执行则对金砖国家服务业发展的促进作用最为明显。在优化服务业制度环境方面，要着力在产权保护、投资者权益、法律保障、市场准入、社会诚信制度建设、市场主体培育、治理方式创新和交易成本降低等方面下功夫。

一、问题的提出

习近平总书记在党的十九大报告第五部分"贯彻新发展理念，建设现代化经济体系"提出要加快发展现代服务业，还提出要放宽服务业准入限制，促进农村经济第一、第二、第三产业融合发展。习总书记的这些重要精神，为我们发展现代服务业指明了方向。服务业具有契约密集型的特征，服务业发展到一定阶段，对契约、制度环境特别依赖。《服务业发展"十二五"规划》指出:"把推动服务业大发展作为产业结构优化升级的战略重点,建立公平、规范、透明的市场准入标准,探索适合新型服务业态发展的市场管理办法,调整税费和土地、水、电等要素价格政策,营造有利于服务业发展的政策和体制环境。"这说明国家已经充分意识到,在服务业发展初具规模的当下,其进一步发展的主要障碍在于制度和环境。

道格拉斯·诺斯(2008)将制度界定为社会的博弈规则,是一些人为设计,构成了人们之间活动关系的约束,是涉及经济、社会、政治的一系列行为规则。他认为,制度变迁是经济增长的根本原因,此后大量学者的研究也为此观点提供了丰富的经验证据(De Long 和 Shleifer,1993;Acemoglu,2001,2005;Levchenko,2007)。

服务业对制度具有高度的敏感性和依赖性,同时又是制度的载体。一个国家或一个地区的产权制度、公共服务、市场秩序、企业治理等,要么本身就是服务业的构成部分、是制度供给的载体,要么是对制度依赖性很强和对制度极为敏感的产业。无论是现代企业的产权体系和治理结构,还是现代市场体系的秩序和运作规则,抑或是政府公共服务职能的法制化和现代化,其本身都是服务业发展的重要体现。因此,探讨并分析服务经济中制度和营商环境的作用,对于服务业发展政策的制定、加快服务业发展有着重要的指导意义。

制度环境与服务业发展的关系也不乏相关研究。Singelman(1978)指出,城市中相对完善的公共基础设施有助于为服务产品供需双方提供交易便利,在一定程度上促进了农业经济向服务经济的转变。Clague 等(1999)利用"契约密集度"的测量方法,分析了密集的契约安排对金融、保险等部门规模扩张的促进作用。Eggertsson(2005)认为有效的产权制度能保护所有者财产的安全,强化其投资预期,进而可以促进金融行业的快速发展。汪德华等(2007)利用跨国横截面数据,检验了政府规模、法治水平与一国服务业比重之间的关系。他们的研究发现,用一国法治水平来衡量的契约维护制度的质量,与服务业比重呈显著的正相关关系;政府规模则与服务业比重显著负相关。胡霞(2007)指出,中国服务业快速发展的主要原因是市场化改革和政府行为方式的转变。胡捷和张超（2011）指出，制度环境对服务业贸易比较优势形成的影响要大于制造品贸易，制度环境改善能够促进服务业占GDP比重的上升。刘丹鹭（2013）认为，中国现行的服务业管制政策强化了行业垄断，阻碍了服务业市场进入和退出机制的形成，也不利于在位企业的创新。

现有的相关研究还存在如下缺陷：第一，对制度的衡量较为宽泛，如界定为政府的规模、法治水平[①]和市场化程度[②]，虽然每个指标包含了丰富的内涵，但现有研究在具体研究时还是笼统地采用单一指标来进行分析，这在一定程度上降低了研究结论的针对性。第二，现有对跨国的研究大多采用横截面数据，这也使研究缺乏一定的连续性。本章试图利用世界银行发布的历年《全球营商环境报告》进行面板数据的分析。此外，考虑到近年来各国都加强了制度改革和政策环境改善，本章将研究年限更新至2016年，这也使该研究具有更强的时效性。

二、制度环境优化是新时代服务业快速有序发展的重要保障

诺斯曾经指出，当一个国家具备良好的制度时，一是可以限制政府以及各类精英群体对私营部门的掠夺行为，为社会提供良好的私人财产保护，从而促进私营部门在物质资本和人力资本上的投资，推动经济增长；二是可以提供一个高效的司法体系作为第三方，解决私营部门之间，以及其与公共部门在契约签订和执

---

① 汪德华等（2007）选取的政府规模用Gwartney和Lawson（2005）完成的"Economic Freedom of the World"年度报告反映，从四个方面衡量：政府消费支出占总消费的比例、转移支付占GDP的比例、政府以及政府控制企业的投资占总投资的比例、总边际税率。该指标是政府规模的综合评分，评分越高表示政府规模越大。法治水平则选择Kaufmann、Kraay和Mastruzzi（2005）提供的法治水平评分，主要衡量一国司法体系、警察在维护契约执行方面的质量，评分越高表明法治水平越高。

② 市场化程度可以用美国传统基金会（The Heritage Foundation）和《华尔街日报》（*The Wall Street Journal*）共同编制的"经济自由化指数"（Index of Economic Freedom）表示。该指数通过打分的形式，综合考虑了一国在商业领域、贸易政策、财政政策、政府支出、货币政策、投资管制、金融业、产权保护、政府腐败以及劳动力市场10个领域的自由程度，全面反映了市场经济体制的完善程度。

行上的纠纷，从而促进社会分工和交易，进而促进经济增长（汪德华等，2007）。Acemoglu 等（2005）把前者称为"财产保护制度"（Property Rights Institution），后者称为"契约维护制度"（Contracting Institution）。相对于其他产业来说，服务业独特的产业特性决定了其在发展过程中更加受制度和外部环境的影响。

第一，服务产品是一种"信任品"。服务产品的特征之一是无形性（Hill，1999），这种特征使消费者无法对服务产品质量进行统一的判断。让·梯若尔（2015）曾经指出，服务品更多地属于"信任品"的范畴，服务提供商和消费者之间信任关系的建立需要投入大量的专用资本，这在一定程度上要求公平、透明和行之有效的制度环境以及完备的司法体系为其提供激励和保护。

第二，服务产品是一种"后验品"。服务产品具有生产和消费同时进行的特征。与物质产品不同，服务产品不能通过功能、质量等具体指标来评估与自身需求的契合程度，消费者无法在交易前通过试用为决定是否购买服务提供参考，又很难在交易后通过对服务结果的评估还原服务质量（Holmstrom，1985；陈志武，2004），这提高了消费者参与服务消费的风险和成本。交易成本理论表明，完备的契约有助于降低外部市场的交易成本，因此在服务交易前必须有完备的契约对服务品的质量、效果和无法履约时进行的惩罚等方面进行明确界定。因此，相对于物质产品而言，服务交易涉及更为复杂的契约安排，对一国法制建设水平也有着更高的要求。

第三，服务产品是一种"异质品"。服务产品在生产过程中大多有消费者的主动参与，要求服务提供者根据消费者的需求变化适时调整服务生产过程。此外，服务业具有知识和技术密集型特征，对创新的要求甚至超过了制造行业，因此受制于一国的政策环境、法治建设水平，尤其是知识产权保护制度的健全程度以及契约执行的效率，否则可能会使服务业发展陷入同质产品的低效率竞争状态。

由此可见，服务业的生产、交易和消费过程涉及更为密集和复杂的契约安排，因此具有典型的制度密集型特征（Clague 等，1999）。由此我们可以得出一个基本判断，即服务业能够取得如此突出的成绩，有如此"靓丽"的数据，原因是多方面的：既有产业结构演变的客观规律和趋势、政府对服务业发展日益重视的原因,也有工业、采掘业这些年连续增长低迷和价格持续下降的原因,更是服务业改革纵深推进、服务业发展环境不断优化的结果。但总体来看,目前我国服务业增长的基础还不稳固,服务业的"内功"还有明显的短板,服务业内生增长的动力还有待加强。要破除这些障碍,实现服务业内生增长,就要在优化制度环境方面下功夫,把深化服务业改革作为推动服务业高质高效发展、建设服务业强国的重要动力。

三、我国营商制度环境及国际比较

2016年10月24日,世界银行发布了《全球营商环境报告2017》[①],对全球190个经济体的总体营商环境进行了排名,并且具体细分了10类指标,分别是开办企业、办理施工许可、获得电力供应、财产登记、获得信贷、投资者保护、缴纳税款、跨境贸易、合同执行以及办理破产。表12-1是中国与部分国家营商环境排名情况。

表12-1 中国与部分国家营商环境排名情况

	中国 2016年	中国 2015年	中国 2014年	中国 2013年	印度 2016年	日本 2016年	俄罗斯 2016年	美国 2016年
整体排名	78	84	90	96	130	34	40	8
开办企业	127	136	128	151	155	89	26	51
办理施工许可	177	176	179	177	185	60	115	39
获得电力供应	97	92	124	121	26	15	30	36
财产登记	42	43	37	38	138	49	9	36
获得信贷	62	79	71	67	44	82	44	2
投资者保护	123	134	132	123	13	53	53	41
缴纳税款	131	132	120	127	172	70	45	36
跨境贸易	96	96	98	98	143	49	140	35

---

① 《全球营商环境报告2017》,对2016年度各经济体的营商环境进行了排名。

续表

	中国 2016 年	中国 2015 年	中国 2014 年	中国 2013 年	印度 2016 年	日本 2016 年	俄罗斯 2016 年	美国 2016 年
合同执行	5	7	35	36	172	48	12	20
办理破产	53	55	53	52	136	2	51	5

资料来源：世界银行公布的历年《全球营商环境报告》（Doing Business Report）。

如表 12-1 所示，在全球 190 个经济体中，2016 年中国整体营商环境排名为第 78 位，比 2015 年提升了 6 位，比 2013 年提升了 18 位，这说明中国的制度环境总体上有了明显的改善。从跨国比较来看，发达国家的营商环境相对较好，排名第一的是新西兰，2016 年美国整体营商环境排名为第 8 位，日本为第 34 位。在新兴市场国家中，俄罗斯的排名相对较高，为全球第 40 位，印度则排名较为靠后，为第 130 位。总体来说，市场化程度较高的发达国家，其营商制度环境的排名也相对靠前。

从细分的具体项目来看，2016 年我国办理施工许可排名为第 177 位，投资者保护排名为第 123 位，说明中国办理施工许可较为困难，且不太注重对投资者的保护。值得注意的是，缴纳税款排名全球第 131 位，比 2014 年下降了 11 位，这说明中国的税收制度在一定程度上滞后于其他国家。《全球营商环境报告 2017》显示，中国的总税率为 68.0%。而早在 2013 年，中国劳动税及缴付占利润的比例为 49.6%，位居全球倒数第 3 位，明显高于全球其他地区，当时东亚及太平洋地区的劳动税及缴付占利润的 10.7%，而经合组织为 23.1%。服务业的主要投入是人力资本，较高的劳动税及缴付会严重阻碍服务业发展，尤其是高端生产性服务业的发展。

中国在合同执行这一项上排名第 5 位，比 2014 年上升了 30 位，这也是中国唯一排名进入前 10 位的项目。就美国而言，获得信贷排名全球第 2 位，办理破产排名第 5 位，这与美国较好的金融体系以及司法体系有着较大的相关性。俄罗斯在财产登记方面排名第 9 位，说明其有较好的产权制度。日本在办理破产方面有较强的优势，排名居全球第 2 位。印度的部分指标也远远好于中国，如印度对投资者保护的排名为全球第 13 位，比中国排位高 110 位。

四、制度和营商环境对服务业发展影响的实证分析

(一) 模型与数据

为了分析制度和营商环境对服务业发展的影响,我们建立如下计量模型:

$$Serv_{it} = \beta_0 + \beta_1 Insti_{it} + \gamma X + \delta Serv_{it-n} + \mu_{it} \tag{12-1}$$

其中,被解释变量 Serv 代表的是各国服务业占 GDP 的比重;解释变量是各国营商环境的总体排名,用 Insti 表示,具体用各国整体营商环境与前沿水平的差距(百分点)来表示。原报告中数值越大表示排名越靠后,为直观起见,我们用 100 减去原始的前沿水平差距,进而获得新的评分,评分越高表示营商环境越好。

X 是控制变量向量,主要选择的变量如下:一国经济发展水平 Pgdp,用各国人均 GDP 来表示;一国城市化水平 Urban,用城市人口占总人口的比重来表示;一国政府的规模 Gov,用财政支出占 GDP 的比重来表示。前两个因素也是目前文献中提到最多的两个影响服务业发展的因素(Riddle,1986;江小涓等,2004)。

然而,计量模型可能无法考虑一些难以观测到或者难以量化的因素,如地理位置、文化等因素可能对服务业产生影响,进而导致各国服务业占比存在差异。此外,还有一些因素可能与解释变量相关,从而导致回归结果存在遗漏变量的偏误。本章根据 Wooldridge 建议的方法,选择被解释变量的滞后项,将其纳入回归模型以尽可能控制回归偏误。

式(12-1)中,β_0 为常数项,β_1、γ 和 δ 为待估参数,μ 是随机扰动项。$Serv_{it-n}$ 为 n 年前的各国服务业比重,是滞后被解释变量。加入滞后变量一方面可以控制不可观测变量的影响;另一方面滞后被解释变量的系数可以衡量当期各国服务业比重差异受历史因素影响的大小。考虑到一国服务业发展有较强的路径依赖特征,我们可以判断 δ 的符号为正。考虑到数据的可获得性以及中国服务业核

算体系的完善程度①,我们用1991年服务业的比重作为滞后被解释变量(汪德华等,2007)。

被解释变量和控制变量的数据来自世界银行WDI数据库,主要解释变量Insti的数据来自历年《全球营商环境报告》。目前,世界银行公布的报告是《全球营商环境报告》(2004~2017),实际数据样本为2003~2016年,因此我们选择该时间段进行分析。考虑到2003年只有133个样本国家,而2016年有190个,我们进行筛选,将总样本国家选择为133个进行回归。此外,我们缩小样本国家,对OECD国家和金砖国家分别进行回归。

(二) 实证结果

回归结果如表12-2所示。全体样本国家回归结果中,整体营商环境的系数是0.236,并且通过了5%的显著性水平检验,这意味着一个国家营商环境排名提升1%,可以使该国服务业占GDP的比重提升0.236个百分点。基于OECD国家和金砖国家的分析也支持了上述结论,且金砖国家的这种提升效应更为明显,回归系数为0.561,这可能是因为金砖国家的制度和营商环境还不太完善,有着更高的改善空间;OECD国家的回归系数为0.134,其提升效应稍弱于全部样本国家。

表12-2 整体营商环境的回归结果

变量	全部样本国家	OECD国家	金砖国家
Insti	0.236** (0.125)	0.134*** (0.017)	0.561*** (0.004)
$Serv_{-n}$	0.503*** (0.113)	0.704* (0.352)	0.441*** (0.157)
Pgdp	0.312 (0.335)	0.514* (0.276)	0.218*** (0.032)
Urban	0.864*** (0.114)	0.321*** (0.037)	0.124 (0.157)

---

① 汪德华等(2007)认为,滞后变量的选取不能距离研究年份太接近,否则容易引起两年内服务业比重相关系数过大的问题。此外,中国20世纪90年代初才具有较为完善的服务业核算体系,因此选择1991年的数据作为滞后被解释变量。

续表

变量	全部样本国家	OECD 国家	金砖国家
Gov	−0.124** (0.064)	−0.014 (0.141)	−0.335*** (0.038)
常数项	2.548*** (0.214)	4.231*** (0.356)	4.358*** (0.155)
R^2	0.542	0.678	0.635
样本数量	1862	490	70

注：根据 Stata13.0 软件计算，括号内数值是标准误，*、**、*** 分别表示在 10%、5% 和 1%的水平上显著。

被解释变量滞后项的回归系数显著为正，全部样本国家的回归系数为 0.503，并且通过了 1%的显著性水平检验，表明服务业的发展具有一定的惯性，服务业存在独立发展的路径依赖特征，各国服务业比重的当期差异在一定程度上受其历史因素的影响。进一步的实证研究表明，发达国家的服务业发展路径依赖情况更为明显，回归系数为 0.704。全部样本国家人均 GDP 的回归系数没有通过显著性水平的检验，而人均 GDP 提高 1 个百分点，可以使 OECD 国家和金砖国家的服务业占比分别提高 0.514 个百分点和 0.218 个百分点。城市化的影响也基本上显著为正，只是在金砖国家没有通过显著性检验。

大量研究表明，政府规模越大，对一国服务业发展产生的负面影响越大（汪德华等，2007）。本章的研究支持了上述结论，全部样本国家回归系数为-0.124，并且在 5%的显著性水平上显著。

（三）进一步的检验

考虑到营商环境有具体的细分指标，分别代表不同的制度环境，我们接下来用细分指标进行分析。由于跨年度时间较长，所以每年的具体指标有所变动。例如，2003 年只有开办企业、雇用工人、获得信贷、合同执行和办理破产五项指标；2004 年新增加了财产登记和投资者保护这两项，总项目增加至 7 项；2005 年则增加了获得营业执照、缴纳税款和跨境贸易指标，总项目增加至 10 项，基本上与此后历年的指标相同；自 2010 年取消了雇用工人的项目，将获得营业执照替换为获得施工许可,项目又变为9项;自2011年起,又增加了获得电力供应这项指标,指标增加为10项,此后历年一直延续了这10个项目的指标。为了保证数据的连续性,我们选择2011~2016年的数据进行分析,全部样本国家沿用2011年的统计,共183个国家。

我们选取的具体营商指标与表12-1所列的相同。回归模型如下:

$$Serv_{it} = \alpha_0 + \alpha_1 Star_{it} + \alpha_2 Perm_{it} + \alpha_3 Elec_{it} + \alpha_4 Prop_{it} + \alpha_5 Cred_{it} + \alpha_6 Prot_{it} +$$
$$\alpha_7 Tax_{it} + \alpha_8 Trad_{it} + \alpha_9 Cont_{it} + \alpha_{10} Ckis_{it} + \lambda Serv_{it-n} + \theta X + \varepsilon_{it} \qquad (12-2)$$

原报告中反映的是各个指标与前沿水平的差距(百分点),数值越大表示排名越靠后,我们依然沿用前文的处理方法,用100减去原始的前沿水平差距,进而获得新的评分。例如,开办企业评分越高,表示开办企业越容易;投资者保护得分越高,表示该国注重对投资者的保护;获得信贷分数越高,表明企业在该国更容易获得信贷资金。回归结果如表12-3所示。

表12-3 细分指标的营商环境回归结果

变量名	全部样本国家	OECD国家	金砖国家
开办企业 Star	0.234 (0.215)	0.471 (0.326)	0.654 (0.565)
办理施工许可 Perm	0.547 (0.874)	0.234 (0.321)	0.332 (0.457)
获得电力供应 Elec	0.887 (0.624)	0.654 (0.653)	0.843 (0.832)
财产登记 Prop	0.234*** (0.015)	0.984*** (0.231)	0.553*** (0.147)
获得信贷 Cred	0.312** (0.156)	0.214*** (0.023)	0..514*** (0.112)
投资者保护 Prot	0.624* (0.351)	0.885** (0.441)	0.549*** (0.108)
缴纳税款 Tax	0.254*** (0.013)	0.331*** (0.170)	0.516*** (0.211)
跨境贸易 Trad	0.251 (0.335)	0.654 (0.473)	0.324 (0.321)
合同执行 Cont	0.311*** (0.017)	0.536*** (0.022)	0.741*** (0.301)

第十二章 新时代服务业发展的制度环境

续表

变量名	全部样本国家	OECD 国家	金砖国家
办理破产 Clos	0.541 (0.411)	0.635 (0.495)	0.357 (0.335)
Serv$_{-n}$	0.431*** (0.167)	0.612* (0.322)	0.554*** (0.235)
Pgdp	0.125 (0.465)	0.224*** (0.101)	0.158*** (0.078)
Urban	0.433*** (0.026)	0.225*** (0.044)	0.111 (0.176)
Gov	−0.144** (0.033)	−0.355*** (0.125)	−0.215*** (0.018)
常数项	5.366*** (1.335)	6.298*** (2.365)	4.395*** (2.112)
R^2	0.566	0.745	0.687
样本数量	1098	210	30

注：同表 12-2。

表 12-3 表明，全部样本国家的回归结果中，财产登记、获得信贷、投资者保护、缴纳税款、合同执行这几项指标对服务业占 GDP 比重的提高有显著的正向作用。财产登记的回归系数为 0.234，并且通过了 1%的显著性水平检验，这意味着财产登记排名提升 1%，会使服务业占 GDP 的比重提升 0.234 个百分点。此外，获得信贷的回归系数为 0.312，这表明改革金融制度、缓解服务企业的融资约束，可以在较大程度上促进服务业占比的提高。当然，金融业本身是服务业的重要构成，一国金融业的快速发展也会在一定程度上提高服务业在 GDP 中的比重。从各项指标来看，投资者保护的系数最大，回归系数为 0.624，并且通过了 10%的显著性水平检验，这意味着投资者保护对服务业占比提高有较大的影响。缴纳税款和合同执行的系数分别为 0.254 和 0.311，均通过了 1%的显著性水平检验。

从 OECD 国家的回归结果来看，众多细分指标中影响最大的制度变量是财产登记，回归系数高达 0.984，这意味着财产登记排名提升 1%，会使服务业占 GDP 的比重提高 0.984 个百分点；投资者保护的影响其次，回归系数为 0.885。

在金砖国家中，对服务业占比影响最大的制度变量是合同执行，回归系数为0.741，并且通过1%的显著性水平检验。

其他控制变量的回归结果基本上与前文的结论一致。滞后被解释变量的系数显著为正，说明服务业具有一定的路径依赖；城市化和人均GDP的系数基本上为正，说明服务业发展也受城市化和经济发展水平的影响；政府规模越大，对服务业越产生负面的影响。

五、结论与建议

（一）基本结论

当前中国已步入服务经济时代，服务业对经济增长起主导性作用，2016年中国服务业占GDP的比重已经高达51.6%，比第二产业增加值占比约高11个百分点，已经基本完成了此前设定的服务业发展总量目标。然而通过国际比较发现，服务业占GDP的比重与世界平均水平相比依然有一定的差距。世界银行将中国列入中高收入国家，但中国服务业占比还远低于中高收入国家58.61%的平均水平。

从中国的现实情况来看，新时代加快发展现代服务业有着重要的战略意义。党的十八届五中全会提出，"开展加快发展现代服务业行动"，把"服务业比重进一步上升"作为"十三五"时期经济社会发展的主要目标之一。党的十九大报告也提出加快发展现代服务业、扩大服务业对外开放等战略举措。近年来，虽然政府出台了各种政策，如增加居民收入水平、加快城镇化进程、通过加强制造业与服务业的互动来促进服务发展，但这些政策并没有达到预期的效果。因此，我们在对政策有效性进行反思的同时，也需要寻求深层次原因。本章认为，服务产品的特征是无形性、生产和消费的同时性以及知识密集型，因此具备了"信任品""后验品""异质品"的特征，对制度和环境有着更高的要求，具有制度密集型特

第十二章 新时代服务业发展的制度环境

征,其生产、交易的过程中自然而然会涉及更多的契约安排,消费者购买的是一项权利而不是有形的商品。由于交易的复杂性和市场信息的不对称,服务业以及服务消费者对制度具有高度的敏感性和依赖性,因此,健全服务经济制度和营商环境,对于服务业发展政策的制定、加快发展服务业的意义是决定性的。良好的制度环境会减少契约执行过程中的机会主义倾向和不可预期风险,促进服务交易的达成。特别是,当今的现代服务业发展越来越多地依赖互联网平台,服务提供商和消费者之间信任关系的建立需要投入大量的专用资本和制度,例如,强大、透明、完备的社会诚信体系,司法体系和知识产权保护体系等为其提供激励和保护。

本章利用世界银行公布的《全球营商环境报告》来分析制度和营商环境对服务业的影响。发达国家营商环境的整体排名要高于发展中国家,这与发达国家服务业占比普遍较高的事实也较为吻合。中国的营商环境排名近年来有较大幅度的提高,而中国服务业占GDP的比重也在逐年提升。各个国家在分项指标中各有差异,各个国家都有其在某方面的独特优势,如印度在投资者保护方面排名第13位,中国在合同执行方面排名第5位,而美国在获得信贷和办理破产等项目中排名靠前,俄罗斯则在财产登记项目中排名第9位。

实证研究表明,一国的制度和营商环境的确可以影响其服务业占GDP的比重。全体样本国家回归结果中,在5%的显著性水平下,一国营商环境排名提升1%,可以使该国服务业占GDP的比重提升0.236个百分点。OECD国家和金砖国家的回归结果也支持了上述结论,而制度建设相对不完善的金砖国家,其制度排名提升对服务业占比提高的促进作用更为明显。

全样本的回归中,从细分指标来看,财产登记、获得信贷、投资者保护、缴纳税款、合同执行这几项指标对服务业占GDP比重的提高有显著的正向作用。财产登记的回归系数为0.234,并且通过了1%的显著性水平检验。获得信贷的回归系数为0.312,这表明改革金融制度、缓解服务企业的融资约束,可以在较大程度上促进服务业占比的提高。服务业发展受投资者保护这个指标的影响最大,回归系数为0.624,并且通过了10%的显著性水平检验。缴纳税款和合同执行的系数分别为 0.254 和 0.311，均通过了 1% 的显著性水平检验。

对于 OECD 国家来说，财产登记的回归系数高达 0.984，这意味着财产登记排名提升 1%，会使服务业占 GDP 的比重提高 0.984 个百分点；投资者保护的影响其次，系数为 0.885。在金砖国家中，对服务业占比影响最大的制度变量是合同执行，回归系数为 0.741，并且通过 1% 的显著性水平检验。可见，制度和营商环境对服务业发展起到了较为重要的作用，需要从多方面发力。

（二）优化制度环境：新时代服务业发展的根本保障

1. 更加严格地保护投资者权益，稳定服务企业的投资预期

产权是市场经济健康运行的基石，是供求双方信任的基础，是市场主体创新的前提，是理解工业革命以来经济增长所有秘密的关键和前提。众所周知，有恒产者方有恒心。但当前不少民营企业家顾虑不少，资本流出现象时有发生，对其投资权益能否得到有效保护存在这样或那样的担忧。为此，要重点规范产权保护制度，全面落实 2016 年 11 月 4 日中共中央和国务院联合颁布的《关于完善产权保护制度依法保护产权的意见》，要把文件提出的"同等保护不同所有制经济产权，规范财产处理法律程序、完善财产征收征用制度、加大知识产权保护、加大合同执行力度"等意见落到实处。

2. 深化"负面清单"，制定公平的市场准入制度

行政垄断和市场管制是当前制约服务业发展的突出难题。国有企业在教育、文化传媒、医疗卫生、金融、交通运输和公用事业等领域的投资占比超过 2/3。要改变这些状况，就必须大胆地进行制度创新，参照国际通行的做法，以市场准入负面清单为核心，逐步减少市场准入制度中的行政垄断。深化服务业市场化改革，通过投资审批许可制度改革，放松或取消管制，破除行业垄断，实施"负面清单管理"，除对少数垄断行业及关系到国家安全的重点服务业制定"否定"或"限制"行业目录外，其他的一概实施"非禁即入"的准入制度，取消对非国有资本和国际资本的限制，以形成多元竞争的大格局。当前，特别要面向社会资本扩大服务业市场准入领域，加快开放电力、民航、铁路、石油、能源、邮政、市

政等行业的竞争性业务。

3. 规范市场秩序，培育市场主体

服务业做大做强的关键是要充分发挥市场机制的决定性作用，而企业又是市场的主体，所以要在培育市场主体上做好做足文章。服务业企业大中小并存，差异化很大。我们既要鼓励服务业企业专业化发展，推动优势服务企业跨地区、跨行业、跨所有制兼并重组，打造跨界融合的产业集团和产业联盟，培育若干有特点、有品牌、有控制力的服务业龙头企业或企业集团，又要积极发展服务业中小企业，让中小企业充满活力和效率。政府支持中小服务企业发展，不是简单直接的帮扶，而是要从完善社会化服务体系、推进中小企业公共服务平台建设着手，通过平台建设，让企业产需对接、供需匹配。鼓励、支持和引导个体私营企业大力发展服务业，促进国民经济优化产业结构。对法律、行政法规和国务院决定未设定，一些部门和地方自行设定的服务业企业登记前置许可项目，各级工商行政管理机关一律停止执行。规范服务市场秩序，建立公开、平等、规范的监管制度。坚决查处侵犯服务业企业商标、商号等知识产权的行为，坚决查处服务业市场竞争中的不正当竞争行为、限制竞争行为和垄断行为，保护自主创新，维护消费者合法权益，营造有序竞争的良好市场环境。

4. 加强社会诚信制度建设，加大对"违信"的处罚力度

服务品无形的特点以及越来越多的服务网上交易，决定了服务交易更具信息不对称、道德风险和逆向选择的可能性。信用制度是降低交易风险、维护交易安全的有效机制。要采取切实有效的措施，完善企业、社会和个人信用环境体系建设，包括严密的信用立法、严格的信用执法和全社会统一的资信登记及披露等，特别是要善于运用大数据管理，创新信息共享机制，推进政府部门间的信息互通和共享，打破"数据孤岛"，加大对"违信"的处罚力度，提高失信违约成本，让各类主体"不敢违约、不愿违约"，从而建立守信、有序的服务市场秩序。

5. 顺应新经济、新服务的要求，创新监管思路，坚持底线思维，增强政策的灵活性和时效性

在传统的市场监管体系下，实行的是工商登记、行政许可、商品检验、年

检、行政处罚、刑事责任、专项行动等监管方式，主要是靠行政力量或个人意志，但对平台经济、分享经济、体验经济或产业跨界融合衍生出来的新经济、新服务不一定适用。因为新经济、新服务借力互联网平台把交易体系放大成巨大的非现场交易场景，过去的监管政策、监管手段甚至监管队伍对新经济、新服务的管理已经难以胜任。必须创新监管思路，坚持底线思维，增强政策的灵活性和时效性。对分享经济、平台经济这样的新经济、新服务的监管，要从单一监管走向协同治理、多边共商，实施"政府管理平台，平台制定细则"的监管准则。此外，在分享经济、平台经济的背景下，劳动者与平台企业的关系发生了重要变化，不再是传统企业的雇佣与被雇佣关系。因此，要注意构建新型劳动关系，在维护劳动者权益、平台企业利益、市场秩序和传统企业利益之间寻找平衡，寻求最大公约数。还要积极推进政企数据合作，利用大数据开展监管。对于分享经济平台而言，评级系统和互信机制非常重要。在政府逐步开放公共数据、培育信用认证市场、制定严格的个人信息保护条例的过程中，平台企业应全力做好信用安全审查，通过与政府数据共享，建立科学的安全管理体系和信用体系。

6. 按照分类施策的原则推动服务业价格改革

服务业的异质性决定了它具有不同的价格形成机制。所以，服务业价格改革的关键是分类指导、分类施策。竞争性领域的定价要尽可能放开，由市场供求、市场机制决定其价格形成，尽可能避免政府干预。在公共服务领域，包括基本公共服务需求和非基本公共服务需求。对那些具备竞争条件的客货运输、邮政服务等非基本公共服务类的价格要逐渐减少政府定价，条件具备时可以主要由市场定价。公用事业和公益性服务价格应采取政府指导和市场调节相结合的办法。慎重对待教育、医疗、养老等基本公共服务领域的价格改革，保底线部分的定价由政府负责，但满足个人特殊需求的那部分以市场定价为主，政府实行适度调控。

7. 切实降低服务业发展的相关经营成本

成本持续增加是制约服务业发展的主要障碍之一，主要表现在房租、人力成本、融资难等方面。在用地、税收、融资等方面制定相关政策时，要切实考虑服务业目前遇到的"阵痛"。一是通过推进服务业"营改增"改革，针对服务业

"轻资产""人力资本"密集、难以进行进项抵扣的特点,将养老服务、居民和家庭服务、餐饮服务、文化演出服务等服务业纳入简易征收范围,统一实行3%的简易征收税率。切实降低企业中与劳动相关的税收成本,改革个人所得税制度,允许人力资本进行折旧、计入成本并在税前扣除,从而鼓励服务部门加大人力资本投入,促进服务部门整体人力资本的升级。二是进一步清理不合理的行政事业性收费,切实减轻服务企业的成本负担。三是深化金融体制改革,缓解服务企业的信贷约束。积极创新金融服务和产品,鼓励发展众筹、互联网金融、普惠金融、小微银行等创业金融服务方式,增强金融对服务企业的资金支持,同时发挥多层次资本市场的枢纽作用,引导和鼓励服务企业在股权市场融资,加强服务企业上市培育辅导,推进股份制改造。鼓励商业银行将服务企业的商标、品牌等无形资产纳入授信范围,创新信贷政策,完善无形资产、债券抵押、商业用地抵押制度,降低企业融资成本。

参考文献

[1] 陈志武:《为什么中国人出卖的是"硬苦力"?》,《新财富》2004年第9期。

[2] [美] 道格拉斯·诺斯:《制度、制度变迁与经济成就》,格致出版社2008年版。

[3] 胡超、张捷:《制度环境与服务贸易比较优势的形成》,《南方经济》2011年第2期。

[4] 胡霞:《制度环境与中国城市服务业发展差异》,《软科学》2007年第21期。

[5] 江静、于明超、刘志彪:《生产者服务业发展与制造业效率提升:基于地区和行业面板数据的经验分析》,《世界经济》2007年第8期。

[6] 江小涓、李辉:《服务业与中国经济:相关性和加快增长的潜力》,《经济研究》2004年第1期。

[7] 刘丹鹭:《进入管制与中国服务业生产率——基于行业面板的实证研究》,《经济学家》2013年第2期。

[8] 刘顺忠、景丽芳、荣丽敏:《知识密集型服务业创新政策研究》,《科学学研究》2007年第4期。

[9] [法] 让·梯若尔:《产业组织理论》,中国人民大学出版社2015年版。

[10] 李勇坚、夏杰长等:《体制变革与服务业成长》,中国经济出版社2009年版。

［11］邵骏、张捷：《中国服务业增长的制度因素分析——基于拓展索洛模型的跨地区、跨行业实证研究》，《南开经济研究》2013年第2期。

［12］邵骏、张捷：《产业结构服务化进程中的制度因素研究——基于全球27个新兴工业化国家面板数据的比较分析》，《产经评论》2014年第2期。

［13］汪德华、张再金、白重恩：《政府规模、法治水平与服务业发展》，《经济研究》2007年第6期。

［14］高尚全：《改革共识与建设服务型政府》，《经济社会体制比较》2005年第6期。

［15］Acemoglu, D., S. Johnson & J. Robinson, "The Colonial Origins of Comparative Development: An Empirical Investigation", *American Economic Review*, Vol.91, No.5, 2001.

［16］Acemoglu, D., S. Johnson & J. Robinson, "Institutions as the Fundamental Cause of Long-Run Growth", Ahgion, P. & S. N. Durlauf (eds.), Handbook of Economic Growth, Elsevier, 2005.

［17］Clague, G., P. Keefer & M. Olson, "Contract-Intensive Money: Contract Enforcement, Property Rights and Economic Performance", *Journal of Economic Growth*, Vol.4, No.2, 1999.

［18］De Long, J. B. & A. Shleifer, "Princes and Merchants: European City Growth before the Industry Revolution", NBER Working Paper, No.4274, 1993.

［19］Eggertsson, T., *Imperfect Institutions: Possibilities and Limits of Reform*, Ann Arbor: University of Michigan Press, 2005.

［20］Hill, P., "Tangibles, Intangibles and Services: A New Taxonomy for the Classification of Output", *Canadian Journal of Economics*, Vol.32, No.2, 1999.

［21］Holmstorm, B., "The Provisions of Services in a Market Economy", in Inman, R. P. (ed.), *Managing the Service Economy: Prospects and Problems*, Cambridge University Press, 1985.

［22］Levchenko, A., "Institutional Quality and International Trade", *Review of Economic Studies*, Vol.74, No.3, 2007.

［23］Riddle, D., *Service-Led Growth: The Role or the Service Sector in World Development*, New York: Prager, 1986.

［24］Singelman, J., "The Sectoral Transformation of the Labor Force in Seven Industrialized Countries, 1920-1970", *American Journal of Sociology*, Vol.83, No.5, 1978.